2023"海关管理现代化前沿"蓝皮书

统筹发展与安全视角下
海关治理现代化研究

黄丙志　陈振海　王瑜等 ○ 著

中国海关出版社有限公司

中国·北京

图书在版编目（CIP）数据

统筹发展与安全视角下海关治理现代化研究/黄丙志等著．—北京：中国海关出版社有限公司，2024.2
　　ISBN　978-7-5175-0758-1

　　Ⅰ.①统…　Ⅱ.①黄…　Ⅲ.海关—现代化管理—研究—中国　Ⅳ.①F752.55

中国国家版本馆CIP数据核字（2024）第041991号

统筹发展与安全视角下海关治理现代化研究
TONGCHOU FAZHAN YU ANQUAN SHIJIAO XIA HAIGUAN ZHILI XIANDAIHUA YANJIU

| 作　　者：黄丙志　陈振海　王　瑜等 |
| 责任编辑：傅　晟 |
| 责任印制：孙　倩 |
| 出版发行：中国海关出版社有限公司 |
| 社　　址：北京市朝阳区东四环南路甲1号　邮政编码：100023 |
| 编 辑 部：01065194242-7502（电话） |
| 发 行 部：01065194221/4238/4246/4247（电话） |
| 社办书店：01065195616/5127（电话） |
| 　　　　　https://weidian.com/?userid=319526934（网址） |
| 印　　刷：北京联兴盛业印刷股份有限公司　经　销：新华书店 |
| 开　　本：710mm×1000mm　1/16 |
| 印　　张：18.5　　　　　　　　　　　　字　数：303千字 |
| 版　　次：2024年2月第1版 |
| 印　　次：2024年7月第2次印刷 |
| 书　　号：ISBN 978-7-5175-0758-1 |
| 定　　价：48.00元 |

海关版图书，版权所有，侵权必究
海关版图书，印装错误可随时退换

总　序

21世纪以来，国际贸易和投资规则发生了重要变化，WCO（World Customs Organization，世界海关组织）积极推动全球供应链安全与便利化发展。我国作为全球第二大经济体，对外贸易增长迅速，其中进出口货物贸易量已升至第一，但经济与贸易发展方式面临着转型升级压力。同时，随着信息技术、数字化和互联网的飞速发展，国际贸易新业态不断涌现。海关作为国家的进出关境监督管理机关，以上形势对海关管理提出了新挑战，一系列海关管理现代化前沿问题亟待研究破解。

海关管理面临的新挑战，或者说海关管理现代化前沿问题研究的背景主要有以下几个方面。

第一，应对全球贸易与投资发展新规则的挑战，我国的经济对外开放与海关管理都需要进行战略提升与策略更新或调整。

近年来，全球贸易与投资规则开始了新的变化与重构。在CPTPP（《全面与进步跨太平洋伙伴关系协定》）、TTIP（《跨大西洋贸易与投资伙伴协议》）和TISA（《国际服务贸易协定》）三大自由贸易协定谈判的推动下，国际贸易与投资规则变化的动向包括：一是推行更高标准的贸易自由化；二是积极推进投资自由化；三是更加强调服务贸易自由化；四是更加强调公平竞争和权益保护。从覆盖面来看，CPTPP成员方GDP和贸易额分别约占全球总额的40%；TTIP涵盖的美欧两大经济体GDP约占全球的50%，贸易额约占全球的30%，双边投资金额超过3.7万亿美元；TISA成员方服务贸易额高达4万亿美元，约占全球的70%。从规则标准来看，CPTPP、TTIP和TISA侧重点不同，TISA强调服务贸易及投资自由化，CPTPP和TTIP还延伸至生产环节及经济体制领域，但三者存在交叉，具有共性，均突破了传统的自由贸易区模式，更加关注长期规则的制定，寻求达成无例外的综合性自由贸易协议。三大协议覆盖广、标准高，协议达成后，有望形成面向21世纪的高标准全球贸易与投资规则。同时，各种多边、双边协定迅猛增加。当前，RCEP（《区域全面经济伙伴关系协定》）涉及世界上人口最多、经贸规模最大、最具发展潜力的自由贸易区。2022年1月1日，我国已正式成为RCEP成员方，也已递交加入CPTPP的申请。

新规则给中国带来很大的挑战，也是重要的机遇，我们需要密切关注，积极采取应对之策：要与国际惯例和规则接轨，进行新一轮高水平的开放型经济体制机制建设；要扩大开放领域，以服务业领域为重点；要提升开放能级，更多地引进跨国公司地区总部等功能性机构；要双向开放，提升价值链层级，走出去要注重形成研发、品牌、营销相结合的综合优势；要加快开放载体的转型升级，探索自由贸易区各项功能创新，以开放倒逼改革，进而促进审批制度、投资制度、国有企业制度等重点领域改革攻坚。在全球贸易与投资规则调整中，作为开放前沿的海关必然要跟上国家经济开放提升战略的步伐，从海关管理现代化进程中体现出来。

第二，WCO积极推动全球供应链安全与便利化发展，加强成员海关的现代化建设，力倡客户导向，强调"海关与商界之间的伙伴关系"，我国海关也需要适应国际海关发展大趋势。

"9·11"事件后，WCO在2002年6月通过的国际贸易供应链安全与便利决议，将保障贸易安全作为国际海关面临的重大挑战，把推进各成员加入《关于简化和协调海关业务制度的国际公约》（以下简称《京都公约》）、通关数据标准化、电子数据预交换、风险管理、行政互助、技术援助等列为贸易安全与便利的保障措施。2005年6月，WCO进一步通过了《全球贸易安全与便利标准框架》（以下简称《标准框架》），一些发展中国家海关重新审视海关在国家安全战略中的定位，开始注重促进贸易便利与维护安全并重。2006年1月，WCO宣布启动"哥伦布计划"，意在实施《标准框架》，加强成员海关的现代化建设。在2008年6月的WCO年会上，各成员方讨论通过了以"实现贸易便利和边境安全，提高发展水平"为主题的《21世纪海关》蓝图文件。21世纪海关蓝图的建设，以《京都公约》和《标准框架》确立的海关现代化原则为基础。贸易安全与便利作为海关现代化的核心内容已然成为WCO和各国的共识。

为了推进贸易安全与便利化，WCO开始引入风险管理，倡导海关与商界之间伙伴关系。1999年，WCO修订《京都公约》时将风险管理纳入"京都公约海关监管职能"，开始提及海关与商界之间伙伴关系。海关风险管理所要解决的关键问题就是海关如何进行管理激励机制设计以促进海关与商界之间的伙伴关系。2005年6月，WCO通过的《标准框架》明确提出海关监管应引入风险管理理念，并再次强调"海关与商界之间的伙伴关系"是全球供应链安全与便利的支柱之一，其核心在于倡导守法便利并建立国际化的企业信用认证体系——AEO（Authorized Economic Operator，经认证的经营者）制度。2006年，WCO批准通过了《AEO实施指南》，细化完善了一整套关于AEO资格、安全措施、评估认证、相互承认等有关标准和程序，与《标准框架》同步推进实施，AEO计划基本形成。2008年，《21世纪海关》指出，应与值得信任的经营者建立战略伙伴关系。我国2008年修订的《中华人民共和国海关企业分类管理办法》引入了AEO制度，海关全面深化改革后加速推进企业AEO认证，并积极推动与"一带一路"共建国家及其他国家或地区开展AEO国际互认。

此外，WTO（World Trade Organization，世界贸易组织）、WCO等组织出台了系列国际海关制度（如WTO制定的《海关估价协议》《原产地规则协议》，WCO制定的《京都公约》《商品名称及编码协调制度公约》等），海关国际制度趋于规范与统一。我国正进一步提升对外开放水平、日益融入全球化，海关国际制度为我国海关管理现代化建设提供了标准的参照系，海关管理体制机制也需要相应的标准化改革与调整。

第三，我国"五位一体"总体布局为海关管理体制机制的完善赋予了新的内涵，2018年出入境检验检疫管理职责和队伍整体划入海关之后，海关统筹进出境安全监管与贸易便利化发展的任务更加艰巨，传统职能与新衍生的非传统职能的重要性日益凸显。

自2012年党的十八大起，我国着眼于现代化建设与民族复兴事业，确定了经济建设、政治建设、文化建设、社会建设、生态文明建设"五位一体"总体布局。在经济全球化进程中，政治、文化、社会与生态要素的全球流动也更加频繁，非传统安全问题逐步成为海关管理的重要内容，也上升为检验海关管理能力的重要因素。随着我国经济的持续发展，人们对于政治、文化、社会与生态环境安全方面的需求越来越强烈。这要求海关不仅要继续围绕经济建设与开放履行职责，还要为维护政治稳定、推动先进文化交流、促进社会和谐、保护生态环境等发挥积极作用。2018年出入境检验检疫管理职责和队伍整体划入海关之后，进出境卫生检疫、动植物检疫、食品化妆品安全检验、商品质量检验等职责也一并划转海关，海关如何统筹进出境安全监管与贸易便利化发展面临着新的重大考验。因此，海关在维护国家经济、政治、文化、社会和生态安全方面的任务更加艰巨，要保障合法、合理、有序的贸易安全与便利，一方面海关要继续承担好原有的监管、征税、缉私、统计等法定职能以及检验检疫职能，另一方面要承担起保护知识产权、反恐怖、反洗钱、防止核扩散、保护公共卫生安全、保护生态环境和自然资源等拓展职能。

第四，随着信息化与互联网的发展，云计算（Cloud Computing）、人工智能（AI）、大数据等技术不断进步，国际贸易出现的很多新业态对海关管理提出了新挑战，新阶段的全球贸易形势也要求海关有新作为。

云计算、大数据、互联网等技术的发展与进步，有力地推动和促进了海关管理电子化，国际海关间、口岸相关部门间、海关与进出口企业间的互联互通和协同治理都具备了一定的技术支持；同时，也带动了跨境电子商务等新型业态的兴起，对海关业务管理提出了新的要求。海关作为国家的进出关境监督管理机关，对进出境的国际物流、客流活动负有监管责任，随着新技术的发展与新业态的兴起，在监管中时刻面临着更多的业务执法风险，并存有一定的潜在冲突与管理危机，海关管理围绕目标实现的机制需要适应新形势、运用新技术，做出创新性的适时应对调整。

当前全球贸易形势进入一个新阶段，中国产业与贸易在世界范围的发展需要更高水平开放、更高质量发展。为此，我国先后建设了21个自由贸易试验区和海南自由贸易港，积极通过窗口试验，接受新挑战、觅得新机遇、探寻新路径、新机制，并实现产业与贸易发展的新突破。

发展是硬道理，发展需要稳定，海关作为国家的进出关境监督管理机关，要统筹贸易便利化发展与安全监管，在促进我国贸易发展方式转型升级中需要全面深化改革并积极参与，新时代有新作为，海关管理的体制机制自然而然地需要进一步更新进步。

综上而言，要在新形势与新挑战中更好地实现"把关"与"服务"的统一，对这些海关管理现代化的前沿问题的研究具有重要的理论价值与现实意义，也具有非常显明的迫切性。

我国海关积极服务国家战略，应对国际贸易形势的变化，出台了一系列政策举措，进行了大量的创新性探索。理论来自实践，并指导实践，海关管理现代化前沿问题的理论研究需要紧密跟踪业务改革的实践，提炼规律，更好地指导、服务于我国海关改革的方向和体制机制构建。

海关管理是海关机构依法对进出境的物品、货物与运输工具进行监督管理，以维护国家安全的活动与行为，主要有涉税性监管、禁限类监管与检验检疫安全监管三类。海关管理活动的主线是海关风险管理，海关机构坚持"由企及物"理念，通过对各类涉及国家安全的风险信息进行搜集、甄别、研判、处置，确保全域、全链条的海关安全与风险治理。海关管理活动的目的，是在对进出境物品货物与运输工具进行监督管理中保障国家安全，就是实现海关安全治理。

从发展趋势来说，海关管理活动在技术方面需要向海关数字治理迈进，在制度层面需要加强海关国际治理，在场域层面需要突出海关安全与空间治理。海关数字治理，是在国家倡导数字政府大背景下结合近年来智慧海关建设的政策及其取得的成绩所进行的重要理论提炼和内容改造，包含海关大数据、"单一窗口"、智慧海关、海关智能审图、区块链海关运用等方面的探索。海关国际治理，作为国际海关制度课程的改造提升方向，可以考虑以下内容：WCO及WTO等国际组织中涉及的海关制度、先进国家的海关制度、多边与双边自贸协定中的海关制度、我国海关参与WCO及WTO等国际组织的行动、我国海关参与多边双边自贸协定的举措，落脚点在于最后两部分。海关安全与空间治理，是着眼于"边境管理"向"边境内管理"的根本转变，海关监管由口岸事

统筹发展与安全视角下海关治理现代化研究

中监管向后续稽查转变,从海关口岸监管、综合保税区监管,到自贸试验区、自贸港的海关管理,海关治理的不同空间采用不同的监管或管理政策措施,也存在不同的作用机制与路径。为此,海关管理现代化研究与我们的学科建设需要以海关安全与风险治理为核心,重点聚焦于海关数字治理、海关国际治理、海关安全与空间治理。

"海关管理现代化前沿"蓝皮书,就是我们多年想做,并一直在努力做的一项重要的基础研究与理论创新工作。它是学校"海关智库"长期建设的重要积淀,也是学校"海关智库"建设服务海关改革、服务国家战略的重要途径。同时,它是学校海关管理学科发展与国家一流本科专业建设的重要成果,是学校"十四五"规划谋求学科发展新突破的重要探索。

《统筹发展与安全视角下海关治理现代化研究》作为 2023 年度"海关管理现代化前沿"蓝皮书,是继 2022 年第一本"海关管理现代化前沿"蓝皮书《面向跨境供应链合规的信息协同机制研究》之后的又一项综合性成果。期待"海关管理现代化前沿"蓝皮书编写组出版更多优秀成果,为中国式现代化建设贡献海关智慧。

是为序。

上海海关学院校长　丛玉豪

2023 年 4 月 9 日

目 录

第1章 统筹发展与安全视角下新时代海关治理与现代化海关建设 ················ 1
1.1 治理与海关治理 ················ 1
1.2 现代化与海关治理现代化 ················ 4
1.3 海关治理现代化的理论解析 ················ 7
1.4 新时代现代化海关建设离不开海关治理现代化 ················ 10

第2章 贸易安全与便利：统筹发展与安全视角下海关治理现代化的战略定位 ················ 16
2.1 贸易安全与便利：基于经济学的维度 ················ 16
2.2 贸易安全与便利：基于历史研究的维度 ················ 17
2.3 贸易安全与便利：基于海关管理基本属性的维度 ················ 24
2.4 贸易安全与便利：统筹发展与安全视角下海关治理现代化的目标定位 ················ 26

第3章 贸易安全与便利：国际海关治理现代化的实践探索 ················ 33
3.1 现代化海关建设：世界海关组织的倡导推动 ················ 33
3.2 代表性海关的先进做法 ················ 36
3.3 贸易安全与便利目标下国际海关治理现代化的特点与趋势 ················ 58
3.4 实现贸易安全与便利价值目标的国际海关先进理念 ················ 67

第4章 统筹发展与安全视角下海关风险防控与治理现代化 ················ 70
4.1 我国海关风险防控与治理的现状和挑战 ················ 70

4.2 统筹发展与安全视角下我国海关风险防控与治理现代化的
目标定位 …………………………………………………… 74

4.3 统筹发展与安全视角下我国海关风险防控与治理现代化的
路径 ………………………………………………………… 76

第5章 统筹发展与安全视角下海关通关监管治理现代化 …… 85
5.1 我国海关通关监管的现状与挑战 ………………………… 85
5.2 统筹发展与安全视角下海关通关监管治理现代化的目标定位 … 90
5.3 统筹发展与安全视角下我国进出境通关监管治理现代化的
路径 ………………………………………………………… 96

第6章 统筹发展与安全视角下海关税收征管治理现代化 … 104
6.1 我国海关税收征管的现状与挑战 ………………………… 104
6.2 统筹发展与安全视角下我国税收征管治理现代化的目标
定位 ………………………………………………………… 114
6.3 统筹发展与安全视角下我国海关税收征管治理现代化的路径 …… 116

第7章 统筹发展与安全视角下海关缉私治理现代化 ………… 119
7.1 我国海关缉私治理的现状与挑战 ………………………… 119
7.2 统筹发展与安全视角下我国海关缉私治理现代化的目标
定位 ………………………………………………………… 130
7.3 统筹发展与安全视角下我国海关缉私治理现代化的路径 …… 139

第8章 统筹发展与安全视角下海关统计治理现代化 ………… 147
8.1 我国海关统计工作的现状与挑战 ………………………… 147
8.2 统筹发展与安全视角下我国海关统计治理现代化的目标
定位 ………………………………………………………… 156
8.3 统筹发展与安全视角下我国海关统计治理现代化的路径 …… 159

第9章　统筹发展与安全视角下进出境检验检疫安全治理现代化 …… 164

9.1　统筹发展与安全视角下我国进出境检验检疫安全监管的现状与挑战 …… 164
9.2　统筹发展与安全视角下我国口岸公共卫生安全治理的目标定位与路径 …… 169
9.3　统筹发展与安全视角下我国进出境动植物检疫安全治理的目标定位与路径 …… 174
9.4　统筹发展与安全视角下我国进出口商品检验监管治理的目标定位与路径 …… 179
9.5　统筹发展与安全视角下我国进出口食品化妆品安全治理的目标定位与路径 …… 185

第10章　统筹发展与安全视角下海关与企业伙伴关系治理现代化 …… 193

10.1　我国海关与企业伙伴关系的现状 …… 193
10.2　统筹发展与安全视角下我国海关与企业伙伴关系治理的目标定位 …… 198
10.3　统筹发展与安全视角下我国海关与企业伙伴关系治理的挑战 …… 201
10.4　统筹发展与安全视角下我国海关与企业伙伴关系治理的机制 …… 205
10.5　统筹发展与安全视角下我国海关与企业伙伴关系治理的路径 …… 208

第11章　统筹发展与安全视角下海关特殊监管区域发展与治理现代化 …… 213

11.1　我国海关特殊监管区域的现状与挑战 …… 213
11.2　统筹发展与安全视角下我国海关特殊区域发展治理现代化的目标定位 …… 225

11.3 统筹发展与安全视角下我国海关特殊区域发展与治理现代化的路径 ………………………………………………………… 228

第12章 统筹发展与安全视角下海关口岸协同治理现代化 ………… 238
12.1 新时代我国海关口岸协同治理的现状与挑战 ………… 238
12.2 我国海关口岸协同治理现代化的目标定位 ………… 243
12.3 统筹发展与安全视角下我国海关口岸协同治理现代化的路径 ………………………………………………………… 247

第13章 统筹发展与安全视角下我国海关国际合作治理的现代化 ………… 251
13.1 新时代我国海关推进国际合作治理的现状与挑战 ………… 252
13.2 我国海关国际合作治理现代化的目标定位 ………… 263
13.3 统筹发展与安全视角下我国海关国际合作治理现代化的路径 ………………………………………………………… 265

参考文献 ………………………………………………………… 272

后 记 ………………………………………………………… 281

第1章　统筹发展与安全视角下新时代海关治理与现代化海关建设

1.1 治理与海关治理

1.1.1 从管理走向治理

自20世纪90年代以来，治理逐渐成为全球学术界和政府部门的一个常用名词，治理理论研究开始发展为一种国际性现象和学术思潮。在国家政府层面，治理与管理有着密切联系，但二者的区别又是显著的。治理是针对传统管理中存在的机械、管制等弊端而提出的。管理的主体通常是政府或社会公共机构，而治理的主体既可以是公共机构，也可以是私人机构，还可以是公共机构和私人机构的合作。① 一般而言，治理主要围绕公共事务开展，目的是维持相应的政治秩序。该词最早源于政治学领域，通常以制度安排的形式予以体现，以期实现权力与职责的平衡。管理则是指在一定的规则下，围绕组织目标，通过对现有资源的整合与分配实现相关经济活动。该词主要出现于经济学领域，并强调采用计划、组织、控制、协调等职能实现组织目标。可以看出，治理倾向于解决战略层面的问题；管理则更加倾向于解决战术层面的问题。二者之间的差异，具体如表1-1所示。

表1-1　治理与管理的区别

	管理	治理
执行主体	行政部门或者企业经营者	全部利益相关者
作用对象	以客体为对象，如管理企业或者员工等	以客观存在的现象或问题为对象，如治理黄河或者治理污染等
实现路径	行政权威和强制命令	通过制度协调利益相关者之间的关系

---

① 俞可平．推进国家治理体系和治理能力现代化［J］．前线．2014（1）：5-8.

此外，管理的权力方向通常是自上而下运行，它借助政府的政治权威，通过发号施令、制定政策和实施政策，对社会公共事务实行单一向度的管理；治理则是一个上下互动的过程，主要通过合作、协商、伙伴关系、共同目标实施公共事务，其实质在于建立在市场原则、公共利益和认同之上的合作，权力向度是多元的、相互的，而不是单一、单向或自上而下的。治理"不再是监督，而是合同包工；不再是中央集权，而是权力分散；不再是由国家进行再分配，而是国家只负责管理；不再是行政部门的管理，而是根据市场原则的管理；不再是由国家指导，而是由国家和私营部门合作。"[1]

现代社会作为一个多元复杂社会，需要有效动员各种资源和主体力量，需要在政府体系内部形成一个不同政策领域之间、上下级政府之间、同级政府的不同部门之间的跨界合作网络，并不断完善部门间的协调配合机制。尽管对治理和治理理论的现代定义并不完全一致，但一般都认为其涉及的核心思想就是主张政府放权和向社会授权，实现权力分散、主体多元、结构网络化、过程互动化等。例如，联合国开发计划署（The United Nations Development Programme，UNDP）认为"治理是行使政治、经济和行政权力来管理国家事务"，是一个复杂的机制、过程、关系和制度，通过这些，公民、组织可以清楚地表达他们的利益，行使其权利和义务，协调其差异。联合国开发计划署认为治理有三个领域，分别是国家、市民社会和私人部门。1995年，全球治理委员会在《我们的全球伙伴关系》研究报告中认为："治理是各种公共、私人、机构管理其共同事务的诸多方式的总和。其有四个特征：治理不是一整套规则，也不是一种活动，而是一个过程；治理过程的基础不是控制，而是协调；治理既涉及公共部门，也包括私人部门；治理不是一种正式的制度，而是持续的互动。"[2]

---

[1] ［瑞士］弗朗索瓦-格扎维尔·梅理安. 治理问题与现代福利国家［J］. 国际社会科学志（中文版）. 1999（1）：59-68.

[2] 全球治理委员会. 我们的全球伙伴关系［R］. 伦敦：牛津大学出版社，1995.

第1章 统筹发展与安全视角下新时代海关治理与现代化海关建设

1.1.2 海关治理是国家治理的有机组成部分[①]

国家治理概念具体落实到海关，是一个由外而内、由大变小、由上至下的过程。党的十八届三中全会确定了我国全面深化改革的总目标是完善和发展中国特色社会主义制度、推进国家治理体系和治理能力的现代化。海关是国家负责进出境监督管理的行政执法部门，其治理作为国家治理的重要组成部分，在内涵上保持基本一致的同时，也应结合行业职能体现自身特点，需要寻求特有的理论范式和个性化的实践体验。

应当看到，海关治理内涵不是从海关管理实践中提炼出来的经验表述，而是将国家提出的治理概念引入海关的理论成果。海关治理是国家治理体系不可或缺的重要组成部分，是海关作为治理主体参与国家治理体系履行行政职能的过程，同时是海关内部实施科学化、多元化主体管理以适应国家治理体系和治理能力提高的过程。[②] 对应于国家治理概念，海关治理也由治理体系和治理能力两部分组成。治理体系是海关在履行国家赋予的职责任务过程中，根据法律法规所形成的一整套海关制度体系。治理能力则是海关运用制度有效履行职责，努力发挥海关治理体系效能的质量和水平，其核心因素是海关机构的执行能力和人员的素质能力。两者相辅相成，组成一个有机的整体。就本质而言，治理体系与治理能力是"本"与"用"的关系，前者是基础，决定了治理的结构，后者则是现象，体现了治理的功能。[③]

海关治理一方面是针对现实难题，体现问题导向；另一方面也指引未来发展，具有目标导向，直接关系着海关事业的历史定位和实践价值。作为国家治理的具体化、行业化，海关治理的范畴体现以下特点：一是体系上全方位，包括履行职责和自身发展等各个方面的法律、体制、机制、制

[①] 上海海关学院《海关与经贸研究》编辑部曾邀请业内专家和理论学者围绕海关治理体系和治理能力现代化开展专题研讨，提出了很多真知灼见，本小节相关内容即是对这些研究成果的梳理借鉴，特此致谢。

[②] 安振泉. 中国海关内部治理结构改革研究 [J]. 海关与经贸研究. 2015（2）：22-31.

[③] 郭永泉. 海关治理的阶段性困境和现代化目标 [J]. 海关与经贸研究. 2016（2）.

度、模式、流程等；二是主体上多中心，包括了从总署到现场各级海关、口岸相关国家机关和部门、各类进出口企业以及社会中介组织等；三是治理方式多元化，包括法律、行政、经济、教育、道德、协商、自律等各种方法；四是治理方向双向互动式，既有纵向的垂直管理，也有横向的协同管理，还有综合的民主管理。[①] 在结构上，一方面海关承担主体身份，对内部事务进行治理，相关体系和能力是内部层面的"小治理"，构成海关的职能实现基础，包括业务制度建设和队伍能力建设等。另一方面海关参与外部多元合作，其体系和能力是外部层面的"大治理"，海关在其中居于"元治理"的地位，但不应该是唯一的主体，需要与其他治理主体、客体保持良好的互动关系。在此过程中，海关应摒弃对微观经济事务的干预，通过提供优质服务和营造良好环境发挥市场的决定性作用，引导促进本领域资源合理配置。[②]

1.2 现代化与海关治理现代化

1.2.1 中国式现代化的提出

"现代化"作为自近现代社会转型发展开始被广泛使用的一个概念，本质上是文明要素的创新、选择、传导和退出交替进行的过程，是追赶、达到和保持世界先进水平的国际竞争。[③] 传统现代化的核心是工业化，可追溯到18世纪后期的工业革命，但其内涵远超工业化范围。早期的现代化与西方化的内涵接近，通常被理解为发展中国家学习赶超以西欧和北美地区为代表的发达国家的动态过程。我国自1954年以来，基本一直坚持实现工业、农业、国防、科学技术四个现代化的目标；党的十八大报告中提出"建成富强民主文明和谐的社会主义现代化国家"，十八届三中全会报告中又明确提出"国家治理体系和治理能力现代化"，这进一步丰富了国家现代化的内涵。作为一个综合性的概念，国家现代化统一体不仅包括工业、

---

① 郭永泉. 海关治理的阶段性困境和现代化目标 [J]. 海关与经贸研究. 2016 (2).

② 王菲易. 海关治理体系的构建与优化：国际海关最佳实践及对中国的启示 [J]. 海关与经贸研究. 2015 (4).

③ 韦毅. 海关现代化刍议 [J]. 上海海关学院学报. 2012 (1).

第 1 章 统筹发展与安全视角下新时代海关治理与现代化海关建设

农业、国防与科学技术现代化，同时包括国家治理体系与治理能力现代化。

中国式现代化，是对现代化内涵的进一步丰富和拓展。党的二十大报告中进一步明确，中国式现代化，是中国共产党领导的社会主义现代化，既有各国现代化的共同特征，更有基于自己国情的中国特色。中国式现代化是人口规模巨大的现代化，是全体人民共同富裕的现代化，是物质文明和精神文明相协调的现代化，是人与自然和谐共生的现代化，是走和平发展道路的现代化。和西方现代化道路相比，中国式现代化道路摒弃了西方以资本为中心的现代化、两极分化的现代化、物质主义膨胀的现代化、对外扩张掠夺的现代化老路。中国式现代化的成功实践表明，西方现代化道路并非人类通向现代化的唯一道路，中国式现代化道路拓展了发展中国家走向现代化的途径，给世界上那些既希望加快发展又希望保持自身独立性的国家和民族提供了全新选择。准确把握、学习领会中国式现代化理论思想，是切实贯彻一系列顶层设计和部署安排，更好地开启全面建设社会主义现代化国家新征程、向第二个百年奋斗目标进军的现实需要、方向和路径。

1.2.2 海关治理现代化的发展

根据 WCO 关于海关现代化的系列论述，海关现代化特指海关程序或海关监管流程的简化、协调、规范，通过海关现代化使得作为政府机构的海关组织同步于监管环境的变迁与新技术的变革，因此，海关现代化是一个边界相对开放的概念。

海关治理作为海关管理的升级版和优化版，有两个动力：一是历年来海关管理和改革的继续，二是当前国家全面深化改革与高质量发展的部署。两者分别体现了海关治理的深度和高度，共同决定了海关治理现代化的前进方向。海关治理现代化是适应"国家治理体系和治理能力现代化"要求的具体体现，是一种全新的执法理念和行政阶段，是海关体制改革和施政水平质的跨越。海关必须根据不断变化的外部社会经济环境，通过内部治理结构的变革，尤其是制度安排和公共政策的调适，以及治理体制和机制的创新、治理流程的优化重组，有效应对各种社会经济问题可能导致的转型危机与治理风险，并满足海关管理相对人的新需求与新期望。

统筹发展与安全视角下海关治理现代化研究

改革开放 40 余年来，中国海关开展了一系列的理论探索和实践创新，包括方针政策的调整、作业制度的更新、职能实现方式的转变等，积累了丰富的经验。这个过程，其实就是海关治理现代化的前期阶段。这些经验，为今后海关治理的深入研究和持续发展，提供了坚实的基础。与此同时，国家在全面深化改革特别是推进高水平开放实现高质量发展的过程中，对海关履行职能、参与国家治理也提出了更高的标准和要求。[1] 海关治理的现代化遵从并统一于国家治理的现代化，海关治理在自身驱动的同时，也应当定位在国家发展的整体轨道上持续推进。

基于治理理论的观点，海关治理现代化的主要目标包括：首先，在价值理念层面，实现海关治理理念的现代化和海关治理角色的重构，海关应摒弃对微观经济事务的干预，通过提供优质服务和营造良好环境发挥市场的决定性作用，引导促进本领域资源合理配置。其次，在制度安排层面，建构海关治理结构体系，即参与治理过程的各个主体（包括海关、社会、企业乃至个人）之间的权责配置及相互关系。海关应通过引导企业、行业协会和学界参与治理，优化国际贸易决策协调机制，提高应对国际经济形势变化、参与国际经济治理的能力。最后，在手段技术层面，运用"治理工具"，建构参与治理的各主体尤其是海关为实现治理目标而采取的有效行动策略，为海关治理提供良好的激励结构和足够的策略空间。[2]

海关治理现代化需要以治理体系现代化和治理能力现代化作为核心支撑。一个国家的治理体系和治理能力是在其特定的历史传承、文化传统、经济社会发展基础上长期发展、渐进改进、内生演化形成的，是国家制度和制度执行能力的集中体现。海关治理体系的形成也不例外，海关治理体系以垂直管理体制为基础，按照一定治理方针和理念构建，服务于国家发展战略和外经贸事业发展。海关治理能力体现为运用海关制度和各项政策工具科学、高效管理海关事务的能力，可以包括贯彻和维护国家意志的法律执行能力、风险防范能力、国际合作能力等。如果说海关治理体系是顶层设计与制度架构，那么海关治理能力是政策工具的具体实现和制度执行

---

[1] 郭永泉．海关治理的阶段性困境和现代化目标［J］．海关与经贸研究．2016（2）．

[2] 王菲易．海关治理体系的构建与优化：国际海关最佳实践及对中国的启示［J］．海关与经贸研究．2015（4）．

能力，二者相辅相成，不可分割。海关治理体系的构建非常重要，但无论多么完善的治理体系，最终都要落实在具体的治理能力上。也就是说，如果海关治理体系的构建是基础，那么海关拥有的治理能力则是实现海关治理绩效的关键，发挥着决定性作用。

1.3 海关治理现代化的理论解析

1.3.1 海关治理现代化是海关自身改革的必然逻辑

需要强调的是，治理现代化不仅是一个管理命题，更是一个政治命题。[①] 治理结构有效形成的过程，必然面临价值体系的重塑、管理方式的巨变以及共同认知的重构。治理有其自身的内在逻辑，并非只是管理方式上的简单创新就能够实现。从管理到治理意味着权力关系的重新调整和划分，海关治理体系的建构同样需要重新划分和定义海关、市场、社会的权力（权利）边界。而海关治理能力现代化则是通过治理体系的体制和机制良好运行，借以发挥治理体系功能、提高公共治理能力，顺利实现既定目标。海关治理体系现代化和治理能力现代化可以看作是结构与功能的关系、硬件与软件的关系。治理体系的现代化具有质的规定性，是治理结构的转型，是体制性"硬件"的更换。只有实现了治理体系的现代化，才能培养治理能力的现代化；同时，治理能力又会对治理结构产生积极或消极的影响，善于治理、敢于变革，可以有效地推动治理体系现代化。

海关治理现代化，概括了海关行政价值目标、核心使命和服务宗旨，是海关科学高效履行法定职责的一种希望、一种导向、一种定位，也是海关及海关人为之奋斗并希望达到的愿景。随着经济发展进入转型期、改革进入深水区，海关必须对其整个治理机制作相应的改革，与时俱进地进行调整，才能使改革富有成效，增强汲取能力、渗透能力及调控能力等治理能力。现代社会是一个利益多元社会，海关治理不是海关一家唱独角戏，海关治理体系现代化意味着在海关发挥治理主体主要方面的前提下，将海关的"他治"、市场主体的"自治"、社会组织的"互治"结合起来，进

[①] 张泰恒. 海关治理体系重构的制度性框架——兼论治理框架下海关监管职能与服务职能的协同创新［J］. 海关与经贸研究. 2015（1）.

一步发挥市场主体和企业个体的治理职责，解放生产力，增强社会活力，共同搭建良好的治理平台。① 海关角色定位、职能内容及其管理方式的现代转型，是海关治理现代化的重要内容和基本任务。海关职能转变的关键前提之一是海关角色的自我定位，是建立一个有限管理的海关而不是一个全能管理的海关，真正实现"政府的归政府，市场的归市场，社会的归社会"，形成职能边界清晰的政府、市场、社会"共治"的海关现代化治理体系。②

1.3.2 海关治理现代化是目标、职能与实现机制的有机统一

海关治理的目标及体现的职能形式，可以从它的政治属性和社会与公共服务属性延伸而来。在政治属性上，海关的角色是作为国家机器和国家执法部门，这方面海关治理的目标表现为依法行政，维护国家的主权、安全和利益。在社会与公共服务属性上，海关作为进出境监督管理部门，这方面海关治理的目标表现在为进出关境的管理客体提供贸易安全与便利化服务。前者表现为海关的执法行为，目标简单来说可以概括为"把关"；后者表现为海关的服务行为，目标通常被概括为"服务"。总而言之，海关治理的属性决定了海关的"把关"与"服务"行为的统一，履行好"把关"与"服务"是为了推动和保障"进出境贸易安全与便利"，这正是海关治理的根本目标所在。这里需要说明的是，不能简单地把"把关"与"安全"、特别是"服务"与"便利"一一对应地理解。强调"服务"一词也并非弱化海关"安全"、忽视"把关"，千万不能片面地、狭义地理解；"安全"是根基，在"服务"范围之内，是"服务"应有的首要内涵。海关的"把关"执法行为与服务行为是其不同属性的自然延伸，但是二者常常融合在海关"一体化"的监督管理活动中。③④

---

① 武剑. 试论推进海关治理体系和治理能力现代化的策略及其途径 [J]. 海关与经贸研究. 2015（1）.

② 熊亮亮. 海关治理体系和治理能力现代化路径探析 [J]. 管理观察. 2014（29）.

③ 余大乐. 改革开放以来我国海关管理目标与实现机制演进研究 [J]. 海关与经贸研究. 2014（5）.

④ 娄万锁. 中国海关治理七十年：历程、经验及展望 [J]. 海关与经贸研究. 2019（5）.

第1章 统筹发展与安全视角下新时代海关治理与现代化海关建设

海关作为国家的进出境监督管理机关，在重构治理体系从管理向治理转变的过程中，迫切需要探讨其治理结构体系及其管理机制转化的问题，但值得注意的是海关在基本职能分配上，同时具备监管和服务两种相互独立、相互对立的职能，使得海关在治理体系重构过程中，必须着重关注两者间的协同创新和协同效率，从而提出符合海关执法特性的治理框架及实现途径。海关治理集政治属性和社会与公共服务属性二者于一身，如何界定其执法行为与服务行为，关键要看不同时期各自对应的目标、目标体现的职能形式及其实现机制。就理论意义而言，一个国家海关管理的目标、体现的职能形式与实现机制应该是一个完整的系统，双重属性一般不会出现割裂现象，二者目标也不会完全背离。但在一个特定时期内，在海关治理的根本目标相对稳定的情况下，其目标侧重点可能也需要随着经济社会发展的需求而发生一定变化，目标所体现的职能形式与实现机制也必须做出相应的调整。在不同国家的不同发展时期，海关治理所追求目标的体现职能形式有的是从政治属性延伸而来（如缉私、缉毒等），有的主要是从社会与公共服务属性延伸而来（如知识产权保护等），各自的实现机制也与其对应的职能一致；而大多的职能形式是从政治属性和社会与公共服务属性综合延伸而来。[①]

必须看到，海关监管与服务两种职能具有各自的独立性。监管职能的核心价值取向是对公平、合法的监督，其效率的评价是执行法律法规的合法性和程序性。服务职能的核心价值取向是保证海关高效优质服务，其效率的评价是服务对象（进出口企业或其他单位组织）对海关高效、便捷服务的认可。监管职能和服务职能时常相互交叉和依附，二者并不是截然分开的，有时候表现为一个整体业务的不同流程和阶段，有时候则伴生于整个业务流程和阶段。由于服务职能和监管职能出现在海关业务各环节上，所以两者的协同性就成为推进海关治理现代化的关键所在。[②]

[①] 黄丙志．贸易安全与便利：海关管理目标及阶段性推进的逻辑思辨［J］．上海经济研究．2015（11）．

[②] 张泰恒．海关治理体系重构的制度性框架——兼论治理框架下海关监管职能与服务职能的协同创新［J］．海关与经贸研究．2015（1）．

1.4 新时代现代化海关建设离不开海关治理现代化

1.4.1 海关治理现代化是现代化海关建设的必由之路

经过多年的改革开放，我国综合实力明显增强，人民生活明显改善，国际地位明显提高。进入21世纪，特别是加入WTO后，一方面，我国经济加快了融入全球化的进程，国际交往范围不断扩大，对外贸易额屡创新高，使中国海关面临的业务量持续增长而管理资源相对有限的矛盾更为突出。另一方面，中国在世界经济事务的谈判、协调和协商中具有了更多的话语权，也具有了更大的影响力，中央政府对海关在提高执法管理能力、支持国家发展战略、保护国家经济安全等方面提出了更高的要求。与此同时，为适应近年来国际政治和经济形势的变化，有效维护贸易安全与便利，发达国家海关纷纷掀起了大规模的现代化改革浪潮，并在很多方面体现出相似性，如统一边境执法、强化边境安全保护、重视风险信息分析、推行企业分类管理、开展与商界互利合作、提高信息化水平等。WCO等国际组织也大力提倡成员围绕监管制度和监管手段开展改革。海关作为重要的政府组成部门，必须构建和优化自身的治理体系，着力优化配置和运行国家赋予海关的权力，对海关事务进行控制、管理和提供服务，不断解决各方利益需求，实现公共利益需求最大化，确保国家经济安全，捍卫国家利益，实现海关事业的科学发展。[1][2]

中国特色社会主义海关事业是中国特色社会主义事业的重要组成部分。党的十八大以来，中国加速向现代化市场经济转型、信息技术社会转型，海关需要在这两个转型之中找准自身定位。在市场化转型之中，中国海关不能简单地复制西方"小政府、大社会"的治理模式，而是要在经济市场化之中合理进退，既要便利经济要素自由流动，让市场这个"无形的手"起到决定性作用，又要充分发挥海关在宏观经济调控、海关税收征缴

---

[1] 周卫前.中国海关改革与现代化的回顾与展望［J］.海关与经贸研究.2015（5）.

[2] 王菲易.海关治理体系的构建与优化：国际海关最佳实践及对中国的启示［J］.海关与经贸研究.2015（4）.

第 1 章 统筹发展与安全视角下新时代海关治理与现代化海关建设

和进出境监管上的职能作用，体现海关这个"有形的手"的地位。[①] 中国海关需要在科学借鉴国际经验和先进做法的基础上，紧密结合实际并科学把握重点，在管理的理念、模式、制度、流程和手段等诸多层面不断创新，积极探索具有中国特色的治理现代化，以保障海关在国家经济社会发展中发挥更为重要的作用。

中国海关的发展与建设服务于国家发展的总体战略，它既面临各国海关在治理过程中所面临的普遍性问题，又有中国国情下自己需要解决的重大命题。理念是行动的先导，没有先进的理念，就不会有科学的行动和有效的实践。随着政府改革的不断深入，诸如法治、服务、平等、合作、效率、回应性等理念已逐渐在公共行政中得以树立和强化。与之相匹配，中国海关也应与时俱进，在执行国家相关法律规定、履行进出境监管职责的同时，要科学看待现代公共行政系列新理念的内在价值，构建多元而统一的先进理念体系，在制度设计中切实予以体现并有效内化到执法行动中去。例如，要强化服务理念，深刻认识到手中的权力来自人民，权力运用的最终目的是服务和促进国家的利益和社会的发展，在设计业务流程和制定制度规则时要体现客户需求导向，为守法企业提供尽可能的便利；要强化法治理念，在执法过程中注意实体的合法和程序的正义，切实维护相对人的合法权益；要强化成本理念，提高运转效率，力求以最低的成本实现执法的目的；要强化主动学习理念，持续更新知识体系，及时掌握新知识、新技能和新方法，等等。从实践看，各地海关也纷纷提出包括建设服务型海关、法治型海关、节约型海关、学习型海关、智慧型海关在内的一系列目标，但由于传统和习惯的长期影响，中国海关在这方面的建设仍然面临很多挑战。例如，解决现实问题和矛盾考虑较多，系统全面研究论证和长远解决海关工作面临的基本矛盾和主要矛盾不够，海关改革与现代化的长远性、发展性和战略性重大课题的深入研究和改革突破与社会、政府和企业的热切期望和要求仍有距离，与国家和社会推进的关联改革不尽协调和平衡；职能交叉等问题仍然存在；海关内部各层级、部门、关区间协

[①] 熊亮亮. 海关治理体系和治理能力现代化路径探析 [J]. 管理观察. 2014 (29).

同不足，与其他行政管理部门和社会机构协同相对有限，等等。①② 构建海关治理现代化体系，需要围绕"政治方向和行政改革""垂直治理和横向治理""效率安全和公平正义""治理域宽和治理纵深"等基本范畴加以展开，从职能整合、业务整合基础之上的部门协同入手进行改革，积极推动现代化海关建设的进程。③

1.4.2 现代化海关建设规定着海关治理现代化的目标和内容

当今世界面临百年未有之大变局，全球动荡源显著增多，世界经济增长持续放缓，贸易保护主义和单边主义持续蔓延，尤其是席卷全球的新冠疫情重创了世界经济。当前，中国虽已是经济和外贸大国，但面临的国际经济环境更为复杂。世界经济低迷，处在深度调整之中，中国稳增长、调结构、促转型等压力较大，迫切需要加快改革和开放的步伐，构建全方位、多元化、多层次的开放格局，更好地利用国际国内两个市场、国际国内两种资源来发展壮大自己。现代化在一定意义上意味着国际化，与国际通行规则接轨，接受国际标准的衡量，是中国海关治理能力现代化的重要取向。④ 我国需要积极应对美国等发达国家正在构建的国际经济新规则、新秩序（TISA、CPTPP、TTIP等），熟悉和利用好新的投资、贸易规则和标准，防止被边缘化。同时，通过"一带一路"建设，构建与自身实力相匹配的国际经济规则和秩序。⑤

面对严峻的挑战和危机，中国海关能否创新制度，提升治理能力现代化，抓住机遇、显现担当，是一个重大考验。处在改革开放最前沿的海关，应该主动顺应国家高水平开放战略需要，融入、重塑有利于我国经济发展的国际经济新秩序。如何通过全面深化改革，建设中国特色社会主义现代化海关，打造先进的、在国际上最具竞争力的海关监管机制，在既定

---

① 周卫前. 中国海关改革与现代化的回顾与展望 [J]. 海关与经贸研究. 2015 (5).
② 侯彩虹. "客户导向"下的海关协同治理模式探索 [J]. 海关与经贸研究. 2015 (3).
③ 郝益山. 中国特色的海关治理体系的主要内涵与实现路径 [J]. 海关与经贸研究. 2015 (2).
④ 冉辉. 论全球化视野下海关治理能力的现代化 [J]. 海关与经贸研究. 2015 (5).
⑤ 郝益山. 中国特色的海关治理体系的主要内涵与实现路径 [J]. 海关与经贸研究. 2015 (2).

第1章 统筹发展与安全视角下新时代海关治理与现代化海关建设

的时间节点上实现海关治理能力现代化，成为新时代海关改革发展的紧迫任务与重大课题。在构建开放型经济新体制的过程中，中国海关要以更加积极主动的姿态，将服务与配套国家新战略、新平台、新业态作为改革的杠杆支点和突破口，树立改革信誉，提升海关在国家治理体系中的地位和话语权。

新时代的挑战与机遇并存，在中国国情下，海关治理现代化不能简单照搬西方治理理念和模式，而是要在充分借鉴科学合理因素基础上，形成自己的海关治理话语体系，进一步明确自己的价值范式和治理范畴，持续科学构建海关治理体系、促进治理能力的现代化。海关需要建立与经济社会转型时期相适应的运转模式，一方面适应市场经济转型的需要，研究如何合理确定海关（权力）与市场（权利）的边界以及关系定位；另一方面适应工业社会转型的需要，研究如何真正变管理为治理，在治理过程之中重视规则、契约、诚信、共治等要素的运用，发挥各种主体的积极性、主动性。[①]

海关制度创新和治理能力建设是国家治理体系和治理能力现代化的重要内容，对于新时代中国特色社会主义海关现代化建设，以及更好服务我国高水平开放、高质量发展具有重要意义。新时代推进海关制度创新和治理能力现代化建设的重要战略目标，是着力打造先进的、在国际上最具规模和竞争力的海关监管治理体制和机制。近年来，海关大胆改革创新，在一些重点领域和关键环节的改革取得重大突破，治理能力现代化取得长足发展。治理能力现代化建设的重点，是要处理好政府、市场、社会各管与共管的矛盾。在"有效市场、有为政府"理念下，海关应以积极的姿态，尊重市场规律，坚持市场化、社会化、专业化改革方向，全面摸清海关权力的"底"，明确权力的"边"，划定权力的"圈"，明晰海关执法与市场调节的边界，以丰富治理主体为基础，以实现公共利益最大化为目标，以行政系统间协作治理为方向，以服务效果导向下的绩效评价为约束，发挥市场在资源配置中的决定性作用，引导、培育社会中介组织和行业协会，对技术性、服务性、辅助性的事项，通过行政委托、行政指导、行政合同以及购买服务等方式，逐步向中介机构和行业协会有序转移，海关凭社

---

① 王宏亮. 海关治理体系机制创新研究 [J]. 海关与经贸研究. 2015（4）.

统筹发展与安全视角下海关治理现代化研究

组织的鉴证结果和专业技术实施管理，促使部分职能社会化，退出"越位点"，补上"缺位点"。①②

中国社会正向经济发展、政治民主、文化先进、社会和谐、生态环境良好的方向发展。政治、文化、社会和生态要素的全球流动也不断扩大和加速，非传统安全问题逐步上升为考量海关治理能力的重要因素。③ 从整体来看，中国海关职能正从履行传统职能向融入国家安全战略大局延展。党的十八届三中全会强调要健全公共安全体系，中央设立国家安全委员会，维护国家安全特别是非传统安全已被提到保障国家改革与发展的战略高度。作为维护国家非传统安全第一防线的进出境监督管理机关，海关职能不断拓展、延伸，与社会管理等重大问题的关联性日益密切。在国家安全战略框架下，海关要充分发挥国家口岸管理办公室、全国打击走私综合治理办公室设在海关总署的优势，在国家安全委员会的工作机制和议事规则下，利用在防范境外安全威胁方面占据着天然的"关口"位置，工作重心逐渐向国家安全领域倾斜，从反恐、反洗钱、环境与生态保护、查缉毒品、知识产权海关保护等入手，加大口岸反恐维稳和边境安全保护的力度，进而推动口岸体制机制改革和口岸综合治理，更好地发挥海关在进出境监督管理中的作用。④⑤

在全面建设社会主义现代化国家征程的新形势下，中国海关应靠前站位，主动作为。海关总署署长俞建华强调，2023年起大力推进智慧海关建设，以智慧海关为抓手推进现代化海关改革，建成引领国际海关监管潮流、服务我国高质量发展的世界一流海关。在国家统筹发展与安全的要求下，当前中国海关要坚持货物贸易与服务贸易并重，继续加快货物贸易监管手段的转型升级，积极探索新型贸易业态监管的治理模式，通过有形的货物贸易带动无形的服务贸易发展。在具体切入点上，更加主动参与国家

---

① 周卫前.中国海关改革与现代化的回顾与展望[J].海关与经贸研究.2015（5）.
② 王涛.海关治理体系构成要素研究——基于战略管理视角[J].海关与经贸研究.2016（1）.
③ 冉辉.论全球化视野下海关治理能力的现代化[J].海关与经贸研究.2015（5）.
④ 李永.总体国家安全观视阈下提升海关风险防控能力研究[J].海关与经贸研究.2022（3）.
⑤ 王菲易、黄胜强.海关、口岸安全与国家安全——关检融合后海关安全准入职能的内涵与趋势研究[J].海关与经贸研究.2019（3）.

第 1 章　统筹发展与安全视角下新时代海关治理与现代化海关建设

产业、贸易税收政策的研究制定，确立治理模式、监管方式和征税原则，破解新型贸易形态在税收优惠政策适用、进出口环节通关、后续征退税与结付汇等问题，协调推动完善与服务贸易特点相适应的国家政策体系和海关监管模式，适应期货保税交割、保税融资租赁、服务外包等服务贸易发展；扩大跨境电商、外贸综合服务、市场采购贸易、保税检测维修等新型业态试点范围；支持企业发展研发设计、商务服务、市场营销、售后服务等生产性服务，融合治理理念提供链式服务，促进新型贸易形态发展壮大，以前瞻思维和实际行动推动保障一流海关建设。

第2章 贸易安全与便利：统筹发展与安全视角下海关治理现代化的战略定位[①]

2.1 贸易安全与便利：基于经济学的维度

结合《中华人民共和国海关法》以及 WCO 基本法中对海关所给出的定义，海关治理现代化的目标可以明确为"进出境贸易安全与便利"。中国海关是依据《中华人民共和国海关法》和有关法律、行政法规，代表国家对进出关境的运输工具、货物、物品等行使监督管理职权的行政执法机关。1999 年 6 月 WCO 修订的《京都公约》法律文本总附约第 2 章 E6 条规定，"海关"指负责海关法的实施、税费的征收，并负责执行与货物的进口、出口、移动或储存有关的其他法律、法规和规章的政府机构。由此提炼，海关治理现代化的目标是在关境上加强对一国或地区法律的遵守，或者说是增强守法、趋向于实现百分之百的守法。可以说，海关是国家进出境管理的核心部门，负有协同管理的职责。从政府机构角度而言，海关治理的目标就是在关境上增强对这些法律与规定的遵守。此外，从守法成本来说，海关治理的目标是降低进出境管理中的守法成本，包括贸易进出口商、投资者、承运人等在内的进出境贸易守法成本，也包括海关自身执法管理的成本。总结起来讲，海关治理现代化的目标可以分为相互辩证统一的两个部分：增强守法程度和降低守法成本。从经济学意义上进一步概括为：在进出境监督管理中实现海关治理的成本与效益的均衡，即进出境贸易安全与便利。增强守法、趋向于实现百分之百的守法，即保证海关治理的首要高收益——贸易安全；降低海关和贸易界的经济与时间成本，即快捷与便利。因此，海关治理现代化的目标可以明确为"进出境贸易安全与便利"，现代化海关建设旨在保障与推动"进出境贸易安全与便利"。

如图 2-1，按照"安全"与"便利"两个维度，可以划分为Ⅰ、Ⅱ、

[①] 部分内容参见：黄丙志. 贸易安全与便利：海关管理目标及阶段性推进的逻辑思辨 [J]. 上海经济研究. 2015 (11)：88-93.

第 2 章 贸易安全与便利：统筹发展与安全视角下海关治理现代化的战略定位

Ⅲ、Ⅳ四个象限，分别代表高效型、管制型、无效型、放松型等不同的四个区间状态。相比较第Ⅰ象限的"高效型"而言，"无效型"对应的高守法成本、低守法程度，显然与海关治理现代化追求的目标完全相悖；"管制型"对应的是高守法成本、高守法程度，高守法"安全"虽是海关治理现代化追求的目标之一，但是它以"不便利"为代价，成本高昂，故为低效型之一；"放松型"对应的是低守法成本、低守法程度，低成本"便利"化也是海关治理现代化追求的目标之一，但是它放松管制牺牲了高守法"安全"局面，故为低效型之二。由此可见，实现低守法成本与高守法程度辩证统一的"高效型"，是海关治理现代化的追求目标，即"进出境贸易安全与便利"。

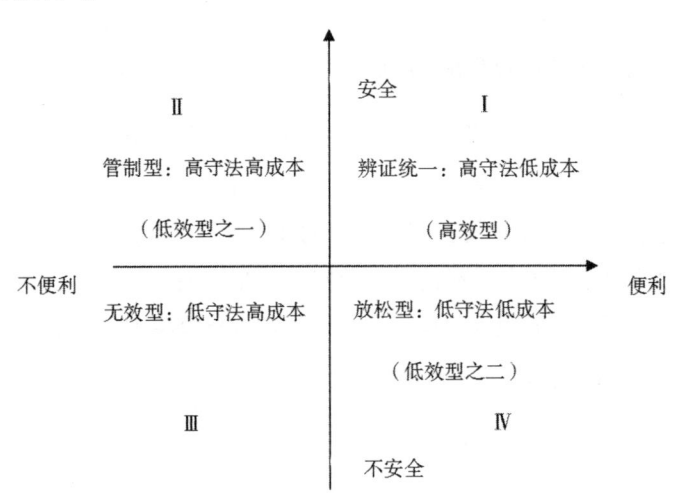

图 2-1　海关治理现代化目标——贸易安全与便利

2.2　贸易安全与便利：基于历史研究的维度

2.2.1　海关的起源与海关管理的产生及实践

关于海关的起源可能存在一些争论，但在海关是与国家的行为相关的这一问题上的认识是基本一致的。从国内外很多论及海关的政治、经济与法律的大量文献来看，大都支持这样的事实：海关与国家主权行为联系在一起，与国家对外经贸联系在一起。海关作为一种对国家间贸易交往的监督管理机关，它随着国家间交往的开始而开始，也随着这种交往的变化而发生相应的变化。不同国家、不同时期关于其职能与行为的海关管理思想也表现出不同的特点。海关行政虽然是国家对海关的管理，但不是国家成立时就有了海关行政，它是国家发展到一定阶段的产物，在不同国家中的发展表现不太一致，有的作为一级海关行政机构而独立存在，有的是隶属于财政部的一个重要税收部门，有的是属于边境保护部门的一个重要组成部分。从一定意义上说，自从人类文明史上开始有了海关，也就产生了海关管理，当然早期的海关管理活动相对简单得多。随着人类经济社会的不断发展与进步，在社会经济发展的不同阶段，海关所承担的职能与任务有所区别，海关管理的实践活动也多种多样，有延续性的联系，也有调整性的变化。

2.2.2 海关管理思想的演进

从《周礼》中多有论及"关"的文字可见，早在 3000 多年前的西周就产生了海关机构的雏形。郭永泉在《中国古代海关思想述评》一文中对我国古代海关管理思想的演变做了比较全面的述评，认为历史上有两次大争鸣：一是春秋战国时期轻关和重税的思想争鸣，二是明清时期开关与闭关的思想争鸣。以下对国内外海关管理思想的变迁进一步分阶段进行总结与梳理。

1. 奴隶社会时期的海关思想

由于社会生产力水平低下、国境不稳定、交通工具落后等原因，对外贸易往往同战争、抢劫交错，海关机构和海关制度均不健全，海关机构的主要任务是防止奴隶逃亡和外族入侵，也有管理重点物资和征税的任务，但不占主要地位。海关机构带有强烈的军事色彩，侧重于军事政治保卫。在中国，周王朝时期，古代海关思想开始启蒙，海关职能随着社会发展不断延伸，从军事要塞逐步转变为财税关津。春秋战国初期，以管子、孟子为代表的轻关重商思想主张在一段时间内受到一些诸侯国的重视。但事实上，关税因其直接可见的财政功能，吸引各类政权大量增设关卡要塞，不断强化征管，在战乱时期尤甚，关税负担日趋沉重。

2. 封建社会时期的海关思想

封建社会时间跨度比较大，中国从春秋战国之交逐步由奴隶社会进入封建社会，历经秦汉直至清朝 1840 年鸦片战争为止，延续 2000 余年。在

第 2 章　贸易安全与便利：统筹发展与安全视角下海关治理现代化的战略定位

西欧，从5世纪罗马帝国的奴隶社会瓦解进入封建社会，直到17世纪的英国资产阶级革命成功为止，延续1000余年。这个历史阶段，海关的作用随着社会发展产生了较大的变化。前期在中国和西欧，都起了规范商业活动、增加政府财政收入的作用；到中后期均演变为注重纯财政作用的苛捐杂税，严重阻碍了商品经济的发展。在中国，这种作用一直延续到封建社会末期；而西欧则在后期受重商主义理论指导与影响，通过变革海关管理思想和管理措施，产生了促进封建生产方式向资本主义生产方式转化的积极作用。

就我国在封建社会时期的海关思想展开来看，参考郭永泉的文献梳理，将其进一步分为几个不同阶段：

（1）战国时期以商鞅、韩非为代表的重税抑商思想占据主流地位。各国利用海关抑商的措施在确保政治稳定、兵源充足的同时，也阻碍了国家内部以及对外的正常商业贸易。

（2）汉唐时期的薄税和关贸思想。国力强大时，经济繁荣，包括外贸在内的商业贸易得到了很大的发展，统一政权下的海关职能充分显现，出现了市舶使等专门的外贸监管官员；割据混战时，经济衰败，商贸中断，各种割据政权乱设关卡，设关滥征的现象越演越烈。

（3）宋元时期的海关管理思想。宋元时期，中国政治相对稳定，经济获得新的发展，尤其是对外贸易兴盛，海关的职能更加完善，内部关税和外部关税开始区分。但是为了支持庞大的政府预算和军费开支，关税苛征现象比较严重。海关机构处于既要维护贸易又要广开税源的矛盾中，这一时期的思想家提倡创新海关管理手段，提出了一些新思路。很多现代海关的管理模式，例如企业注册、禁限目录、保税、减免税等，都可以在这个时期找到其发端或对应。

（4）明清时期的海关思想分两方面，一方面是闭关锁国思想。明清时期，国家虽然延续统一的政权，在经济上出现了资本主义商品经济的萌芽，但政治上却走向专制、保守，对外关系也比较紧张。明朝时期北有蒙古袭扰、海上则倭寇猖獗，清朝前期郑成功家族在台湾海峡对峙，后期则面临西方殖民势力的侵略。在这种背景下，统治者选择了禁海、闭关的政策。除少数朝贡贸易尚存，对外贸易遭到沉重打击，对外的海关监管机构萎缩且形同虚设。同时期还出现了为统治者禁海政策大唱赞歌的"闭关锁国"思想，并产生了很大影响。另一方面是明清时期的开关强国思想。在明清时期，朝野之间仍有很多开明人士能准确认识外寇和外贸的区别，他们注意到禁止外贸的负作用和闭关锁国的风险，从不同角度呼吁重开海禁、发展外贸、恢复和设立对外海关监管机构。清朝康熙时期名臣慕天颜在《请开海禁疏》中极力倡导开关贸易，认为进口、出口都有利于国家；雍正时期蓝鼎元系统地批驳了海禁的种种借口，认为都是"坐井观天之见"，认为开关贸易有很多利好。开关强国思想也对当权者的执政实践产生了促动。例如，万历首辅张居正推行改革，减赋税，重边贸，大开互市边关。再如，在慕天颜的奏请之下，清朝海禁政策一度弛禁，康熙十三年开海贸易，后又设江、浙、闽、粤四海关，是为"海关"两字的正式命名[①]。

中国古代海关机构的传承，可以说明中国商品经济起源悠久且有着不断发展的历史，中国自古就是相对活跃、比较开放的经济体，并非一直是所谓自给自足、封闭落后的经济体。中国古代海关思想中闪耀着的创新智慧和经验认识，更是为此添加了有力的注脚。西方国家关于海关思想演进的集中论述并不多见，但是我们仍然可以通过国际贸易理论、财政理论等著作进行一定的探究，国际贸易理论中关于贸易促进与贸易保护的论争，以及财政理论中关于税收征管种类与结构等方面的讨论都会涉及一些国家一定时期的海关管理在目标与职能体现上的思想与政策。比较而言，墨子在公元前五世纪就提出关税"公需"的理论，比克洛克、鲁索等人的相同观点早了两千多年。同时期的管子关于税不重复、税收负效率、从价征税的主张和实践，比亚当·斯密、威廉·配第等古典经济学学者的理论也要早许多。桑弘羊、王安石、张居正等人的关市征管思想，反映了中国古代有着完善的经济调控能力和理论，海关可以承担一定的经济调控任务。徐光启、慕天颜、蓝鼎元等人关于海关与外贸关系的论证，提出的贸易比较优势、市场价格稳定等主张，比同时期的欧洲重商主义也并不逊色多少[②]。

3. 资本主义社会（半殖民地半封建社会）时期的海关思想

进入自由资本主义时代后，各国海关的主要作用是保护资本主义发

---

① 郭永泉. 中国古代海关思想述评 [J]. 海关与经贸研究, 2015 (4)：10-18.
② 郭永泉. 中国古代海关思想述评 [J]. 海关与经贸研究, 2015 (4)：10-18.

展。进入帝国主义阶段后,各国海关的管理措施促进了资本主义生产方式向全球范围的扩展。第二次世界大战后,各发达国家的海关,着力于维护国际垄断资本集团的利益,推动其向全世界扩张。与此同时,以中国为代表的半殖民地半封建国家,海关机构的设置与管理均受不平等条约的制约,最终目的是服务于资本主义侵略活动,维护资本主义的侵略利益。

4. 社会主义时期的海关思想

总体上说,社会主义国家的海关通过实施有效的监督管理,坚决维护国家的主权和经济独立,维护民族尊严;保护国内工农业生产和市场经济秩序的稳定进步,为经济腾飞提供良好的发展环境;严守国家大门,制止并惩处进出境的政治经济破坏活动和走私违法行为;讲求服务与管理效率,促进对外贸易、国际交往、科技文化交流以及旅游事业的发展。

具体就我国而言,自中华人民共和国成立至改革开放初期,海关管理几经风雨几经曲折。1949年10月,海关总署成立;1953年1月并入对外贸易部,1960年转为海关管理局,下属海关机构由地方贸易局管理;一直到改革开放初期的1980年2月,国务院恢复海关总署建制,将其作为一个独立部级机构,海关垂直管理体制成为最基本共识,并逐步完善起来。海关作为国家门户,是体现国家主权的重要方面之一,海关管理是国家层面上的管理,海关总署代表国家对进出口贸易进行监督管理。在我国改革开放的深入及经济全球化的推动下,海关管理的运行机制也处在不断的变革、调整与完善中。

1988年全国海关关长会议提出了"有中国特色社会主义海关"一词,这是海关首次提出的战略目标。1993年全国海关关长会议提出了海关改革与战略目标:"逐步建立起与加快经济建设和扩大对外开放相适应,与建立社会主义市场经济体制相配套,与国际海关通行做法相衔接,方便进出与严格管理有机结合的有中国特色社会主义海关的管理体系。"[①] 这标志着中国海关开始了现代化道路的探索。1994年全国海关关长会议高度评价了上年度关长会议确定的目标,指出要建设的这个"管理体系"实质上就是

---

① 戴杰. 支持扩大开放,促进经济建设,努力为巩固和发展我国社会主义制度服务——在1993年全国海关关长会议上的报告[Z]. 海关研究,1993(1).

统筹发展与安全视角下海关治理现代化研究

社会主义市场经济条件下的现代海关制度①。随后，全国海关开展了历经4年的现代海关制度研究，并经过多方论证，组织了10多次国内国际研讨，进行了一些专题的调研和国际考察②，在海关系统上下形成广泛共识。1998年海关总署作出了关于建立现代海关制度的决定，通过管理思想、管理制度、管理方法和管理手段的变革来实现海关管理的现代化③。为实现这一目标，在运行机制方面做好保障，提出建立现代海关法制体系、企业守法管理体系、现代通关管理体系、物流监控体系等八大体系，构成现代海关制度的有机整体和总体框架。1998—2003年，以通关作业改革为中心环节和突破口的海关各项改革取得了突破性进展④，奠定了全面推进海关现代化建设的基础。

2004年，海关总署制定并正式启动实施《2004—2010现代海关制度第二步发展战略规划》，提出以全面实施风险管理机制为中心环节，创新海关管理方法和管理手段，到2010年，基本建立起与构建和谐社会相适应、与完善的市场经济体制相配套、与国际通行规则相衔接、严密监管与高效运作相结合的现代海关制度，努力建设"耳聪目明"的智能型海关⑤。第二步发展战略，是在我国全面融入全球化、货物贸易量激增的背景下，为解决有效监管与快速通关之间的矛盾、全面履行"把关"和"服务"职能、提升海关现代化水平而提出的。与第一步发展战略不同，第二步发展战略着重于管理资源的整合，突出海关各项改革的整体推进和各个层级、各个层面的协调发展，重点解决海关在法制建设、执法理念、管理体制、工作机制等方面的问题。从2008年开始，海关总署主动寻求改革的新突破，把构建海关大监管体系作为现代海关制度"两步走"发展战略的延伸和深化，涉及管理体制、运行机制和功能定位等方面，宏伟目标是要构建处于国际海关先进水平的现代化海关。2011年年底开始构建海关综合监管

---

① 钱冠林. 在全国海关关长会议上的讲话［Z］. 海关研究，1994（1）.
② 黄汝凤. 关于制定建立现代海关制度决定若干问题的说明［Z］. 海关研究，1998（4）.
③ 钱冠林. 在1998年全国海关关长会议上的报告［Z］. 海关研究，1998（1）.
④ 牟新生. 认真贯彻党的十六大精神，全面推进海关现代化建设——在2003年全国海关关长会议上的报告［Z］. 海关研究，2003（1）.
⑤ 牟新生. 全面推进海关现代化建设，高质量地完成党和人民交给的各项任务——在2004年全国海关关长会议上的报告［Z］. 海关研究. 2004（1）.

第2章 贸易安全与便利：统筹发展与安全视角下海关治理现代化的战略定位

体系替代大监管体系方案[①]，接下来的三年间，海关总署对于新时期海关发展战略开展了深入而富有成效的专题性研究，直到2014年11月6日《海关全面深化改革总体方案》（以下简称《总体方案》）出台，这是我国海关现代化发展的又一个标志性事件，是一个突破性和阶段性相统一的改革行动指南。自1993年至此，可称之为海关现代化的起步与探索发展期，之后可以称为海关现代化建设新阶段。总体上说，这一发展过程，是处在螺旋式上升与波浪式前进的通道中。

在现代市场经济中，作为实施国家垂直管理体制的海关管理应该是完全统一的全国一盘棋的局面，而部分矛盾和问题制约着我国海关现代化的进一步发展。为此，《总体方案》中明确了总体目标："建设中国特色社会主义海关，以构建一体化通关管理格局为抓手，转变职能实现方式，创新组织管理，打造先进的、在国际上最具竞争力的海关监管机制，促进贸易安全与便利，推进海关治理体系和治理能力现代化。"为了更好地推进海关现代化，《总体方案》还进一步明确，到2021年中国共产党成立一百年来临之际，在海关全面深化改革的重要领域和关键环节取得决定性成果。2035年国家基本实现社会主义现代化，海关现代化作为国家现代化统一体的一部分，也必然要如期或引领性地提前建成。

现阶段，在推进海关治理现代化即"促进贸易安全与便利"的目标实现中，以构建全国一体化通关管理格局为抓手的改革已经全面铺开，进展势头良好，成绩喜人。这一抓手是海关治理目标的阶段化的具体体现，是海关垂直管理体制在市场化深入推进中现实可行的政府与市场结合的最佳选择，是市场经济条件下垂直管理本质要求的理性回归。从内部而言，海关可着手"破除部门、关区、业务条线之间的藩篱"，努力通过"风险防控中心"与"税收征管中心"的创新建设与科学布局，优化各类资源配置，发挥扁平化、差别化、专业化优势，事前、事中与事后各部门协同监管，构建全国海关一体化通关格局，充分体现现代市场经济下海关垂直管理的立体效能与本质要求。

---

① 余大乐. 改革开放以来我国海关管理目标与实现机制演进研究［J］. 海关与经贸研究，2014（4、5）.

2.2.3　海关管理思想历史演进中的目标同一性：贸易安全与便利

在不同国家及社会经济发展的不同阶段，尽管海关管理所承担的职能与任务有所区别，海关管理的实践活动差异也很大，但是延续性发展的实践及其思想的演进为提炼海关管理的目标提供了重要的史实与理论支撑。海关有时重点承担着边境安全职能，有时重点承担着征收关税的职能，有时"轻关重商"，有时"重税抑商"，但总结起来讲，海关管理思想演进中目标呈现同一性，即基本指向"进出境贸易安全与便利"，只是有时侧重方向不同。目前，我国海关经过螺旋式上升与波浪式前进，已经明确实现海关治理现代化的目标，即"进出境贸易安全与便利"。国际海关界也是如此，经历了由浅入深的螺旋式上升，这一探索可追溯至20世纪90年代兴起的海关现代化趋势。作为全球唯一负责海关事务的政府间国际组织，WCO制定的一系列国际海关公约、标准、工具为成员的海关现代化建设提供了最为重要的国际惯例和参照，也为实现"贸易安全与便利"奠定了坚实的基础。

2.3　贸易安全与便利：基于海关管理基本属性的维度

海关管理的基本属性是双重的，是政治性与非政治性的统一。政治性是指海关管理与生产关系、社会制度相联系的属性。非政治性即通常意义上的社会与公共服务属性，是指海关管理与生产力、社会化大生产相联系的属性。

首先，作为国家机器的组成部分，海关属于政治范畴，其政治性反映在专政和民主两个方面：海关管理以维护国家的主权和利益，维护政治统治为宗旨；海关管理通过法制，依法行政，推行管理的公开性、合法性、民主性来实现民主职能。在各个历史时期不同社会制度下，统治阶级始终将海关作为重要工具而牢牢掌握在自己手里，使海关的政策法规、监管制度与其国家的外交、外贸、国内经济政策密切结合起来，成为统治阶级宏观调控的重要手段和保护本国经济发展的坚固屏障。海关管理以执行国家既定的政策、维护进出境贸易安全为目的，这是海关管理政治属性的一面。

其次，在当今经济全球化与信息化飞速发展的时代，服务理念得到广

第2章 贸易安全与便利：统筹发展与安全视角下海关治理现代化的战略定位

泛传播，海关管理与生产力和社会化大生产相联系的社会与公共服务属性也日益凸显。海关作为国家行政机关和公共部门，其实施的海关管理是一项公共服务活动，需要为社会提供一定的公共服务。一般认为，海关管理要为进出境企业与旅客提供贸易便利化服务，这是一种狭义的理解。广义上说，海关通过进出境的监督管理活动，为守法企业高效创造利润服务，为促进对外经济贸易服务，为发展工农业生产服务，为推动科技文化交流的健康发展服务，为防止环境污染与生态破坏、保护环境服务，为国家的繁荣昌盛和人民的富裕幸福服务。

前者主要表现为海关的执法行为，可以简单概括为"把关"；后者主要表现为海关的服务行为，通常可以概括为"服务"。二者是一个辩证统一的关系，可以相辅相成、相互促进，处理不好时也可能出现相互割裂的现象。海关的执法行为与服务行为是其不同属性的自然延伸，但是二者通常融合在海关"一体化"的监督管理活动中。总结来说，海关管理的属性决定了海关的"把关"与"服务"行为，履行好"把关"与"服务"是为了推动和保障"进出境贸易安全与便利"，这正是海关管理的目标所在。

当然，这里需要再次强调的是，不能简单地把"把关"与"安全"，特别是"服务"与"便利"一一对应理解。海关管理的服务客体不仅仅限于进出境的企业与旅客，还包括国家及政府的其他相关部门，一般来说是"三位一体"：海关不仅提供贸易便利化服务，还为政府部门、进出境企业与旅客提供一定的贸易安全保障服务，同时还服务于国家的宏观经济调控、经济社会福利的稳态增进与健康发展。因此，"服务型海关建设"的倡导可以更好地吻合海关管理的目标，有利于促进"进出境贸易安全与便利"。强调"服务"一词并非弱化海关的"安全"职能，忽视"把关"，千万不能片面地、狭义地理解"服务"；"安全"是根基，在"服务"范围之内，是"服务"应有的首要内涵。

在资源固定不变或减少而职责范围不断拓展、复杂程度不断提高的环境下，加强"服务型海关建设"，有利于我国海关在履行传统职能的同时成为国际贸易的有效促进者，并努力满足客户对服务的期盼。"服务型海关"是海关现代化的重要组成部分，加强"服务型海关建设"，有利于海关管理工作的客户概念认知和客户服务导向，进而推动海关与高诚信进出口企业的伙伴关系建设，有利于改进工作方法，提升工作效率与效能，实现海关治理现代化目标即贸易安全与便利的均衡发展。另外，"服务型海关"的推进与建设，有利于海关在政府机构改革，特别是推进与口岸相关部门的协同管理中更好地发挥积极的引领性作用，有利于我国海关与境外海关的沟通、协同、合作，不断提升我国海关在国际海关发展中的应有地位。此外，从国际影响层面而言，"服务型海关"的实质性推进与建设，有利于我国把握与各国或区域组织进行自由贸易区谈判等方面的主动权，在CPTPP、TTIP背景下不断地拓宽我国开放经济发展的国际空间。

2.4 贸易安全与便利：统筹发展与安全视角下海关治理现代化的目标定位

前面章节中，已先期给出了贸易安全与便利的简要概括：贸易安全，与国家安全密切相关，包括进出境合法贸易中的货物与人身安全，是指通过进出境贸易海关监管增强守法程度，实现接近百分百的守法；贸易便利，是指进出境海关监管中便利合法贸易的程序，降低守法贸易的时间与经济成本。对于贸易安全、贸易便利化的进一步科学界定，本节将结合并充分借鉴笔者前期研究成果进行再研究。

2.4.1 贸易安全

1. 贸易安全思想的起源与发展

从前文对海关管理思想的研究可见，贸易安全思想与海关的出现在一定意义上是相伴而生的。尽管古代的关卡要塞侧重于军事政治保卫，但是其负责的任务，无论防止奴隶逃亡还是管理重点物资和征税，都具有一种萌芽性质的贸易安全思想。当然，从近代来看，贸易安全思想的提出是从第一次世界大战后欧洲国家成立的煤钢共同体开始的，目的在于以贸易联盟形式限制煤钢等战略物资的自由贸易，减少其用于战争的可能性。第二次世界大战以后，美国依仗其强大的经济实力，毫无争议地成为世界第一贸易大国。为实现自身的贸易利益，美国开始寻求建立全球开放性经济体系促进自由贸易发展，1947年《关税与贸易总协定》（General Agreement on Tariffs and Trade，GATT）的签订以及其后在此基础上建成的WTO，都大大推动了国际贸易的发展。同时，贸易安全问题也并没有被置之不理，美国《1974年贸易法》就是一部规范贸易行为、保障贸易安全的重要法

第2章 贸易安全与便利：统筹发展与安全视角下海关治理现代化的战略定位

律，详细规定了美国在遭遇贸易壁垒时的应对措施。其中，著名的"301"条款对于损害美国贸易利益的行为，可以通过制裁维护贸易安全。另外，尽管1979年美国制定的《出口管理法》现已失效，但其中与军民"两用"产品和技术出口管制相关的规定事实上仍然有效。随着国际安全环境的变化，1993年克林顿政府将贸易安全提升为国家安全战略。"9·11"事件以后，美国将贸易工作的重心从推动贸易开放转向确保贸易安全。为维护美国贸易安全，布什政府积极推动全球贸易安全体系建设，在WCO和APEC（Asia-Pacific Economic Cooperation，亚太经济合作组织）等国际组织层面以各种方法制定相关规则。奥巴马政府为应对发展中国家国际贸易的崛起，主动倡导TPP（Trans-Pacific Partnership Agreement，跨太平洋伙伴关系协议）、TTIP、TISA等区域性贸易投资协定谈判，提出了重构全球贸易投资规则战略，确保美国在全球贸易中的核心地位。由此可见，贸易安全思想在贸易发展历程中不断得以完善和提升。

2. 贸易安全的概念与内涵

关于贸易安全的概念，在理论界尚未达成共识，但大致可以归纳为两种观点：一种观点从能力角度出发，认为贸易安全体现在对外贸易发展面临风险或受到冲击时，一国的对外贸易具有足够的抵御能力和抗风险能力，最终实现自身经济的良性发展；另一种观点从状态角度出发，认为贸易安全表现为在贸易自由化背景下，一国对外贸易的生存和发展不受到国内外负面因素的破坏和威胁的状态。虽然这两种观点出发的角度有所区别，但是其核心思想在本质上是相通的，重点强调风险抗击能力，目的是维护国家经济利益[①]。从风险防控与抗击能力角度而言，海关作为进出境贸易的监督管理部门承担着重要的任务。下面，结合WCO《标准框架》（2015年版）和《中华人民共和国国家安全法》，并从海关安全准入的风险防控视角探讨贸易安全问题。

WCO《标准框架》（2015年版）对"安全"用到"Security"和"Safety"两个单词，但主要用的是"Security"。"Security"意指强调国家利益，而Safety意指对公民及社会公共利益的保护与关切。WCO《标准框

---

① 石良平等.经济大国的贸易安全与贸易监管（2015年上海国际贸易中心建设蓝皮书）[M].上海：上海交通大学出版社.2015.11：3.

架》（2015年版）中的"安全"主要是供应链的安全。供应链安全的定义可以归纳为从原材料采购到最终产品到达最终用户整个过程的安全，这种安全需要网链上所有参与企业的自身安全保障，并需要企业间结成战略同盟来保障。概而言之，即整个过程的安全和全体参与者的安全协作，在贸易安全防护中采取严密的安全保卫和严格的过境检验检疫方案，甚至把安全的防范延伸到供应链的所有环节，时间上则提前到进口货物国外装运的阶段。

2015年7月1日施行的《中华人民共和国国家安全法》将国家安全细分为政治安全、国土安全、军事安全、经济安全、文化安全、社会安全、科技安全、信息安全、生态安全、资源安全、核安全等领域的国家安全任务。其中第三条规定："国家安全工作应当坚持总体国家安全观，以人民安全为宗旨，以政治安全为根本，以经济安全为基础，以军事、科技、文化、社会安全为保障，以促进国际安全为依托，维护各领域国家安全，构建国家安全体系，走中国特色国家安全道路。"第三十九条规定："中央国家机关各部门按照职责分工，贯彻执行国家安全方针政策和法律法规，管理指导本系统、本领域国家安全工作。"

根据相关法律与规定，在贸易安全防控中的海关"安全准入"可以界定为，在《中华人民共和国海关法》规定的框架内，海关依法对涉及政治、国土、军事、经济、文化、社会、科技、信息、生态、资源、核等国家安全的进（出）境人员、货物、物品和运输工具等实施监管，落实禁止、限制性管理等相关政策，管控危害国家安全的各种风险。结合海关监管工作的业务特点，本书将海关安全准入风险的具体表现形式按照11个领域的国家安全归并为五类：政治安全风险、经济安全风险、文化安全风险、社会安全风险及生态安全风险。从国家安全与贸易监管角度而言，这五类安全风险防控就是海关贸易安全治理的核心内涵。

政治安全风险包括国家政治安全、国土安全、军事安全和核安全等领域的风险。维护国家政治安全主要表现为打击国际恐怖主义，反对民族分裂主义，打击泄露国家及军事机密、核生化爆和武器弹药走私等方面。

经济安全风险包括国家经济安全和经济资源安全领域的风险。维护国家经济安全，就是要维护国家基本经济制度和社会主义市场经济秩序，健

第2章　贸易安全与便利：统筹发展与安全视角下海关治理现代化的战略定位

全预防和化解经济安全风险的制度机制，保障关系国民经济命脉的重要行业和关键领域、重点产业、重大基础设施和重大建设项目以及其他重大经济利益安全。维护国家经济安全，主要体现为维护国家金融安全、财政税收安全、产业安全、资源安全与粮食安全等方面。

文化安全风险包括国家文化安全、信息安全和科技安全领域的风险。

社会安全是国家安全的重要保障，在海关进出境监管中主要表现为对食品、药品、血液等进出口行为和毒品走私实施有效监管。

生态安全风险是人类在生产、生活和健康等方面受生态破坏与环境污染等影响的程度，包括饮用水安全、空气质量与绿色环境等基本要素。在海关进出境监管中，防控生态安全风险也是其重要的职责之一。

海关贸易安全治理，就是在进出境监督管理活动中实现对上述五大类安全风险的防控。

2.4.2　贸易便利化

贸易便利化在国际贸易中也不是一个新问题。早在1923年国际联盟的议程中就提及"贸易便利化"一词[①]。当时贸易便利化的主要任务是建立各国之间的双边贸易体系，尽可能地协调各国独立的贸易体系。随着经济全球化浪潮不断高涨，贸易便利化成为国际经济的一个关键性议题，"贸易便利化"一词也越来越多地得到全世界的关注。在国际贸易过程中，烦琐的通关程序和大量的通关文件会对货物的通关产生不便的影响，因此，建立高效的贸易体系、消除贸易要素跨境流动的障碍、降低交易成本渐渐成为世界各国的普遍共识，成为推进贸易自由化的一个必要过程，这也是各国（地区）海关贸易便利化治理的重要内容。

由于不同框架关注的贸易便利化议题的内容各不相同，对于贸易便利

---

① 张鹏. 贸易便利化法律规制研究[D]. 重庆：西南政法大学，2007.

化，迄今在世界范围内尚无一个被普遍接受的统一定义①，但对贸易便利化基本精神的理解是一致的：简化和协调贸易程序，加速要素跨境的流通。由此，"所谓贸易便利化，主要是指通过简化和协调各种程序，以减少贸易扭曲，加快贸易要素的跨境流动，促进国际贸易高效发展。"② 当前，最能集中体现贸易便利化精神的是WTO的《贸易便利化协定》和WCO的《标准框架》。

WTO关注贸易便利化问题始于20世纪90年代，直至2013年巴厘岛会议初步达成协议，2014年11月WTO在日内瓦宣布正式通过《贸易便利化协定》（TFA）。2015年9月5日，我国正式接受WTO《贸易便利化协定》。《贸易便利化协定》指出，贸易便利化没有一个通用的定义。美国前贸易代表罗伯特·佐利克曾指出，贸易便利化措施"实质上是旨在降低交易成本和增加过境时效性的市场准入程序的延伸"。WTO对于贸易便利化的定义是"国际贸易程序的简化和统一"，其中贸易程序指"在国际贸易中搜集、呈报、传送和处理货物运输相关数据时所涉及的活动、做法和手续"。

从贸易安全与贸易便利化发展历程来看，在美国发生"9·11"事件后，WCO在贸易便利化基础上，针对贸易安全提出了三种实现形式：加强风险管理能力、运用高科技管理工具和强化国际合作。2004年12月，WCO政策委员会以此为基础初步制定了《标准框架》，并于2005年6月在WCO年会上作为其成员必须实现的最低标准通过了该文件。这是国际社会关于贸易安全与便利的具有引领性和权威性的合作框架。2015年，WCO

---

① WTO（1998年）和UNCTAD（联合国贸易和发展会议，2001年）都认为，贸易便利化是指国际贸易程序（包括国际货物贸易流动所需要的收集、提供、沟通及处理数据的活动、做法和手续）的简化和协调。OECD（经济合作与发展组织，2001年）对贸易便利化的表述是：国际货物从卖方流动到买方并向一方支付时所需要的程序及相关信息流动的简化和标准化。UN/ECE（联合国欧洲经济委员会，2002年）将贸易便利化定义为：用全面的和一体化的方法减少贸易交易过程的复杂性和成本，在国际可接受的规范、准则及最佳做法的基础上，保证所有贸易活动在有效、透明和可预见的方式下进行。APEC（2002年）的定义是：贸易便利化一般是指使用新技术和其他措施，简化和协调与贸易有关的程序和行政障碍，降低成本，推动货物和服务更好地流通。

② 石良平，黄丙志等. 贸易便利化与上海国际贸易中心建设（2011年上海国际贸易中心建设蓝皮书）[M]. 北京：中国海关出版社. 2011.06：7.

第 2 章　贸易安全与便利：统筹发展与安全视角下海关治理现代化的战略定位

又出台了新版《标准框架》。WCO 拥有 185 个成员，代表着全球 98% 的国际贸易量，在全球贸易安全和便利方面承担着重要角色。

《标准框架》包括六大目标和原则：一是制定全球范围供应链安全与便利的标准，促进稳定性和预见性；二是形成对所有运输方式适用的一体化供应链管理；三是增强海关应对 21 世纪挑战和机遇的能力，这些挑战和机遇主要包括经济全球化和区域化的趋势、利用国际规则的能力、应对恐怖主义和分裂主义对贸易安全的威胁、世界各国在反腐和打击毒品走私等方面的合作；四是加强成员方海关之间的合作，提高甄别高风险货物的能力，要求加入《标准框架》的国家都应针对安全威胁采取一致的风险管理手段；五是加强海关与商界的合作，要求成员方海关向满足供应链安全的最低标准并参照最佳做法的商界提供相应便利，并为 AEO 提供多种便利措施，赋予 AEO 更多的权利；六是通过保护国际贸易供应链安全，确保货物畅通无阻。

《标准框架》提出了四个核心要素，包括：一是协调对进口、出口和转运货物提前递交电子货物信息的要求；二是加入《标准框架》的成员都应针对安全威胁采取一致的风险管理手段；三是应进口国的合理要求，出口国海关基于可比的风险布控手段，应对出口的高风险集装箱和货物进行检验；四是成员方海关应向满足供应链安全最低标准并参照最佳做法的商界提供相应的便利。

《标准框架》还包括两大支柱，即各国（地区）海关之间的合作安排及海关与商界之间的伙伴关系。新版《标准框架》中又新增一大支柱：海关与口岸相关部门边境管理的协调合作。可以看到，新版《标准框架》通过加强海关与海关之间、海关与口岸相关部门之间以及海关与商界之间的信息共享，规范贸易企业作业流程，进一步实现提高监管效率和防范监管风险的目的，加快了货物进出口的速度，将贸易安全与贸易便利化两大框架有机融合。①

2.4.3　贸易安全与贸易便利化的关系

由上述论证可知，从时间进程角度考察，海关对贸易安全的重视比贸

---

①　石良平等. 经济大国的贸易安全与贸易监管（2015 年上海国际贸易中心建设蓝皮书）[M]. 上海：上海交通大学出版社. 2015. 11：10.

统筹发展与安全视角下海关治理现代化研究

易便利要早一些。关于贸易安全与贸易便利化之间的关系,以往有一种误解,认为两者存在一定的对立关系,加强贸易安全就会对贸易便利化造成阻碍。其实贸易安全与贸易便利化并不矛盾,贸易安全的实现,又为贸易便利化带来更大的发展空间,而贸易便利化的实现,将对贸易安全提出更高要求,贸易监管措施将更加精炼和高效。此外,也要注意不能为了贸易便利化而弱化贸易安全等级。因此,贸易安全与贸易便利化是一种相互促进的关系[1]。原海关总署署长牟新生在谈到便利与安全的关系时提出:"在国际贸易供应链中,安全是实现便利的保证,便利是安全保证的升华。没有安全保证,贸易便利就无法真正实现,没有贸易便利,安全也就失去意义。过度强调安全,就可能影响正常的贸易便利,过度强调便利,安全就可能带来隐患,最终也失去贸易便利。安全与便利这两者之间是相辅相成、缺一不可的,是一个有机统一的整体。"[2]

总体来说,贸易安全与贸易便利化两者之间的关系,是一个辩证统一、相互促进的关系,一般是指在有效保障贸易安全的前提下实现贸易便利化,不能过分强调贸易安全而牺牲贸易便利,也不能一味推进贸易便利而忽视贸易安全。因此,在统筹发展与安全视角下,海关治理现代化的目标定位在实现贸易安全与便利,即实现二者的均衡发展。

---

[1] 石良平等. 经济大国的贸易安全与贸易监管(2015年上海国际贸易中心建设蓝皮书)[M]. 上海:上海交通大学出版社. 2015. 11:9.

[2] 世界海关组织召开第101/102届年会:中国海关与各国海关共商国际贸易安全与便利[EB/OL]. (2003-06-26). http://www.people.com.cn/GB/shizheng/1027/1937727.html.

第3章 贸易安全与便利：国际海关治理现代化的实践探索

3.1 现代化海关建设：世界海关组织的倡导推动

3.1.1 《京都公约》：着眼于贸易便利的"海关现代化蓝图"

经修订的《京都公约》奠定了"现代化海关蓝图"，其总附约和专项附约所包含的600多个标准涉及海关管理和监管的各个方面，确立了海关管理和监管的主要原则、海关管理行为的透明度与可预见性、货物申报和随附单证的简化与协调、对经授权经营人的简化程序、最大程度地应用信息技术、最小必要的海关监管、风险管理和稽查以及其他边境管理部门的协调、关企伙伴关系。

21世纪以来，在WCO推进海关能力建设策略中，上述原则得到丰富与完善，从新公共管理改革和新公共服务的角度，重申公共部门"善治（good governance）"原则，确定现代海关的建设原则与改革方向（见表3-1）。

表3-1 能力建设视角下的现代海关建设原则

原则	含义
廉政	海关应消除腐败，努力保持最高的廉政水平。
透明度	海关法律、法规、规章和制度应以便于对象了解的方式公布和提供。
责任	海关应当实施透明和简便的行政和司法救助制度，对自身行为负责。
可预见性	海关法律、法规、规章和制度应当以稳定和一致的方式适用。
便利和监管	在确保正确实施海关法律、法规的前提下，海关应努力运用风险管理对合法贸易中的通关提供便利。

续表

原则	含义
客户服务导向	海关应不断努力向工作对象提供高水平的服务。
标准化	如有可能，海关法律、法规、规章和制度，应当和国际通行标准相一致。
简化	海关法律、法规、规章和制度应尽可能简化，以确保顺利通关又不产生不必要的负担。
最低程度的干涉	海关应实施完善的风险管理制度、稽查制度，以发现高风险的行为、人群、货物和运输工具，限制海关干涉的程度。
信息技术和通信技术的运用	海关应最大程度的运用信息技术和通信技术，以进一步采纳经修订的《京都公约》中的主要原则。
合作和伙伴	海关应努力和有关各方建立合作关系，包括政府部门、私营部门和其他国家或地区的海关。
持续改进	海关应制定工作标准、实施合适的制度和流程，持续改进各项业务的效率和效益。
提高守法水平	海关应和工作对象合作以使其提高自觉守法的水平。

来源：WCO 于 2003 年发布的《海关能力建设诊断框架》。

3.1.2 《标准框架》：平衡口号下的贸易安全转向

"9·11"事件后，WTO、WCO 与世界各国先后把在国际贸易方面的改革和研究转移到贸易安全上来。这与以美国为首的西方发达国家借"反恐""安全"的旗号，将单边和双边政策扩散到世界各国及多边国际组织有着重要的关联。2002 年，WCO 通过了《国际贸易供应链安全与便利决议》。2004 年，WCO 又通过了《关于实施国际贸易供应链安全与便利措施的新决议》。2005 年 6 月，WCO 进而出台了《标准框架》。2010 年，WCO 将涉及贸易安全与便利的标准和工具整理成了《标准框架工具包》，供成员海关和商界参考使用。2021 年，WCO 联合 WTO 将大数据、物联网、区块链、3D 打印、AI、无人机与生物识别等最新技术在各国（地区）海关的运用情况进行了整合研究，并推出了《WCO/WTO 颠覆性技术研究报告》，以指导各国（地区）海关实践及其与商界的合作进步。本小节先分析《标准框架》，再结合《WCO/WTO 颠覆性技术研究报告》分析代表性

第3章 贸易安全与便利：国际海关治理现代化的实践探索

海关的先进做法。

《标准框架》的最大亮点在于考虑贸易和物流模式的新发展，改变以国境划界将国际贸易供应链割裂看待的视角，将国际贸易供应链的全过程视为一个整体，要确保供应链的安全与便利，必须实行整合一致的海关监管。为此，《标准框架》建立了海关与海关的合作、海关与商界的伙伴关系两大支柱，确立了四大核心要素，即提前递交货物电子信息要求的协调、采用一致的风险管理手段、应进口国（地区）的合理请求出口国（地区）海关对出口的高风险集装箱和货物进行查验、向满足标准的企业提供相应的便利和益处。

《标准框架》自2005年出台以来定期更新，以有效应对国际供应链中的新发展。尤其是增加了关于AEO、协同的边境管理和贸易连续性与恢复、第三支柱（海关与口岸相关部门边境管理的协调合作），以及空运货物的预装货物信息（ACI）等方面的规定。最新修订的2021年版《标准框架》旨在帮助各成员和利益攸关方建设和改善安全、便利化的国际贸易环境，包括：加强海关和其他政府机构之间的合作；推广智能安全设备，以优化海关管制并有效实时监控货物流动，以及关于区域海关联盟AEO计划的发展和互认实施的基本条款。

3.1.3 《21世纪海关》：重申贸易安全与便利的平衡

在2008年6月的WCO年会上，《21世纪海关》作为战略政策文件正式讨论通过并公布，主旨为"加强贸易便利和边境安全，提高发展水平"，从宏观角度分析了海关所面临的机遇挑战，提出在新的历史时期，海关的主要使命是确保跨境货物流动遵守国家法律法规，打击走私，保护边境，同时便利合法贸易。具体目标有：建立清晰而明确的标准，加强货物和人员国际流动监管的准确性、可预测性和安全；消除国际贸易供应链中不必要的重复和延迟；在国际、国家和区域层面上创造公平竞争的环境，促进国际贸易体系建设；创建有益互利的伙伴关系，加强各国（地区）海关之间、海关与商界以及海关与其他政府部门之间的合作；加强海关能力建设，促进守法管理和贸易便利化。

从贸易安全与便利角度观察，《21世纪海关》重申了贸易安全与便利作为海关监管与管理的双重价值。全球海关网络不过是对《标准框架》中

35

的第一个支柱即海关与海关合作的新提法，新意在于此种合作不仅限于双边层次，也可以在地区和多边层次实现，喻示海关国际合作方式和范围的深刻变化。构建海关商界伙伴关系是对《标准框架》第二支柱的认同。值得关注的是协调边境管理的理念，其从海关边境保护职能不断加强的角度出发，强调海关与其他边境管理部门和机构的合作，既提升边境安全保护水平，又简化相关手续，核心是建立"单一窗口"制度。协调边境管理已作为第三支柱，在2015年新版《标准框架》中明确。其他原则如风险管理、现代管理方法和手续、技术应用等基本是对《京都公约》和能力建设战略确立现代化海关原则的重申。

纵观WCO关于海关现代化建设目标与原则提法的变迁与调整，可以看出，尽管各成员海关所处的环境和职能作用有所不同，但是海关作为贸易监管和边境管理部门的共性是存在的，海关改革发展的方向与路径的规律是存在的，每个成员可根据各自的国情和关情，确定自己的实施要点和步伐。

3.2 代表性海关的先进做法[①]

3.2.1 美国海关

美国海关分为两个部分，即CBP（U.S. Customs and Border Protection，海关边境保护局）与ICE（U.S. Immigration and Customs Enforcement，移民海关执法局），分别负责边境执法与案件调查，于2003年3月1日成立。CBP的成立使美国历史上首次实现了由一个机构统一管理进入美国口岸的人员与货物。CBP的组建旨在整合口岸执法部门的管理资源和管理技能，提高管理效能与效率，实现在利用一切可支配的资源保护美国免遭侵害的同时，便利合法贸易与合法旅行的目标。

[①] 该节内容的撰写是在周阳教授关于美国海关制度的论述｛周阳. 试论美国海关贸易便利化制度的特点——以美国海关C-TPAT制度为视角［J］. 上海海关学院学报，2010（2）：77-84｝、朱秋沅教授关于欧盟海关制度的论述｛朱秋沅. 贸易安全与便利视角下欧盟海关制度发展新趋势［J］. 海关法评论，2013（1）：48-66｝、何力教授关于日本海关制度的论述｛何力. 日本的通关便利化及其法律制度［J］. 海关法评论，2010（1）：103-121｝基础上，并结合2021年《WCO/WTO颠覆性技术研究报告》（由童话、林崇榆、王睿乾共同翻译，为海关总署国际合作司委托项目）的内容进行完善更新而编写完成。已得到相关专家授权，对这些专家学者的贡献，特此致谢。

第3章 贸易安全与便利：国际海关治理现代化的实践探索

CBP 的首要使命是防范恐怖分子和恐怖武器进入美国。为此，CBP 着力增强美国边境及各口岸的安全，并把美国的安全区扩展至美国的地理边境之外，从而使美国的边境由第一道防线变为最后一道防线。CBP 的主要职责还包括缉捕非法入境者、查禁毒品及其他违禁品，保护农业及经济利益免遭有害动植物和疾病侵害，保护美国商业免遭知识产权侵权损害，规范与便利国际贸易，征收进口关税，执行美国贸易法律。

作为美国的单一边境管理机构，CBP 对保护美国及其国民承担至关重要的责任。CBP 采取的增强安全与便利合法贸易及旅行的战略是：改进风险目标甄别系统，推进提前获取抵达美国的人员与货物的信息；与其他国家（地区）的政府和企业建立伙伴关系，以推进"向外扩展安全区"；使用预先检查技术，配置有关装备；增加边境安全监管人力；会同其他机构联手打击贸易瞒骗、知识产权侵权、洗钱等活动，以及协调对毒品非法走私及其交易的缉查监管。

3.2.1.1　C-TPAT 计划

美国海关在 2003 年重组之前已陆续推出了一系列促进贸易安全与便利的措施。例如 2001 年 12 月推出的美国盾牌计划（Project Shield America），旨在同美国有关企业合作，制止列名武器和军民两用战略敏感技术出口，防范其技术产品被恐怖分子和资助恐怖分子的国家（地区）所利用和获取；2002 年 1 月推出的集装箱安全倡议（CSI），旨在增强海运货物集装箱的安全，防止其被恐怖分子利用；2002 年 8 月提出的 24 小时规则（24-Hour Rules）以支持提前申报、便利通关。其中以 C-TPAT（Customs-Trade Partnership Against Terrorism，海关—商界反恐伙伴计划）最有代表性。C-TPAT 是海关—商界之间的一项自愿性计划，于 2001 年 11 月推出，旨在构建起伙伴关系，全面加强与改善国际供应链与美国边境安全。加入 C-TPAT 的企业需自我评估其供应链的安全程序，找出薄弱环节，加强安全措施；还需承诺同供应链各个环节的服务供应商共同努力，增强全球的安全程序与安全进程。美国海关意识到只有通过与国际供应链的最终所有者，例如进口商、承运人、货运代理商、海关许可报关代理人以及制造商等更加密切的合作，才能为货物提供最高等级的安全保护。通过该计划，美国海关要求商界确保安全程序的完整性，并与供应链中的商业伙伴沟通与核实安全指南。

1. C-TPAT 中商界成员的范围

自 2001 年 11 月成立以来，C-TPAT 不断发展壮大。截至 2022 年 11 月，已有超过 11400 名来自各行各业的认证合作伙伴被该计划接受。合作伙伴包括美国的进口商/出口商，美国/加拿大的公路运输公司，美国/墨西哥的公路运输公司、铁路和海运公司，经许可的美国报关代理人，美国海运港务局/码头运营商，美国的货运代理、海洋运输中介和非经营性公共承运人，墨西哥和加拿大的制造商，以及墨西哥的长途运输公司，它们占美国进口货物总额的 52% 以上（按价值计算）。

2. 申请加入 C-TPAT 的程序

公司必须首先提出加入 C-TPAT 的申请。申请者可以在美国海关官方网站上以电子方式完成申请，包括公司的信息、一份供应链安全说明以及一份自愿加入协议的确认。之后，公司还必须根据海关与商界针对其所属商界类型而共同制定的 C-TPAT 最低安全标准或指南，对自身供应链安全程序进行一次全面的自我评估。该安全标准或指南主要围绕以下几个方面展开：企业伙伴要求、程序安全、物理安全（physical security）、人员安全、教育与培训、物理进入控制（access control）、仓单程序、信息安全以及运输安全等。这些最低安全标准的内容非常细致。例如，在物理进入环节，外国制造商应安装雇员识别系统。除雇员外，只有确实有工作需要的人才能被允许进入安全区域。公司管理人员或安全人员须恰当控制雇员、来访者和卖主识别标志的发放和回收。发放、回收识别标志以及更换进入手段如钥匙、钥匙卡等相关情况，均须记录在案[①]。

通过审核的申请公司将成为 C-TPAT 认证的合作伙伴。如果一家公司未能满足 C-TPAT 的最低安全标准或指南，其 C-TPAT 认证地位以及相关利益将被中止或解除。当然，一旦该公司修正其不足之处，海关将恢复给予的利益。美国海关对公司在申请 C-TPAT 时所提交的有关供应链安全的所有信息予以保密，不会披露给其他公司。

有些公司对 C-TPAT 所带来的利益表示出兴趣，却不愿意花费大量的金钱或履行增加的义务。针对这种现象，美国海关表示，申请加入 C-TPAT 完全出于自愿，事实上不可能所有的公司都满足 C-TPAT 的最低安

---

① 宏康. C-TPAT 最低安全标准 [J]. 中国海关, 2009 (3)：41.

第3章 贸易安全与便利：国际海关治理现代化的实践探索

全标准或指南。所有进口货物至美国的公司，或者提供进口货物运输或此类服务的公司可以进行评估，以决定它们的供应链安全程序是否满足标准或指南。美国海关的意图并不是强加实施那些成本高昂的安全要求。基于此，海关与商界之间密切合作，希望推出的安全标准和指南能够充分建立在一种现实的商业期望之上。那些希望加入 C-TPAT 的企业将会发现标准或指南中的许多部分实际上已经得到实施。同时，C-TPAT 并不想在现有贸易法律法规之外给公司增加任何"新的义务"。但是，加入 C-TPAT 必然使企业需要遵守签署协议中的特定要求。这些要求包括自我评估安全体系，提交安全调查问卷，制定出安全加强计划等。

3. C-TPAT 的验证（validation）程序

C-TPAT 要求商界中的参与公司根据所实施的海关 C-TPAT 标准或指南提交并验证他们供应链安全程序。C-TPAT 的参与公司还应当制定出一整套内部验证程序，保证他们在供应链安全说明以及提交给海关的任何补充信息中所提及的安全措施是真实存在的。作为 C-TPAT 程序的一部分，海关 C-TPAT 供应链安全专家（Supply Chain Security Specialists，SCSS）与 C-TPAT 合作伙伴将联合实施公司供应链安全程序的验证工作。这对于确认公司向 C-TPAT 所做出的承诺非常重要。

4. C-TPAT 为商界带来的利益

C-TPAT 计划提供对企业有利的激励措施，例如缩短边境等待时间，进入陆地边境的自由和安全贸易（FAST）通道，自然灾害或恐怖袭击后的优先检验，减少 CBP 检验次数，获得受信合作伙伴认可，参与美国政府其他试点项目的资格，以及访问 C-TPAT 网络门户系统和培训材料库。

3.2.1.2 AI 创新中心

根据统计，每天美国海关要从 650 多万名旅客和行人中，18 多万辆入境的私家车中，近 8 万辆（个）卡车、铁路和海运集装箱中，美国入境口岸加工的价值 660 多万美元的进口货物中获取大量数据。CBP 的愿景是成为由数据驱动运营的组织，任务处于最前沿，利用技术提供真正的任务成果。CBP 认为，AI 功能有效应对新威胁的任务和能力越来越重要。至关重要的是，CBP 能够通过 AI 解决方案快速满足当前和未来计划的技术需求，将 AI 项目从实验室安全高效地转移到日常活动中。

统筹发展与安全视角下海关治理现代化研究

在CBP的众多成功试点和独立项目的基础上，美国海关采纳了一种整体性组织观念，重点关注案例研究、数据、技能、人员、技术和文化的交叉点。全面了解这一交叉点对于推动整个组织大量采用AI技术和资源至关重要。CBP的目标一直以来都是通过日常任务的自动化来增加目前的人员配置水平，以便官员能够专注于解决更为复杂的问题（例如，阻止非法贩运、阻止或抓获被列入"观察名单"的个人、在人道主义危机期间促进大规模人口迁移）。CBP在任务和支持办公室中试行多种AI功能的经验表明，显然有必要提高CBP的AI成熟度和准备程度，并准备将由AI支持的功能部署到生产运营案例研究中。为此，CBP于2020年年底成立了AI创新中心（COI），作为创建企业流程、工具和基础设施的催化剂，以快速开发、测试和部署新的AI解决方案。

1. 组织效益

（1）能够快速部署基于人工智能/机器学习（AI/ML）的新产品和功能，以满足新的任务需求；

（2）能够快速有效地训练新的人工智能/机器学习模型，以满足CBP任务要求的操作精度标准；

（3）组织应对政府范围和/或机构范围的人工智能/机器学习报告请求的准备程度；

（4）与人工智能/机器学习的领先行业供应商（如数据标注/培训）建立密切的合作伙伴关系；

（5）制定组织范围内《关于人工智能/机器学习功能的道德使用指南》。

为了高度集中，AI创新中心的范围将限于一组选定的CBP优先事项，这些优先事项已被确定为推动整个CBP组织AI功能成熟所需的影响最大的支持领域。AI创新中心的范围可分为两大类：核心服务和组织责任。核心服务将按要求提供给CBP客户组织，以加速、增强或以其他方式使CBP的AI项目受益。组织责任将包括有限数量的活动，这些活动将集中在AI创新中心中，以便为AI相关活动提供更高程度的组织协调和标准化。

2. 核心服务

（1）数据收集和管理：为了构建和训练AI模型，CBP在AI创新中心通过中心化存储库来管理和组织所有可用CBP来源以收集数据（例如图像、视频、文本），以提供对标记/标注数据的访问。这将使CBP客户组织能够在其各自组织内快速培训和部署基于AI的功能。

（2）功能和产品：AI创新中心试验新的尖端功能和产品，为CBP提供价值和任务效力。项目/产品评估的结果将提供给所有CBP任务办公室和支持组织，以减少潜在的重复性工作，并鼓励协调未来的采购决策和组织规模化发展。

3. 组织服务

（1）数据架构和标准：AI创新中心围绕AI基础设施进行构建，该基础设施会将中心化存储库与终端用户相连，以方便其访问数据标注。存储库中的数据将遵循标准和政策，以确保数据质量、数据兼容性的一致，并减少（与符合CBP质量和标准的操作相关的）任务数据冗余。

（2）外延、沟通和报告：建立组织式AI社区，该社区重点关注CBP的每个部分，了解其对AI技术采用的重要性，并保持CBP对AI技术组合的组织式观点。外延、沟通和报告是CBP采用和扩展AI的关键促进因素。

（3）道德标准和审查：建立与运营相关的组织框架、方法、工具和实践，以评估和减轻与使用AI功能相关的风险（例如，偏见、缺乏理解、缺乏企业参与）。

CBP的全天候性任务遍及全球，数据的数量、类型、大小和分布位置都非常复杂。AI对于将所有数据带到中心化云以及以任务速度处理和训练模型的能力至关重要。通过AI创新中心，CBP将以安全、可靠和一致的方式充分利用AI和未来技术的进步，CBP认为这与其使命相符——以道德和公平责任为重。

3.2.1.3 生物识别

在美国，CBP利用生物识别和人脸比对技术，正在努力简化和改造旅行流程。自2013年接受任务以来，CBP通过开展一系列实验，提出了一项《入境/出境战略》，从而制定了一个现实可行的生物识别出境计划。通过这些试点，CBP确定人脸比对技术是最好的生物识别方法，因为它不引人注目，且可通过高精度得以快速执行。CBP利用标记式旅客提前信息系统（APIS）舱单数据和现有旅客照片建立了人脸生物特征匹配服务。这项强大的基于云的服务利用标记式旅客提前信息系统数据创建来自美国政府持有的人脸图像的预定位"图库"。这些图库是更小、更易于管理的数据集，可以根据航班或航次进行隔（分）离。这些照片可能来自护照申请、签证申请，或在边境入境前与CBP的互动（CBP通常会在这一环节拍摄照片）。

利用标记和生物识别数据的综合出入境系统是支持CBP履行职责使命的关键。添加生物识别技术可为CBP已经收集的信息提供更大保证，并将允许未来在进出境时进行便利的处理。生物识别技术不仅是增强安全性和解锁优势的关键，也是改善旅客体验的关键。在空中、海上和陆地的各类旅行方式中，CBP关于无缝隙的端到端旅行的长期愿景是利用旅客的人脸图像来简化身份验证。然而，指纹仍然是CBP生物识别系统的一个基本组成要素。由于指纹扫描已被证明是一种有效的执法工具，CBP始终将采集指纹作为初次与旅客接触时的初始身份识别生物特征。

CBP继续与航空公司、机场管理部门和邮轮公司等旅游业利益相关者合作，将生物识别技术纳入其业务运营过程，并全面实施生物识别出入境方案，这种行业的合作关系对于实现成本的可负担性，并确保生物识别出入境不会对航空旅行业产生不利的经济影响至关重要。利益相关者已经证明，使用生物识别技术可以缩短登机时间、增强客户服务质量、更好地利用人力资源，并加快抵达时的航班清关时间。

CBP正在利用生物识别出入境解决方案的技术进步，通过使用人脸比对技术来改变出入境流程。凭借更快、更安全的清关流程，机场、航空公司和旅客将从更短的转机时间和标准化的到达程序中受益。CBP正通过减少冒名顶替者的威胁同时提高移民系统的完整性来提高安全性。CBP通过升级其使用的软件应用程序，在其中融入人脸生物特征识别检查这一新功能，已在205个美国机场为到达旅客使用该生物识别技术。CBP能够通过使用现有硬件（包括有助于减轻CBP财务负担的摄像头技术）来管理这项新功能的成本。截至2022年1月18日，CBP已在14个机场利用生物识别技术辨别出52名冒名顶替者，与航空旅客出入境环境类似。CBP正在寻求与邮轮行业建立公私合作伙伴关系，并积极与多家邮轮公司合作，利用人脸生物识别处理在11个地点开展闭环邮轮运营活动。此外，CBP正在有行人和车辆通过的陆地边境积极试点生物识别功能，以确定综合生物识别进出入境功能的最佳长期方法。截至2022年1月，CBP已使用生物识别

第 3 章　贸易安全与便利：国际海关治理现代化的实践探索

匹配服务识别出 1156 名藏在出入境行人队伍中的冒名顶替者。

CBP 继续扩大商用卡车旅客生物识别检查的集成和使用，目标是将图像与现有数据库进行匹配，使 CBP 官员能够有效地验证商用卡车乘客的身份，从而加快其入境的主要清关流程速度。CBP 现在正致力于通过使用射频识别读取器、多能量门户免下车成像系统和先进的下一代辐射门户监测器来扩展此功能。

CBP 致力于保护隐私并确保其匹配服务的完整性。在开发生物识别匹配服务时，CBP 通过设计方法实施了隐私保护，以确保 CBP 将数据保护嵌入其人脸比对技术的应用过程。CBP 采用四种主要保护措施来保护数据安全，包括安全存储、短暂的保留期、不可逆的生物识别模板以及数据存储和传输期间的安全加密。CBP 制定了严格的流程来审查与生物识别人脸比对匹配性能相关的数据和指标。CBP 的生物识别匹配服务利用多种工具来最大程度地减少和减轻潜在的算法偏差，包括使用多种训练集并根据航班、航次或过境的有限的一组人脸图像进行匹配。CBP 将继续与其合作伙伴和议题专家合作，开发解决生物识别系统内任何性能差异的方法。

3.2.2　欧盟海关

3.2.2.1　AEO 制度

鉴于欧盟海关在保护欧盟经济财政利益方面，以及反欺诈和保证贸易便利与安全方面的关键作用，欧盟理事会与欧洲议会联合发布的几年一个周期的海关行动方案，如今已经发布五项海关行动方案，即 Customs 2000 （1996—2000）[①]、Customs 2002 （2001—2002）[②]、Customs 2007 （2003—

[①] DECISION No 210/97/EC OF THE EUROPEAN PARLIAMENT AND THE COUNCIL of 19 December 1996 adopting an action programme for customs in the Community （简称 Customs 2000）。

[②] DECISION No 105/2000/EC OF THE EUROPEAN PARLIAMENT AND THE COUNCIL of 17 December 1999 amending Decision No 210/97/EC adopting an action programme for customs in the Community （Customs 2000） and repealing Council Decision 91/341/EEC （简称 Customs 2002）。

2007)[①]、Customs 2013（2008—2013）[②]、Customs 2020（2014—2020）[③]，五项海关行动方案中最有代表性的为 AEO 制度。欧盟海关是 WCO《标准框架》的主要起草者之一，其 AEO 制度基本沿用了 WCO 的标准。

1. 基本介绍

欧盟 AEO 制度，在立法上主要体现在 2013 年 9 月颁布的第 952/2013 号《欧盟海关法》（UCC），配套的规定和措施包括 2015 年 11 月颁布的 2015/2447 号欧盟海关法实施细则、AEO 指南、企业自我评估工具和 AEO 共享数据库。任何设在欧盟境内且满足相关标准的经营者，皆可获得欧盟成员方授予的 AEO 资格。相关标准包括经营者控制制度、财务偿付能力、守法记录以及符合要求的安全标准。凡在某一成员方内获得认证的 AEO，其认证亦将在欧盟其他 26 个成员方中得到承认。任何在欧盟境内从事国际供应链运作且与海关活动相关的经营者，均可申请 AEO 资格，包括生产商、出口商、货运代理人、仓库经营企业、报关代理人、承运人和进口商。

2. 分类与资格

一般"贸易经营者"是指在交易过程中，其所涉及的行为属于海关立法的调整范围的人。一般的贸易经营者没有享受简化申报或优惠的海关待遇的权利。因此，希望获得贸易便利化的待遇，必须取得 AEO 证书。获得 AEO 证书的人成为 AEO 证书的持有人。

获得 AEO 的总体性条件是企业一般需要在欧盟境内成立，但存在两个例外：首先，根据某国与欧盟相互承认的 AEO 协议，协议中明确必要时该国应当代表欧盟成员方海关实施适当的海关监管，则该国的企业也可以在

---

① DECISION No 253/2003/EC OF THE EUROPEAN PARLIAMENT AND OF THE COUNCILof 11 February 2003 adopting an action programme for customs in the Community（简称 Customs 2007）。

② DECISION No 624/2007/EC OF THE EUROPEAN PARLIAMENT AND OF THE COUNCIL of 23 May 2007, establishing an action programme for customs in the Community（简称 Customs 2013）。

③ Regulation (EU) No 1294/2013 of the European Parliament and of the Council of 11 December 2013, establishing an action programme for customs in the European Union for the period 2014—2020（简称 Customs 2020）。

第3章　贸易安全与便利：国际海关治理现代化的实践探索

欧盟获得 AEO 的授权；其次，如果某航空公司或船舶公司不是在欧盟内成立，但在欧盟有地区性的分支机构，并且已经从简化通关中获益，则该公司可以在欧盟获得 AEO 的授权。AEO 可以分为三类。

（1）可享受简化通关的 AEO

获得可享受简化通关 AEO 的条件如下。①企业具有符合要求的守法记录，即在最近三年内，申请人、管理控制申请企业的人、申请企业的法人代表等没有严重违反海关规则或反复违反海关规则的情况。②企业具有符合条件的商业管理系统，即维持一套符合所在成员方法律，并具有便利海关审计的会计系统，海关可以电子或实物的方式获得有关海关和运输的记录；具有区分共同体货物和非共同体货物的物流系统；具有适当管理货物流动，并发现非法或非常规业务行为的内控能力的内部行政管理组织；确保企业雇员在发生守法困难时有及时通知海关的意识等。③企业经济能力的要求，即具有足够的偿债能力。

（2）可享受海关安全控制下便利措施的 AEO

该类 AEO 所需的条件除了要符合可享受简化通关 AEO 的条件外，还应当具备企业的安全要求。①企业应当具有与海关业务有关的，拒绝非法进入的实体建筑；②企业具有防止非授权进入航运区、装载码头和货物区域的适当控制措施，具有区分与进出口许可证相关的禁限货物与其他货物的程序；③企业具有承认供应链安全的所需的企业商业伙伴信用证明的执行措施；④保护货物不受侵入，调换、丢失或串换货物单位的处理措施；⑤在成员方法律允许的范围内，对处于安全敏感岗位的企业雇员进行屏幕监控和定期背景审查；⑥企业应确保其职员积极参与安全意识项目，等等。

（3）可享受简化通关和安全控制下便利措施的 AEO

该类 AEO 的条件与可享受海关安全控制下便利措施的 AEO 的条件相同。

3. 便利待遇

获得 AEO 证书的贸易商可采用电子方式报关，于成立地的海关进出口办事处缴付关税，并可以享受简化的通关程序，减少查验的成本与时间负担。作为可享受简化通关的 AEO 和可享受简化通关和安全控制下便利措施的 AEO 证书持有人可以享有一般贸易下的进出口简化申报程序，属地通关程序，进入海关仓库的简化申报待遇与属地通关待遇，海关监管下的进口加工或暂时进口下的简化申报与属地通关待遇，海关监管下的出口加工简化申报和属地通关待遇。同时享有该供应链共同体内授权的收发货人地位，或者授权的船舶公司地位（简化的、电子化的舱单传输义务）。具体的简化措施包括：适用一个综合性的担保或免于担保，使用专用的关封，免于按照规定路线行驶的要求，享受铁路、集装箱、空运、海运、管道运输货物的专门简化程序。

作为可享受海关安全控制下便利措施的 AEO 和可享受简化通关和安全控制下便利措施的 AEO 证书持有人，可以享有入境即时申报数据的简化便利措施。同时，在海关决定对其货物进行进一步的实物查验时，证书持有人可以在货物进境之前就得到查验的通知。

4. 获得程序[①]

（1）申请。欧盟海关制定了统一的 AEO 申请表和自我评估表，企业提出申请时，均须按要求填写这两个表格。各成员方可根据各自的实际情况，要求企业将申请表提交给本国的 AEO 总部或主管海关。欧盟海关规定，各成员方海关必须在企业提出申请后的 5 天内做出接受与否的决定。

（2）初审。成员方海关在接受企业申请后会进行初审，审核的内容主要包括申请表的完整性、申报的准确性以及有无足以导致申请被拒的重大缺陷（例如，与现行法规明显不符）。若申请满足所有条件，则海关会向企业发出接受申请通知书，并在其中注明相应时间；若申请被拒，则海关会签发拒绝申请的函件；若申请中出现错误，需要修正或完善，海关会联系申请人，请其修改后再行提交。在初审阶段，欧盟海关还要求成员方海关在接受申请之后，经指定的交流系统征求其他 26 个成员方海关的意见，被征询的海关须在 35 天内给予反馈。通过初审的企业，一般会被录入各成员方海关的 AEO 管理系统，之后的 AEO 认证程序管理将通过该系统进行。初审工作一般由海关的 AEO 协调员负责，该协调员负责与申请者沟通。在欧洲某些国家，协调员还会收集申请人的大量信息，供验证稽查关员在风险分析环节参考。例如，除收集与申请者相关的海关信息外，比利时海关

---

① 邵伟坚. 欧盟海关 AEO 认证及验证稽查［J］. 中国海关，2009（12）：36-37.

还会在初审阶段收集与之相关的银行、公司注册机构等大量信息。

（3）验证稽查。企业申请通过初审后，自动进入验证稽查阶段。验证稽查工作通常由企业所在地的海关收集来自外部和内部的信息。对收集的信息进行综合评估分析之后，开展实地验证稽查。最后，起草稽查报告。在所有验证完成后，稽查人员会起草一份最终的验证稽查报告。报告须建议同意或拒绝授予证书。若验证稽查因发现问题而需提前结束并且做出拒绝结论，则海关须就所发现的问题与被稽查人进行沟通，并给予其30天的整改时间。

（4）授予AEO资格。企业申请通过验证稽查后，会被提交到成员方海关的AEO总部，后者将对验证稽查报告进行复核，然后做出授予AEO资格的最终决定，并给相关申请人颁发AEO证书。欧盟海关规定，海关的AEO认证程序应在企业提出申请之日起的90天内完成。在向企业授予AEO资格的同时，海关对AEO的后续监控随即启动。

5. 实施AEO制度的技术工具

欧盟海关高度重视科技手段在AEO认证和验证稽查工作中的应用，并为此开发了AEO网上申请系统供各成员方使用，大大提高了认证效率。此外，还统一开发了AEO共享数据库，将各成员方海关的AEO认证和验证稽查数据集中到统一的系统平台，在验证稽查过程中，各成员方可以充分利用这些数据信息，确定并调整稽查的重点。另外，一些成员方海关还自行开发了分析工具，用于开展稽查前的风险分析。例如，比利时海关设计了综合评估表，对企业综合情况进行自动打分，以帮助稽查人员开展风险分析。目前欧盟正在开发另一管理系统，以便将AEO信息与通关系统结合起来，在通关过程中自动识别AEO的状态，降低AEO的风险值并把AEO政策的便利落到实处。

6. 合作发展

在中欧海关共同推进下，中国与欧盟早在2015年11月即实施了AEO互认。互认实施后，中国AEO认证企业出口到欧盟的货物，在欧盟成员方海关通关时，均可以享受到和欧盟成员方境内AEO企业一样的通关便利。同时给予欧盟成员方AEO企业同等通关便利和监管优惠政策，有效提高了中欧贸易便利化水平。2022年12月，中国海关总署和欧盟委员会税务与海关同盟总司（DG TAXUD）以视频方式举行中欧海关 AEO 互认技术专家组会议，研究进一步优化中欧 AEO 互认数据自动交换安全配置，推动双方数据传输应用系统更新升级。中欧双方技术、业务、国际合作等专家团队和中国驻欧盟使团海关处人员共约 20 人参会。经过充分协商，双方专家组就下一步 AEO 数据传输通道更新、安全证书升级及技术测试等安排达成一致，会议取得预期效果。

此外，2020 年 9 月，欧盟委员会推出了一项新的关税联盟行动计划，制定了一系列措施，让欧盟海关在未来四年变得更智能、更创新、更高效。根据欧委会的说法，这些措施将加强作为单一市场基石的关税联盟，并确认其在保护欧盟收入以及欧盟公民和企业的安全、健康和发展方面的主要作用。欧盟海关联盟形成了一个适用一套共同规则的单一的地区，在欧盟海关联盟内，欧盟成员方的海关负责实施日益广泛的管制。海关联盟面临的主要挑战包括当前的公共卫生紧急状况、英国脱离欧盟单一市场和关税联盟的影响，以及数字化和电子商务的兴起。新行动计划包括多项措施，范畴包括风险管理、电子贸易管理、促进遵守法律法规、促进海关齐心协力。

3.2.2.2　IT 系统

IT 系统对于欧盟税收和海关政策的实施至关重要。为实施现有政策，欧盟已运行和维护 60 多个跨欧洲系统，并正在设计和开发新的系统，以支持未来的政策举措。

鉴于 IT 系统在与成员方合作制定欧盟海关政策和开发操作系统方面的作用，2017 年年初，欧盟海关开始了一项探索活动，以研究区块链技术在海关和税务领域的适用性。在海关领域，对区块链技术潜力的探索侧重于公证服务，在该服务中，区块链平台可以作为第三方持有者，掌握活跃在供应链中的利益相关者所生成信息的真实性。这种方法只涉及存储在区块链上的实际数据的哈希函数，保证在任何给定时间都能获得文档的真实版本。在此背景下，哈希函数是区块链技术的基本组成部分，也称为文档的"数字指纹"。哈希函数是通过一种算法获得的，该算法不允许从指纹中对原始文档展开逆向工程，哈希函数确保即使文档中的单个逗号被加以更改也会导致完全不同的"指纹"。欧盟相信，区块链等新的 IT 概念和技术是其未来发展的关键，并可以在未来的政策制定与实施中激发出不同的方

第3章　贸易安全与便利：国际海关治理现代化的实践探索

法。许多国家的税务和海关管理部门都在使用区块链原型，在其已有经验基础上（进行探索），将推进这一（技术应用）过程。欧盟在持续研究区块链技术在支持欧盟增值税电子商务令以及其他适当案例研究中的应用。

供应链复杂性的核心在于供应链参与者（例如发货人、货运代理、进口商等）与公共主管部门之间固有的信任缺失。区块链公证服务可以通过在不同利益相关者之间建立额外的信任，帮助实现贸易便利化和边境安全的适当平衡。在这种情况下，区块链公证服务有提供多种应用的潜力，欧盟海关正开始其探索发现之旅。为此，除夸张性宣传外，欧盟海关正在以商业思维评估该技术有助于降低供应链复杂性并改善企业与政府间互动的实际案例，从而造福企业、公民和公共部门。

例如，分布式账本为确保税务和海关领域机构之间共享数据的信任提供了重要机会。因此，2020年，欧盟海关开始开发一个试点，以验证使用欧洲区块链服务基础设施（EBSI，一个由欧洲区块链伙伴关系资助的泛欧洲分布式节点网络）支持此类案例研究的技术、运营和法律可能性。

该试点解决了增值税电子商务令规定的 IOSS（The Import One-Stop Shop，一站式进口）增值税标识符的共享问题。简而言之，数据将通过超级账本结构节点网络从（实施识别的）成员方流向其他成员方（通过订购特定于结构协议的服务来实现）。其工作方式如下：根据企业（或其代表）的请求，识别成员方的税务机关将分配一个 IOSS 增值税标识符，立即向所有欧盟成员方海关公布，并将调用 EBSI 节点在区块链上公布其指纹。EBSI 节点将调用其他 EBSI 节点以获得其对建议信息的背书，然后将其提交给 EBSI 结构订购服务。经验证后，EBSI 结构订购服务将创建包含背书信息在内的新区块，并将其分发给区块链网络上的对等方。

根据进口计划进行海关申报后，进口成员方的海关可以验证区块链上共享的 IOSS 增值税标识符的完整性和有效性（通过调用其本地 EBSI 节点）。ATA 单证册/货物护照（暂准进口）是一种国际海关纸质文件，主要允许货物在长达一年期间实现免（关）税暂准进口。ATA 单证册已被超过71个国家签发并接受。eATA 项目旨在通过提供各国间或关税同盟（ATA 合作伙伴）间的全球电子数据交换，使暂准进口流程数字化。

3.2.2.3　生物识别

生物识别分两阶段进行。

1. 第一阶段：预筛步骤

在抵达边境之前，它将向旅客通知其所拥有的权利和旅行程序，并提供建议和警报，以阻止非法活动。

每年有超过7亿人进入欧盟，这一数字正在迅速上升。大量的旅客和车辆在外部边境上聚集，使得边境工作人员越来越难以执行严格的安全协议——检查每位旅客的旅行证件和生物特征——同时将干扰降至最低。

为了提供帮助，受欧盟资助的项目iBorderCtrl正在开发一种"智能监管系统"，为善意且守法的旅客提供更快的边境程序。从这个意义上说，该项目旨在提供更有效、更安全的陆地边境过境点，以便利边防（海关）官员发现非法移民活动，从而有助于预防犯罪和恐怖主义。

iBorderCtrl系统收集数据，这些数据将超越生物识别范畴，上升至欺骗的生物标志物。iBorderCtrl系统已经建立，旅客可以使用在线应用程序上传护照、签证和资金证明的照片，然后使用网络摄像头回答电脑中动画官员提出的问题，根据旅客的性别、种族和语言进行个性化设置。"欺骗检测"的独特方法分析旅客的微表情，以确定受访者是否在撒谎。

2. 第二阶段：发生在实际边境

在预筛阶段被标记为低风险的旅客将对其入境信息进行短暂的重新评估，而高风险旅客将接受更为详细的检查。

边境官员将使用手持设备自动交叉检查信息，将在预筛阶段拍摄的面部图像与之前跨境时拍摄的护照和照片进行比较。在重新评估旅客的证件，并进行指纹、手掌静脉扫描和面部匹配后，重新计算旅客带来的潜在风险。只有到这一阶段，海关官员才能接管自动化系统。

3.2.3 日本海关

3.2.3.1 特例通关制度

1. 基本介绍

日本的通关便利化措施主要围绕着电子通关和特例通关制度两个方面展开。电子通关可以追溯到1978年的空中NACCS系统的实施。这一制度后来随着信息化时代的到来而不断改进完善，推广到港口通关数字化的海

第3章 贸易安全与便利：国际海关治理现代化的实践探索

上NACCS系统，并于2010年进一步与日本政府和各省[①]厅"单一窗口"接轨，成为电子行政的一个组成部分，甚至是其中比较先进的部分。

特例通关制度就是日本版的AEO制度，是日本对于符合条件的贸易业者实行分类，对于一些守法和诚信度较高的企业给予特殊待遇的通关制度，目的在于让这些贸易业者与海关之间建立一种合作关系，被赋予特殊的便利通关手续。"特例"就是特别授予的资格，是专门通过一定的程序授予那些遵守海关法令和诚信的企业以便利通关待遇的制度。由于是"特例"，所以一般的企业仍然适用普通的通关待遇。

日本AEO制度是日本通关便利化的一个核心内容，主要是为了解决如何在兼顾贸易的安全前提下实现贸易通关便利化的问题，力图体现《标准框架》项下的贸易安全与便利精神。这一制度是渐进推广的。日本早在2001年就开始实行简易申报制度，奠定了日本AEO制度的基础。但由于日本AEO制度远不如美国海关C-TPAT制度的影响深远，因此日本海关及其AEO制度并未引起关注。在吸纳WCO的AEO制度后，日本从2005年起首先在贸易业者中开始推行特例通关制度。一开始其使用范围是进口业者，然后逐步扩大到仓储保管业者、通关业者[②]、运输业者和生产制造业者，最后覆盖了全部相关物流链。截至2022年9月，日本已经与12个国家和地区进行互认[③]。

特例通关制度为进口的便利通关设计，也为出口便利通关设计。但是日本没有出口关税，不存在关税等保全问题，因此就没有必要配套相关的海关担保制度。同理，进口则必须要有严格的海关担保制度。这里的海关担保制度主要还是建立在相关企业的资质能力和海关诚信基础之上。如果企业的资质不够，就可以采取提供海关担保的方式加以弥补。如果企业在以往的海关诚信方面有瑕疵，也可以通过提供海关担保加以弥补，并且如

[①] 日本的"省"指中央行政部门。

[②] 日本的通关业类似中国的报关业，通关士类似中国的报关员，但是有些细微的差别。

[③] 与日本海关签署了AEO互认的国家和地区包括：新西兰（2008年5月）、美国（2009年6月）、欧盟和加拿大（2010年6月）、韩国（2011年5月）、新加坡（2011年6月）、马来西亚（2014年6月）、中国香港（2016年8月）、中国（2018年10月）、澳大利亚（2019年6月）、英国（2020年12月）、泰国（2022年4月）。此外，日本与中国台北签署了基于私营部门安排的AEO互认（2018年11月）。

果在担保的1年期间建立了良好的海关诚信，以后就没有必要继续提供海关担保了。在特例通关制度中有两个制度是专门为进口设计或与进口业务有关的，即特例进口申报制度和认定通关业者制度。

相较于中国海关AEO制度，日本海关AEO制度不仅发端更早，立法层级也有不同。日本海关的法律体系主要由法律、政令、省令、通达等构成。日本海关AEO制度由《关税法》（法律）、《关税法执行令》（政令）、《关税法执行规则》（省令）等相关法律法规中的条款构成。日本《关税法》相当于我国的《海关法》；《关税法执行令》作为政令，是主要的行政法规，大致相当于我国《中华人民共和国进出口关税条例》的层级；《关税法执行规则》作为省令，是由各省大臣就其主持的行政事务的施行所颁布的行政法令，类似于中国海关的部门规章，大致相当于《中华人民共和国海关注册登记和备案企业信用管理办法》的层级。综上，日本的AEO制度已经上升到法律层面。

2. 主要类型

日本特例通关制度的主要类型有六个：特例进口申报制度、特定出口申报制度、特定保税资格制度、认定通关业者制度、特定保税运输制度和特定制造者制度。

（1）特例进口申报制度。它的内容是对于已经建立进口货物安全管理体制的进口企业，在进口货物之际基本不进行进口申报时的关税纳税的审查和查验，可以在该货物交易完成以后进行关税纳税申报。这一制度可以大大简化报关申报手续，提高通关效率，具体的好处在于：可以在货物抵达日本之前完成通关手续；减少了进口申报时的申报项目；进口申报时以缴纳关税为目的的审查和查验基本被省去，并且由于被批准实行特例进口申报制度的企业在海关的审查和查验中确保守法和诚信，所以这些企业可以准确计算通关所需要的时间，从而可以合理进行仓储管理，减少仓储管理等的成本；除必要的场合外，一般不用提供海关担保，可以在事后进行纳税申报。这些措施表明，被认可特例进口申报制度的贸易企业在关税纳税申报之前可以进行货物的交易，同时在货物到达日本之前可以进行进口申报，获得进口许可，使得进口货物能够更加迅速和便利地收取，减少了进口企业的成本，方便了进口贸易。

（2）特定出口申报制度。该制度是对于在货物的安全管理和守法的体

第3章 贸易安全与便利：国际海关治理现代化的实践探索

制完备的出口业者，预先从任何一个海关关长获得特定出口申报资格后，不用再将出口货物按照常规搬入保税区域，而是可以向该货物放置地或货物预订装载港口（空港）所在地管辖海关关长直接提出出口申报，获得出口许可的制度。这一制度对于获得特定出口申报资格的出口企业来说的好处在于，不用将出口货物搬入保税区域，而是将该货物放置在企业仓库中就可以进行出口申报。由于这样的申报制度能够免除海关的审查和查验，使得出口货物可能迅速和便利进行装载，少去将货物搬入保税区域的环节，从而可大大削减企业物流成本，有利于企业把握商机，更好地促进作为发货方的日本厂商与承运方或收货方的货物交接。如果特定出口申报制度在出口对象国（地区）也能得到承认，就会起到事半功倍的效果。

（3）特定保税资格制度。对于在货物安全管理和遵纪守法的体制充分建立起来的保税场所贸易业者，事先受到保税场所所属海关关长的认可获得特定保税资格，就可以通过向海关关长提出请求设置保税场所，并且免除该场所相关的审批费用，提高了通关手续的便利性。这对于从事国际贸易的仓储业者来说，在保证货物安全前提下与其他国家相互协调，实现国际物流便利化。

（4）认定通关业者制度。它是为能够建立货物安全管理和遵纪守法机制的通关业者设置的便利通关制度。利用这一制度可以享受通关手续特殊便利措施，缩短货物进出口所需时间。受到该制度认定的通关业者可以享受以下优待通关措施：接受进口业者委托办理进口货物通关手续中，可以通过特例委托进口申报制度，在货物交易以后再进行关税等纳税申报，使得进口货物通关更为快速和便利化；接受出口业者的委托办理出口货物通关手续中，以特定保税运输业者承担的运输等为前提，可以通过特例委托出口申报制度，就在保税区域以外的场所的货物进行出口通关申报，从而缩短通关时间，削减成本；获得这一资格的通关业者可使没有资格享有特例通关制度的企业也能将通关业务委托给经认定的通关业者，从而获得这一制度带来的便利。

（5）特定保税运输制度。与认定通关业者制度相配套，针对货物运输业者制定的制度，以简化程序，实现通关便利化，达到削减进出口贸易成本的目的。这一制度的好处在于：免去个别批准，采用简单程序完成通关，减少业务上的负担和成本；出口货物的运输可以根据出口业者的委托，由认定通关业者在保税区域外的场所进行申报，在此基础之上有特定保税运输资格的业者可以根据出口业者的委托，从该场所直接将该货物运送到港口并装载，从而缩短时间和降低成本；获得这一资格的运输企业使没有资格享有特例通关制度的企业也能通过特定保税运输企业对货物的承运，从而获得这一制度带来的便利。

（6）特定制造者制度。特例通关制度主要面向的是进出口贸易企业或通关、运输或仓储保管企业。而特定制造者制度将特例通关制度的适用范围进一步扩大到生产制造企业，将会使得通关便利化发挥更加积极的作用。通过申请和审批，一些企业会获得认定制造者资格。它们所生产的货物由该制造者以外的出口业者进行出口通关手续之际，在该货物运至保税区域之前就可以进行出口申报，而不必经过报关企业、贸易企业、运输企业或仓储保管企业。特定制造者制度的推行使得经营具有特定制造者资格企业的产品的贸易业者、通关业者、运输业者、仓储保管业者等企业，无论是否获得特例通关制度资格，都可以享受特例通关制度的便利。由于制造者即生产企业的范围远远超出贸易业者、通关业者、运输业者和仓储保管者，特定制造者制度的推行，意味着特例通关制度的普及化，给日本的通关便利带来革命性变化。这一制度于2009年7月正式实施，是特例通关制度中的最新的基本制度。

3. 获得程序

日本AEO认证工作由业务处"认证事业者调整官"负责，主要负责相关的AEO认证事务的处理，包括AEO规则制定，指导直属海关开展AEO认证相关业务。直属海关通常内设总务部、监视部、业务部、调查部4个部门，AEO认证工作由业务部负责具体实施。每个直属海关配备AEO认证专家，负责申请流程和授权流程，并向申请人提供授权，对AEO企业进行事后监察及监督。东京海关设立了国家AEO中心，监督其他海关的AEO项目实施运作，以确保全国海关认证工作的执法统一性。

在AEO的认证资格方面，日本AEO认证重点关注的内容为企业的历史守法行为以及业务执行能力。成为AEO的资格和要求与WCO所采用的"安全框架"的标准一致。AEO的资格包括四个核心要素："适当的合规记录""使用电子系统办理海关手续的能力""正确进行相关操作的能力"

第 3 章　贸易安全与便利：国际海关治理现代化的实践探索

"建立合规的程序"。具体为以下几方面：一定时间内无违反《关税法》等违法情事；无参加暴力团体等的行为；公司内部具备完善的守法体系；具备应有的业务能力；具备使用 NACCS 系统（进出口与港湾信息处理系统）处理业务及执行的能力。

在认证流程方面，企业申请 AEO 认证应向直属海关提出申请，海关接受申请后，认证周期约 2 个月，根据申请企业情况及内部制度情况会有差异。基本步骤如下：

第一，"事先与海关协商"：此过程并非强制，但任何希望成为 AEO 的申请人都可以提前联系海关，以获得有关申请程序的必要信息和建议。海关为 AEO 工作提供咨询服务。

第二，"提交申请"：申请人在审查其业务运作后，提交申请表和支持文件，如合规表、自检表、公司注册证书和其他与贸易相关的文件。

第三，"申请审查"：海关检查提交的申请表和所有证明文件，以确认申请人是否符合成为 AEO 的所有资格和要求。

第四，"现场检查"：海关进行现场检查，主要是确认货物储存设施的安全措施和申请人的操作，包括设施周围的环境、货物隔离、照明、锁闭装置、门禁、计算机系统等。海关还会检查其海关程序是否按照其合规程序进行。

第五，"认可或认定"：当所有结果满足相应类型 AEO 的标准要求时，申请人被授权认定为 AEO。

4. 制度发展

2010 年以来，日本的特例通关制度有了进一步发展。2010 年 3 月，日本海关颁布了特定出口货物运输相关的消费税免税规定，从同年 4 月 1 日起，经申报获得许可的特定出口货物在各个海关监管区范围内的相互运输中所涉及的消费税获得免税待遇。

在 AEO 国际互认方面，日本海关致力于通过发展与海外 AEO 项目的伙伴关系，以提供互利，包括为符合供应链安全标准的经济经营者提供更顺畅、更方便的进出口清关。AEO 相互承认属于国际承认和认证制度的一个新领域，对于各国（地区）海关推行 AEO 制度带来更多的便利，使得 AEO 制度获得更好的效果。一个较大的举措是 2010 年 6 月发布日本和欧盟的 AEO 相互承认的实施。由于欧盟是日本最重要的贸易伙伴之一，因此日本能够和欧盟达成 AEO 相互承认，标志着日本的 AEO 制度走向了国际化的新阶段。截至 2022 年 9 月，日本已与 12 个国家和地区签署了 AEO 互认。其中，日本与中国于 2018 年达成了 AEO 相互承认的实施协议，2019 年 6 月 1 日起，《中华人民共和国海关和日本国海关关于中国海关企业信用管理制度与日本海关"经认证的经营者（AEO）"制度互认的安排》正式实施，这意味着中日进出口贸易的便利化水平得到显著提升。根据互认安排，中国海关和日本海关将向来自对方 AEO 企业的货物直接给予以下 4 项便利措施：在开展风险评估以减少查验和监管时充分考虑 AEO 资质；对需要查验的货物，在最大程度上进行快速处置；指定海关联络员负责沟通联络，以解决 AEO 企业通关过程中遇到的问题；在主要基础设施从贸易中断恢复后，致力于在最大程度上为进口自对方 AEO 企业的货物提供快速通关。

3.2.3.2　智能技术应用

2020 年 6 月，在新冠疫情暴发、跨境电商的进一步扩大以及社会构成的转变等因素的影响下，为应对未来全球海关管理的变化，进一步促进贸易便利化，从而确保贸易的健康发展和社会安全，日本海关关税局制定了海关管理中长期规划——《SMART 海关行动 2020》。这一计划旨在通过引入人工智能和其他尖端技术，使日本成为"世界领先的海关"，日本海关通过履行海关的使命，并以公民和用户的观点改善海关手续的便捷性，带来贸易的健康发展、社会的安全和未来的繁荣。

在这项计划中，海关管理的中期及长期远景主要由四个关键词——"解决方案（Solution）""多址接入（Multiple-Access）""弹性（Resilience）""技术和人才（Technology & Talent）"来阐述，以有效应对不断变化的环境，并从中长期愿景这一战略高度助推海关工作精细化、高效化。早在推出这一倡议前，日本海关就一直在积极寻找利用尖端技术的最佳方法。此类尖端技术已被纳入《SMART 海关行动 2020》，该战略是一项全面的中长期愿景，以此探索如何以更为结构化的方式在日本海关运营活动中引入新技术，并考虑到未来的变化。

1. 结合人工智能的 X 射线技术（人工智能 X 射线）

自 2017 年以来，日本海关开始了一项利用人工智能进行 X 射线图像分析的研究。从研究层面到实践层面的过程相当漫长，人工智能学习模型

第 3 章　贸易安全与便利：国际海关治理现代化的实践探索

的创建、图像分析精度的不断提高、原型机的开发和改进都在其中。有必要收集大量的 X 射线图像供人工智能学习，需要通过反复、多次试验以提高图像分析的准确性。在该技术的试点阶段需要注意的是，一线情况反馈的重要性。功能规格和处理速度需要在一线的实际操作中调整到所需水平。人工智能 X 射线在实际应用中对高风险和低风险邮递物项进行自动识别与分类。

2. 大数据与人工智能技术

自 2019 年始，日本海关通过运用包括报关数据在内的大数据来开发人工智能模型，正在探索将其应用于海关业务的各个领域。例如，在稽查（PCA）领域支持锁定和选择需要接受现场稽查的进口企业，以及在清关阶段支持检查和查验活动。

3. 电子报关门（e-Gates）

自 2019 年 4 月始，日本海关引入电子报关门，以便于旅客顺利入境、缩短等待时间、减少海关检查区的拥堵。目前，日本主要机场（成田、羽田、关西、中部、福冈、新千岁和那霸）的航班到达区都设有此类电子门。除非无须申报或需接受海关检查，旅客可通过智能手机和人脸识别系统进行电子申报，以顺利且快速地通过电子报关门入境。

4. 人力资源开发

日本海关 SMART 概念中的"T"不仅意味着"技术"，也意味着"人才"。为了在海关业务中应用人工智能等尖端技术，有必要培养在数据科学领域具有广泛且深入理解的官员，他们能够弥合海关业务与 IT 系统领域之间的差距。培养精通数据科学领域的人才，一般性培训和专业培训非常重要，这是理解和掌握人工智能等尖端技术的必选项。同时，日本海关正在招聘具有尖端技术基础的人员，并确保在部署尖端技术和推进系统化运营时，有弥合业务和系统之间差距能力的人员。

3.3 贸易安全与便利目标下国际海关治理现代化的特点与趋势①

3.3.1 强调供应链的海关：非传统职能的发展与海关管理职能的嬗变

冷战结束后，随着国际安全环境的新变化，应对非传统安全威胁②，建立完善的海关风险管理和非传统安全管理体系，突出国际供应链在贸易安全与便利化发展中的地位，成为各国（地区）海关共同关注和思考的问题。海关监管逐步向境外延伸，包括国际贸易供应链的全过程。海关所要关注的一个基本问题是海关应该做什么和不应该做什么，或者说海关所应扮演的角色。这实质上是要求对海关的职能构成进行描述、分析与解释。所谓职能，指特定组织基于某种规定所承担的基本职责和基于自身特定结构形式所能发挥的功能作用的统称③。

近年来，随着全球化的发展与一体化进程的加速，非传统安全问题日益突出，非传统安全因素与传统安全问题相互交织、转换并不断衍生出新的安全问题，已经构成对国家安全的重要威胁，使国家安全的内涵出现新的变化，国家经济利益和国家经济竞争力随即上升到国家安全的战略位置。海关管理职能不断演化，突破原有的职能框架，开始关注影响范围更大、更复杂的非传统职能，海关管理职能的嬗变也体现着海关职能目标的延伸，传统职能着眼于对国家经济、政治的保卫，而非传统职能则侧重于维护国家的稳定与发展，体现国家经济与地区经济、全球经济之间安全与便利的互动关系④。

2006 年，中国海关国际问题研究中心的《国际海关发展趋势——非传

---

① 王菲易. 国际海关发展的主要趋势：基于新公共管理理论的实践阐释 [J]. 上海海关学院学报，2013（5）.

② 非传统安全，指"由非政治和非军事因素所引发，直接影响甚至威胁本国和别国乃至地区与全球的发展、稳定和安全的跨国性问题，以及与此相应的一种新安全观和新的安全研究领域"。参见：陆忠伟. 非传统安全 [M]. 时事出版社，2003.

③ 倪星，付景涛. 公共管理学 [M]. 大连：东北财经大学出版社，2011：78.

④ 朱孔嘉. 海关业务工作的八对主要矛盾及基础建设方向 [J]. 上海海关学院学报，2010（4）：34.

第3章 贸易安全与便利：国际海关治理现代化的实践探索

统职能对中国海关的影响和对策》研究报告首次对海关非传统职能的内容构成进行系统表述，提出"加工贸易管理与保税监管""海关稽查""口岸管理""边境保护""服务商界""参与政策制定"等新时期的海关非传统职能。2007年，中国海关国际问题研究中心的研究报告对此进行了修正，确立我国海关需要强化的非传统职能主要包括"知识产权海关保护""海关边境保护""保障供应链的安全与便利""口岸一体化管理"等职能①。2008年，时任海关总署署长牟新生首次在官方报告中提及"非传统职能"概念，指出"海关税收、监管、保税、打私、统计等传统职能任务更加艰巨，维护贸易安全与便利、保护知识产权、履行原产地管理职责、协助解决国际贸易争端、实施贸易救济和贸易保障、参与反恐和防止核扩散、负责口岸规划管理等非传统职能任务不断加重"。② 因应形势变化，调整海关管理职能，拓展非传统职能，加强边境保护、维护国际贸易供应链安全与便利等也成为当今国际海关发展的重要趋势之一。

3.3.2 注重风险管理的海关：预防而不是治疗，风险防控推进贸易安全与便利

海关管理实现贸易安全与便利，重心在防控。有预见的海关是指海关要有预防意识、预防对策，防患于未然，而不是等问题成堆后才来解决。政府管理的目的是使用少量钱预防，而不是花大量钱治疗③。海关应着眼于以预防为主，而不是通过事后服务来挽回损失，在做出决定时，应尽一切可能考虑到未来。海关面对日益扩大的职责和机遇，需要对风险有更深入的了解。海关面临的挑战是双重的：如何有效运用迅速扩大的风险管理知识体系在操作层面识别和降低风险，以及在操作层面之外和海关管理的领域如何运用这种风险管理知识。从全局性与全程性角度而言，风险管理成为保障贸易安全与便利目标实现的贯穿全过程的主线及核心机制，第8

---

① 周阳．我国海关非传统职能研究的基本状况及发展趋势［J］．上海海关学院学报，2011（1）：65．

② 牟新生．深入贯彻党的十七大精神，不断开创海关工作新局面［R］．全国海关关长会议报告，2008．

③ ［美］戴维·奥斯本，特德·盖布勒．改革政府——企业精神如何改革着公营部门［M］．上海：上海译文出版社，1996：205．

章将做全面深入论述。

在国际上，风险管理已成为各国（地区）海关应对形势和挑战、化解矛盾和压力、预防和分析危机事件的共同选择。1997年，WCO在修订《京都公约》时正式将风险管理纳入"京都公约海关监管指南"，作为简化和协调海关手续的一项具体措施[①]。为在贸易便利和法律监管之间达到平衡，各国（地区）海关大多摒弃其传统的、惯常的"关口"检查，而改以应用不同程度的风险管理原则[②]。反思"9·11"事件，美国海关认为是各监管部门在信息获取和交换上无效所致。为此，美国海关要将自身打造成为全员参与信息、情报经营的部门，认为加强监管的过程就是强化风险管理，切实提高全员运用情报信息能力的过程。解决问题的出路在于细化风险管理，将该理念和手段精细化。越来越多的发展中国家海关也开始引入风险管理技术并推广应用，有些国家（地区）海关甚至把风险管理作为海关的组织理论和基本工作方法。

以WCO为代表的国际海关界通过多年的探索和实践，达成以下共识：直接加强对风险载体（如货物生产者、运输者、进出口商等）的监管和管理将是防控风险的关键。WCO将风险管理列为《21世纪海关》中十大重点工作的第三项，并在推动成员应用风险管理技术方面采取了一系列举措，编写了供各成员参考使用的《风险管理汇编》，探索在各大区加大对海关风险管理布控的协调力度。

3.3.3 以客户需求为导向，由"监管"到"服务"，建设服务型海关

人类的行政发展史经历了一个从统治行政到管理行政的演进，现在，人类社会正走向后工业社会，行政发展的逻辑把服务行政推展到我们面前[③]。海关发展的逻辑也应遵循服务行政的理念，实现从管制型海关到服务型海关的转型。强制性的有无是管制型海关与服务型海关的根本区别：

---

① 孙毅彪. 海关风险管理理论与研究 [M]. 上海：复旦大学出版社，2007：1.
② [比] Luc De Wulf，[巴] José B. Sokol. 海关现代化手册 [M]. 上海海关翻译小组，译. 北京：中国海关出版社，2008：5.
③ 张康之. 行政伦理的观念与视野 [M]. 北京：中国人民大学出版社，2008：70.

第3章 贸易安全与便利：国际海关治理现代化的实践探索

在管制型海关模式下，一切服务都不排斥强制性；而在服务型海关模式下，服务的成立条件是服务者的要求与自愿，也就是以客户需求为导向[①]，通过强化海关的服务意识，推动海关行政管理体制改革，实现从封闭式管理向公开化管理转变，从"重管理轻服务"向"强化服务"转变，打造现代化的"服务型海关"。海关可以通过有效的制度安排，引进商界、第三方等主体的力量，形成公共海关服务产品的有效供给机制，以实现公正、透明、高效地为公众和全社会提供优质的海关服务。

无论是美国推行的C-TPAT制度，还是欧盟、日本推行的AEO以及WCO倡导的"单一窗口"的实践，其指向都在于服务性，即通过打造公共或单一平台创新政府服务。例如，"单一窗口"期望达成理想的提供公共产品与服务的模式是：贸易商或企业无须走进政府机关即可获取丰富的信息；企业只需在一个机关办事，任何问题皆可随问随答，所办事项立等可取；若商家申办事项涉及多个政府机关，则可在一处机关办理，享受全程服务；无须进入政府机关，即可经过电脑在线申办。"单一窗口"下的公共产品与服务的提供将朝着"跨部门""全天候""自助式"服务的方向发展。

受客户驱使的海关以客户的需求为导向，标志着海关管理理念从"行政主导"向"客户导向"的转变，也意味着海关的角色从传统的管理者和监管人转变为服务的提供者。"客户导向"实际上就是要把海关服务的对象（包括政府和纳税人）的需求作为海关管理的目标，通过建立广泛的沟通与合作渠道，更多地吸收海关服务对象参与海关的决策和管理，同时把海关服务对象的满意度作为衡量海关工作绩效的标准，为进出口企业提供最大的通关便利和通关服务。

3.3.4 向"协同治理、综合治理"转变，三大支柱保障贸易安全与便利

随着海关管理理念由被动面对风险向主动承担和控制风险转变，海关的工作方式也开始实现从"以我为主"向"协同治理、综合治理"的转

[①] "管制型海关"与"服务型海关"的概念是从公共管理学中的"管制型政府"与"服务型政府"的概念引申而来。参见刘熙瑞．服务型政府：经济全球化背景下的中国政府改革的目标选择 [J]．中国行政管理，2002（7）：5．

变。传统的海关素以执法者和监管者自居，客观上将海关与企业的关系人为对立起来；而不同政府部门之间，也由于本位主义和部门利益，难以发挥管理的协同效应，削弱了海关管理的实际效能。海关要逐渐适应国际上公共管理主体多元治理模式的转型，通过协调引导来有效发挥非政府组织的中介作用，而不是直接提供公共服务，如通过海关与企业（行业协会）签订合作谅解备忘录（MOU），将部分管理职能（报关管理、外部审计等）委托给报关协会、会计师事务所等社会中介组织去实施等办法，缓解海关执法的压力。

在有限的管理资源与所承担任务不断加重之间的矛盾日益突出的情况下，许多国家纷纷面向社会扩大海关管理资源，将诸如技术鉴定、通关服务及技术支持等工作交由社会中介组织或专业企业。例如，美国海关通过立法将报关代理人、担保人的活动也视为海关管理的外延，赋予他们代海关办理部分通关手续的权利，将商品化验工作交由私营的化验机构来完成；部分国家海关将海关信息化网络建设、维护以及电子数据传输工作交由专业公司来承担。

美国海关还通过在各机构之间建立关联、协调引导、汇集资源优势，发挥整体效应来应对海关管理环境的变化。2000 年，美国海关成立国家知识产权权利协调中心（The National Intellectual Property Rights Coordination Center，IPR Center），利用其 21 个成员机构（4 个国际合作机构、17 个国内合作机构）的专业知识和技能来分享信息、发展举措、协调执法行动和进行与知识产权犯罪有关的调查研究。通过这种战略性跨部门合作，国家知识产权权利协调中心逐渐成为保护美国公众健康、国土安全、经济以及知识产权的"斗士"。2001 年，美国海关设立国家甄别中心（National Targeting Center），负责集中协调美国海关所有的"反恐"工作，它利用先进的目标确定方法，在所有旅客和货物到达美国之前，对它们进行分析、筛选并确定目标，进而采取反恐检查措施。国家甄别中心与美国海岸警卫队、联邦调查局、运输安全管理局、能源部、农业部以及其他情报机构等协同工作。2010 年，美国海关牵头建立了商业分析和控制中心（CTAC），形成了多个联邦部门参与的集中管理中心，通过协调执法程序和联合行动，统一规范和信息共享，共享实验室标准和程序，系统评估风险并重点突破，达成管住进口货物流向"全程式"管理的目标，为国家食品安全问

第3章　贸易安全与便利：国际海关治理现代化的实践探索

题提供了一个多部门参与、共同合作的平台，商业分析和控制中心已有消费品安全委员会、食品药品监督管理局、食品安全检查局、动植物卫生检验局等多个联邦执法单位参加。

随着海关现代化进程的深入，各国（地区）海关愈发意识到推进贸易安全与便利的目标实现，海关需要与政府边境及其他部门、商界、国际伙伴之间进行密切联系与沟通协作。在经济全球化条件下，广泛合作理念已得到各国海关的普遍接受并成为国际海关的普遍共识，它们都十分重视并积极开拓合作渠道和创新合作方式。主要包括以下几方面。

3.3.4.1　海关与商界的合作

海关需要了解商界的关注点，商界需要了解海关的监管要求。《标准框架》将海关与商界之间的关系定位为"伙伴"关系，较为详细地阐述了两者之间的合作内涵及标准框架。日本、欧盟通过推行AEO，加强关企合作。美国海关日益重视改善与商界伙伴的关系，关注并倾听商界的诉求，积极主动参与商界论坛和行业协会会议，宣传美国海关的政策法规和促进贸易便利的措施；在政策制定的过程中，美国海关增加了与商界的互动，使得政策制定更加透明和更具针对性，尤其是与商界共同修订了货物通关指南，携手商界共同设计简化空运报关手续。

3.3.4.2　海关与本国边境其他政府部门的合作

协同边境管理是为优化海关与其他边境执法部门、与毗邻国家海关和相关边境执法部门的合作，提高政府行政效能而进行的创新实践。WCO强调"政府应当在海关和其他与国际贸易有关的政府机构间建立合作机制，促进国际贸易数据的顺畅流转（"单一窗口"理念）以及在国家和国际层面上共享风险情报"。在这种机制下，贸易商只需以电子形式向一个指定机构（最好是海关）一次性递交进出口所需信息。近年来，澳大利亚、加拿大、美国、英国等国纷纷实行机构改革，将海关、移民局、检验检疫等部门职能选择性重组，开始实施真正意义上的协同边境管理，以加快"单一窗口"的建设，企业办理货物进出口手续的时间和成本因而大大降低。

3.3.4.3　海关与国际伙伴的合作

在全球化的今天，由于国家之间的相互依赖性增强，无论是"反恐"还是"贸易便利化"，单纯依靠一国的努力是不现实的。为此，海关除了强化与国内其他政府部门、商界的合作关系，还需对外加强与国际伙伴之间的协作关系。美国海关与加拿大海关展开合作，提出了大陆边境线"边缘安全"的概念，并涵盖多个方面，如实施入境港的双向咨询、开展陆路货物预放行和在入境港实施联合执法行动等。美国海关与墨西哥的合作主要围绕共同打击跨境贩毒集团违法犯罪活动，与墨西哥政府达成"边界安全特别计划"的双边协定，主要针对那些冒险非法越界的人，以减少西南边境地区伤害、死亡事件的发生，造就一个更加安全的边境环境。

2005年6月，WCO进一步通过的《标准框架》一揽子文件中，将国际海关伙伴间合作、海关与商界伙伴关系列为贸易安全与便利发展的两大支柱。随着对协调边境管理重要性认识的深入，2015年的WCO《标准框架》突出强调了协调边境管理，并将其与国际海关伙伴间合作、海关与商界伙伴关系并列为《标准框架》保障贸易安全与便利发展的三大支柱。

此外，海关与学界建立广泛关联。各国海关日益认识到学界对于海关改革和现代化的重要意义，通过政策咨询、课题研究、项目合作等各种方式拓宽与学界的联络，以从根本上提升海关应对国际贸易挑战的能力、提高自身运作效率和加强海关关员的能力建设。国际海关界通过开展"海关学术研究与发展伙伴"（Partnership in Customs Academic Research and Development，PICARD）项目、实施国际海关高校网络（The International Network of Customs Universities）、出版《世界海关杂志》（*World Customs Journal*）等形式，整合全球海关学界的研究力量，发挥学界的智库作用。

3.3.5 实施技术、工具、标准统一，建设"全球网络化海关"

WCO提出21世纪要建设一个积极主动、地位重要、相互联系、标准统一的海关，并不断修改完善海关各项管理规则与制度，以期实现标准、制度和法律文件的国际约束和示范效应。2008年6月，WCO理事会进一步将其提炼为"全球网络化海关"（Global Networked Customs，GNC），以实现进出口数据的无缝实时传输。全球网络化海关是一个海关间相互接纳、相互连接的用于支持和提高国际贸易系统效率、促进各国（地区）经济发展、保证社会安全和税收征管的信息共享系统，目的在于实现监管和执法数据交换、商业和贸易数据交换。全球网络化海关包含以下内容：一是要求进口、转运和出口方提供符合国际传输标准的数据，采纳WCO货物单一代码和跨境数据元；二是实现不同国家（地区）数据库的互联与协

第3章 贸易安全与便利：国际海关治理现代化的实践探索

调，促进海关之间的数据交换；三是在进口、转运和出口方之间，制定互认和协调协议，消除在国际贸易供应链中不必要的重复监管措施；四是设立标准，促进各国（地区）海关对 AEO 的互认；五是制定海关之间信息交换的规则，如数据保护[①]。

全球网络化海关是基于 WCO 海关执法网络，推动《标准框架》中海关合作的近期目标服务于《标准框架》和供应链安全的中期目标、国际贸易的远期目标。全球网络化海关的建立需要从统一进出口数据要求、互认监管结果、统一贸易标准等基础工作开始，为网络的形成解决基础技术和标准问题。全球网络化海关特别工作组于 2009 年 11 月成立，已完成前期可行性研究工作，明晰了全球网络化海关的功能和目标，并从开展全球网络化海关建设的方法、步骤、沟通渠道、数据交换方式、内容和阶段、下一步工作安排等方面制订了较为系统的规划。全球网络化海关建设的推进将对未来海关与海关的合作模式、海关与商界的伙伴关系、海关监管模式和贸易的发展模式等都可能产生革命性影响。虽然一些成员仍对法律、资金等一系列问题存在意见分歧，但不少成员海关已开展对全球网络化海关的探索和实践，中欧安全智能贸易航线试点计划即为典型范例。

对于海关的全球网络化发展，标准化与技术是统一并合的，现代技术的支撑是当今海关推进贸易安全与便利的保障。海关要充分利用不断涌现的各种新技术以加强风险管理，提高海关管理的自动化水平，如将物联网（The Internet of Things）、大数据、云计算等技术应用于海关管理过程中。相关研究表明，海关自动化能降低海关放行的、相当于 0.2% 贸易商品价值的直接成本，再加上减少耽搁时间的间接成本，实际成本减少达到商品价值的 1%。[②] 美国海关对新技术手段的运用渗透到整个业务流程，从货物与旅客入境前的筛选、审查，到入境后相关信息的维护、监控，再到出境时的审查。

物联网简言之是物物相联的互联网。物联网通过智能感知、识别技术与普适计算、泛在网络的融合应用，被称为世界信息产业发展的第三次浪潮。物联网因其网络化、精细化和智能化的工作特性，有助于创新监管模

[①] 张树杰. 世界海关组织二十一世纪海关蓝图 [J]. 对外经贸实务，2011（2）：14.
[②] 世界银行. 全球经济展望 2004：履行多哈议程的发展承诺 [M]. 北京：中国财政经济出版社，2004：176.

式，改进业务流程，推动海关实现集约式发展。物联网在海关的应用，一是实现单货的"关联化"，确保信息流对实际物流形成有效的牵制作用，提升海关监管效率；二是实现监管的"实时化"，当货物或集装箱的电子标签和无线网络传输结合后，海关可以随时掌握货物的实时状态，一旦出现集装箱被非法打开等事件，系统就会自动报警，运输途中的违法行为将不再可能发生①。

云计算是网络计算、网络储存、负载均衡等技术发展融合的产物。"云"其实就是将资源进行整合后提供给用户的网络。云计算在海关领域的运用有助于实现布局的"虚拟化"，海关的物理布局将不再受到地域限制。因为关员向云端提出请求后，只要得到所需服务，就无须了解也不用担心提供服务的具体位置②。云计算的理念就是把产品直接变成一种服务，集中储存信息资源让每个人都可以分享使用，实现海量信息存储共享，海量数据的运算应用，海关管理资源的整合集成，进而实现应急指挥、业务监控、风险防控等功能目标。

海关大数据是海关提高管理与服务效率的财富宝库。随着大数据技术日益成熟，海关可以将自我开发与利用社会资源支持相互结合，挖掘大数据库信息，一方面提高风险防控水平，另一方面为社会提供更优质高效，甚至个性化多元化的服务，更好地保障贸易安全与便利。地理信息系统（Geographic Information System）是在计算机硬、软件系统支持下，对整个或部分地球表层（包括大气层）空间中的有关地理分布数据进行采集、储存、管理、运算、分析、显示和描述的技术系统。美国海关将地理信息系统应用于西南边境，用来追踪非法移民的路线，以使有限的人力和物力得到更好的配置。

综观 WCO 与发达国家海关推动贸易安全与便利的进程及政策措施，国际海关发展趋势的特点主要如下：一是海关监管向境外延伸，甚至包括国际贸易供应链的全过程；二是贸易安全与便利保障的三大支柱基本确立，即海关与商界的伙伴关系、海关与海关的国际合作、协同边境治理；

---

① 朱孔嘉. 海关业务工作的八对主要矛盾及基础建设方向 [J]. 上海海关学院学报，2010（4）：34.

② 朱孔嘉. 海关业务工作的八对主要矛盾及基础建设方向 [J]. 上海海关学院学报，2010（4）：35.

第 3 章 贸易安全与便利：国际海关治理现代化的实践探索

三是风险管理日益成为各国海关保障贸易安全与便利的重要机制与技术工具；四是由"监管"向"服务"转型，"客户导向"的"服务型海关"建设理念渐成趋势；五是国际性标准化的规定、工具与技术得到推广，基于互联网、物联网、大数据等信息技术的无纸化电子通关逐步普及。经修订的《京都公约》《商品名称及编码协调制度公约》与《WTO 估价协议》是 WCO 在通关制度、商品归类、海关估价方面的三大核心国际性标准，在原产地规则、数据处理、风险管理等方面也都有标准化的规定、技术或工具。由此，在技术、标准支撑下的智能化、专业化、自助型通关日益形成。

3.4 实现贸易安全与便利价值目标的国际海关先进理念

WCO 以及主要发达国家海关的先进实践都是基于先进的管理理念而进行的，上述提及的国际海关发展趋势也是其先进理念的反映。譬如，国际海关界对于"服务"型海关建设的认知，突出"客户导向"，强调"服务"并非弱化"安全"，"安全"是"服务"应有的内涵之一。国际上推进海关现代化成功的案例中，韩国海关、新西兰海关等在其新的法律中，海关机构名称都特别修改增加了"Service"一词，分别为 Korea Customs Service、New Zealand Customs Service，这突出反映了组织的导向由"监管"向"服务"理念的慎重、持续地改变。韩国海关以构建"21 世纪世界最佳海关"为发展目标，主要涵盖了三方面的内容：一是客户导向的海关，尽最大努力为顾客提供最佳服务；二是快捷准确的电子海关，通过充分应用先进的信息技术，建设更快捷、更准确的电子海关；三是智能化、专业化的海关，关员意识到自己位居国际贸易边境的最前沿，依靠高度的荣誉感和精湛的专业技能开展工作，充分强调廉洁、真挚、责任和创新。

美国海关先进管理理念的三原则为责任分担（Shared Responsibility）、知法自律（Informed Compliance）、合理关切（(Reasonable Care），美国海关执法理念秉承的三大原则"实为在更高的层次上调整海关与管理相对人关系之必需"[1]。从一定意义上讲，这三个原则应是激励约束机制与社会契约理论在海关实践中的推广应用。

---

[1] 苏铁. 略论借鉴美国经验引入"二次申报"制度的法律路径[J]. 上海海关学院学报，2012（4）：50-56.

统筹发展与安全视角下海关治理现代化研究

对于以上三大原则，Michael H. Lane 在其著作《国际物流新概念——海关现代化与国际贸易高速公路》中提及并被译为"责任分担、知情守法、合理审查"，它们"都是帮助海关和贸易界实现海关守法和降低守法成本这一共同目标的新概念"。[①] 其中，"知情守法将进口货物通关处理视为海关和商业实体（如承运人、报关人、进口商、出口商等）的一种共同职责。在这种关系中，海关的职责是使贸易界和产业界了解自己在货物进口和国际贸易承运人管理方面应履行的法律和规章制度，其理论基础是进口商、承运人和其他参与者中的绝大多数，都能够认识到遵守海关和政府的全部规定是符合其最大利益的，并愿意遵守所有规定"。[②]

海关业务专家苏铁在《略论借鉴美国经验引入"二次申报"制度的法律路径》中指出，美国海关先进的"两次申报"制度是在"三大原则"先进理念基础之上推行的。美国海关实施了一系列的贸易安全与便利贸易措施，在执法观念上坚持以下"三大原则"：一是通过明晰"责任分担"，重新设定进出境企业的义务和责任，进出境当事人或企业应当保证进出口通关时向海关的申报必须真实，并按照法律规定的方法正确计算应当缴纳的税款。二是通过倡导"知法自律"，在海关与管理相对人之间从过去的对立关系转变为平等的合作伙伴关系，强调海关与企业分担责任，海关有义务通过各种形式有效地与企业进行沟通，而企业须负起责任，自动遵守海关的一切法令规章。三是通过倡导"合理关切"原则，使得进口人都对海关所颁布的法令规章有所了解，并细心体验，在提供准确和及时的信息资料后，方能享受海关依法给予的通关便利之优惠待遇[③]。海关通过不同媒体传播海关法律和规定，有效地与企业进行沟通，给予"知法自律"者通关便利；产业界负有合理关切职责，通过聘用负责任的报关人、律师或顾问，来审查、弥补自身知识的不足，保证提供准确和及时的信息资料，享受海关依法给予的通关便利。这样，海关可以引导产业界更多的成员努

---

① ［美］Michael H. Lane. 国际物流新概念——海关现代化与国际贸易高速公路［M］. 秦阳，译. 北京：中国海关出版社，2001：105.

② ［美］Michael H. Lane. 国际物流新概念——海关现代化与国际贸易高速公路［M］. 秦阳，译. 北京：中国海关出版社，2001：104.

③ 苏铁. 略论借鉴美国经验引入"二次申报"制度的法律路径［J］. 上海海关学院学报，2012（4）：50-56.

第3章 贸易安全与便利：国际海关治理现代化的实践探索

力做到更大程度的守法，对于剩下的故意违法者来说，海关才可以有更多的时间发现他们、调查其违法行为并采取适当的执法行动。由此，不仅营造了良好的执法环境，进而达到提高国民诚信与守法素质的良性循环。在我国推行"两次申报"制度，有利于增强企业守法自律，促进社会诚信体系建设，在制度层面解决通关效率低下问题。"两次申报"制度将成为一项带有实质性转变的基础工程，从而标志海关从更大的范围来提升守法遵从度。在我国海关贯彻国际海关先进理念，将极大推进海关治理现代化目标即贸易安全与便利的实现。

第4章 统筹发展与安全视角下海关风险防控与治理现代化

身处维护国门安全第一线，风险防控几乎伴随海关对货物、物品、人员、交通工具监管的全领域全过程。从传统的打击走私、查处违禁物品，到2018年"关检融合"后统筹防控传统和非传统安全风险，海关风险防控逐渐形成了内外合一的治理体系，对内防控管理风险、执法风险、廉政风险、能力弱化风险，对外妥善应对税收流失、口岸公共卫生、危险品输入、国门生物安全、进出口食品安全、商品质量等多领域风险隐患。[①] 海关风险防控与治理现代化要旨即建立适应中国国门开放持续扩大和全球供应链时代要素全球流动的跨境风险防控与应对体系。[②] 2020年席卷全球的新冠疫情客观上也要求海关风险防控和治理理念的同步更新，一方面是海关监管职能中非传统威胁和"活火山"状态增多，尽管诸多非传统威胁多数时候以一种潜在风险的状态"休眠"，然而其一旦爆发则可能从一个局部领域的突发性事件快速转化为一个全域的重大灾难性事件，甚至诱发跨界危机；另一方面是短时间内无法从风险应急管理切换到常态化管理的"失灵"，需要在二者之间开辟一个应急与常态共存的"统筹态"。[③] 海关风险防控和治理的现代化已然不能简单等同于海关风险应急管理，相反是要在坚持系统观念下，统筹发展与安全、统筹传统与非传统安全、统筹应急管理与常态化管理的国门风险综合治理。

4.1 我国海关风险防控与治理的现状和挑战

"关检融合"以来，特别是历经2020年新冠疫情的冲击，中国海关已基本形成总体国家安全观视域下风险防控治理体系，主要包括风险防控理

[①] 防范化解重大风险海关必上心[N].中国国门时报，2022-12-1（4）.

[②] 廖丹子.中国国门非传统安全威胁：生成、识别与治理[J].中国行政管理 2018（5）：108-109.

[③] 刘一弘，高小平.风险社会的第三种治理形态——"转换态"的存在方式与政府应对[J].政治学研究，2021（4）：125.

念中的统筹传统与非传统安全，风险防控治理机制中的专项治理和常态化治理，风险防控治理实践中的多部门协同治理和科技治理。

4.1.1 系统安全观和统筹治理理念

自2014年习近平总书记在中央国家安全委员会第一次全体会议上首次提出总体国家安全观重大战略思想以来，逐渐形成集政治安全、国土安全、军事安全、经济安全、文化安全、社会安全、科技安全、信息安全、生态安全、资源安全、核安全、海外利益安全、太空安全、深海安全、极地安全和生物安全在内的16个领域的安全内容，其中除政治安全、国土安全、军事安全归入传统安全范畴外，另外13个领域均归入了非传统安全。总体国家安全观的提出无疑深刻影响着中国海关关于国门安全风险挑战及治理的认知，海关总署先后两次以署级专项课题的形式系统探讨海关在总体国家安全观16个领域风险中的职责定位。其中与海关履职直接相关的安全风险有政治、国土、军事3个领域的传统安全以及经济、文化、社会、科技、信息、生态、生物、资源、核、海外利益10个领域的非传统安全。

不同类型的安全挑战意味着海关风险布控点的增多、风险监管范围的扩大和风险监管链条的延长。不管是传统海关职能中违禁物品输入风险、走私风险，还是关检融合后新海关履职中的卫生检疫风险防控、动植物检疫风险防控、食品安全风险防控和商品安全风险防控等，[①] 几乎均面临多种安全风险类型的交织叠加。2020年蔓延全球的新冠疫情更是体现出口岸国门安全风险的交织性和隐蔽性，新冠病毒可以以旅客、冷冻食品、物品外包装为载体通过货检、旅检、邮包等多渠道输入，且需延后一段时间甚至经由实验室检测后才能被捕捉发现，这无疑给口岸国门安全风险防控带来巨大挑战。

风险布控点的增多，传统安全风险与非传统安全风险的复合交织、相互转化，客观上要求海关在风险防控治理中树立系统安全观和统筹治理思维。事实上，现阶段中国海关的战略决策层级已然充分体现出风险防控的系统与统筹思维，认识到海关风险防控的整体性、长期性、复杂性、艰巨

---

① 李永. 总体国家安全观视阈下提升海关风险防控能力研究[J]. 海关与经贸研究，2022（3）：62.

性、体制性预防、应急性处置，防范化解重大风险已然成为新时期中国海关风险防控治理的指导思维。

4.1.2 常态化治理与专项行动

经过多次口岸国门风险防控实践，中国海关已基本形成以常态化防控和专项集中治理为特征的海关安全风险防控治理体系。常态化防控体系对内体现为依托海关垂直管理体制优势，形成以总署风险防控司为中轴，以风险防控分局为两翼，组织、协调、指导下的总署业务司局—直属海关—隶属海关三级风险防控治理体系。常态化风险防控体系对外则体现为海关与边检、公安、市场、邮政、税务及地方政府等多部门的协同治理，涵盖信息互通、情报共享、执法联动，如对毒品、武器弹药走私风险防治中边境海关与缉私部门、公安部门的联动机制，以及货物通关过程中对场所、运输工具、货物三位一体的监控体系。风险防控治理专项行动，一方面为突发性风险事件的应急专项治理，如2020年、2021年为精准防控新冠疫情通过冷链食品输入过境而开展的风险治理专项行动，2021年针对海南离岛免税"套代购"开展的打击走私专项行动，针对固体废物走私入境而开展的固废专项风险防控专项行动；另一方面为海关常态化风险防控治理中年度专项行动，相比应急专项行动即时性和目的性，年度专项行动更多聚焦于通过围绕专门领域风险防控的多部门集体行动进而提升海关三级防控体系的风险响应和风险处置能力，如2022年海关针对走私风险先后开展"国门利剑""蓝天""国门勇士""使命"等专项行动。①

4.1.3 多方协同、科技治理与法制治理

传统安全风险与非传统安全风险的复合交织、相互转化，决定了新时期海关口岸国门安全风险防控实践中的多方参与治理。多方参与治理，既表现为海关垂直系外与其他涉及口岸安全风险的部门，如税务、边检、企业主体等联合治理，也表现为海关垂直系统内风险管理司、商品检验司、口岸监管司、卫生检疫司等多部门的联合执法行动。2022年海关已与

---

① 海关总署：推进"国门利剑2022"联合行动严打"水客""套代购"等走私犯罪[EB/OL].（2022-7-26）. http://finance.people.com.cn/n1/2022/0726/c1004-32486271.html.

第4章 统筹发展与安全视角下海关风险防控与治理现代化

33个部门建立了口岸风险联合防控机制,以海关口岸布控中心为平台,就新形势下国门口岸所面临的一系列风险进行联合研判和联合行动。在针对关区内企业风险隐患的治理中,隶属海关通常实施的口岸监管和属地监管互动协同机制,实现稽核查、属地查检叠加作业和联合作业等"多查合一";针对"蚂蚁搬家""化整为零""从贸易到非贸领域"等走私风险的新动态,海关调整"海关+缉私"传统走私风险防控模式,与地方政府联动形成"风险+职能+现场+缉私"的一体化打私模式;①而针对进口冷链食品的口岸疫情防控中,口岸海关实施"人、物、环境同防",与总署业务司局、直属海关形成集源头管控、口岸监测检测、预防性消毒监管、紧急处置于一体的新冠疫情风险防控流程。

注重大数据、智能科技等新技术手段的应用也是新形势下海关风险防控的另一大特征,表现为"情报+大数据"分析用于海关评估高、中、低风险类型,把握风险发展态势;海关日常风险防控中所提及的精准布控、精准处置背后常有大数据研判和公安、安全等部门情报共享的支撑。此外,随着国家治理体系和治理能力的现代化,海关风险防控手段、防控实践的法治化趋势也渐趋明显,即依托法律文件进行从源头到末端的全链条风险监管,增强海关风险治理的公信力、合法性和规范性,2021年修订发布、2022年实施的《中华人民共和国进出口食品安全管理办法》和《中华人民共和国进口食品境外生产企业注册管理规定》,无疑属于海关风险防控治理法治化的最好例证。

关于海关风险防控现阶段面临的挑战,一方面体现为风险防控任务目标增多与防控手段、防控人员相对不足的矛盾;另一方面如何实现安全风险的精准防控,尤其在既有资源、技术手段的相对有限前提下,如何平衡贸易安全与贸易便利,如何统筹传统安全风险和非传统安全风险。海关系统内的部分专家将现阶段海关国门安全面对的挑战概述为全链条全领域的安全防控体系不完备,运用科技手段维护国门安全不充分以及边境国门安全国际合作防控合力不足,维护贸易通道安全高效的措施不够系统。②事实上,如何提升海关风险防控的治理质量——在贸易便利、精准防控、负

---

① 防范化解重大风险海关必上心[N].中国国门时报,2022-12-1(4).
② 李清华.以"三智"建设提升边境海关国门安全防控治理能力的路径探索[J].海关与经贸研究,2022(1):46-48.

面影响最小三者之间求得最优解，实现既要"管得住"又要"通得快"，是新形势新阶段下海关风险防控治理现代化研究的首要命题。

4.2 统筹发展与安全视角下我国海关风险防控与治理现代化的目标定位

就海关履职履责而言，统筹发展与安全视角下安全风险防控和治理现代化的目标定位，属于安全战略层级，即如何更好地维护口岸国门安全。从学理层面讲，安全是一种哲学思考，一个国家或社会或个人处于何种状态时才能称其为安全，战略则是一种行动方略，如果不理解安全为何物——维护安全的对象和必要性，战略也就缺少了终极目标，而由目标和手段构成的战略则是为了更好地实现人们所期望的安全状态。[①] 显然，作为国务院直属行政机构，海关对于安全风险防控和治理的考虑主要基于国家总体安全目标在海关领域的实现，是总体国家安全战略或总体国家安全观实施层面的海关国门安全体系构建。

对海关安全风险防控与治理现代化的目标定位的准确把握，需将其置身于海关国门安全战略的概念范畴下。一般而言，一个完整的安全战略由安全主体、安全客体、关键问题、安全手段及安全方略五部分构成。[②] 我国海关安全风险防控的核心主体无疑是海关总署及其隶属机构。客体为海关安全风险防控与治理的对象、问题，海关需防治哪些或哪几类威胁，这些威胁的性质是什么，这部分决定着安全分析的层次及寻求安全的手段选择，现阶段总体国家安全观下的16个领域的安全风险几乎均与海关业务有着不同程度的关联。关键问题则指对海关国门安全或国家总体安全造成重大威胁、隐患的风险事件，如2020年新冠疫情全球暴发以来，如何阻止新冠病毒经由冷链食品、外包装传入我国，便是海关该时期安全风险防治的关键问题，这往往也是安全战略的头号目标。海关安全风险防治下的关键问题是动态的，不同的历史时期或发展阶段，关键问题的具体内容相应也有所区别。安全手段主要指海关在防范和治理国门安全风险时所依赖的外

[①] [法]夏尔·菲利普·戴维. 安全与战略：战争与和平的现时代解决方案（第二版）[M]. 王忠菊，译. 北京：社会科学文献出版社，2011：53.

[②] [法]夏尔·菲利普·戴维. 安全与战略：战争与和平的现时代解决方案（第二版）[M]. 王忠菊，译. 北京：社会科学文献出版社，2011：32-34.

第4章　统筹发展与安全视角下海关风险防控与治理现代化

在工具，即安全主体依托安全手段应对安全客体。现阶段，人工智能、大数据、信息科技、智能算法、区块链等日益成为海关应对风险挑战的有效工具。安全方略主要是安全主体用以应对安全客体威胁的行动理念和行动规划，如近年来中国海关在国门安全风险防治中反复提及的系统思维、全链条监管、源头治理、多部门协同治理、国际国内联动治理、强化科技支撑等，以及中国海关2022年提出的应对新形势下风险挑战的4项专项行动。事实上，针对某一具体风险挑战，以专项行动的形式，海关多部门集中整治一直是中国海关风险防控领域的常用方略。

从海关安全战略的"主体、客体、关键问题、手段和方略"五要件看，海关安全风险防控与治理的目标定位主要指的是"安全客体与关键问题"的界定。诚然，安全是一个主客观复合概念，即客观上不存在威胁挑战与主观感知安稳、不存在忧虑。安全概念的"主观性"必然带来对海关风险防控与治理目标定位的不同理解，所以在中国海关关于国家安全、食品安全、风险防控的政策文件或总署领导系列发言中，强调海关的政治机关属性、言明海关服务国家总体安全和发展大局的职责属性总会被反复提及。在海关业务领域，"安全"一词几乎同"监管"一样被广泛使用，几乎所有海关职能职责都能与安全发生关系，所以统筹发展和安全视角下的中国海关安全风险防控与治理的目标定位应当是一种大安全观或系统安全观，应当从"实然"和"应然"两层面予以理解。

现阶段，"实然"层面的海关安全风险防控与治理目标定位主要体现在《"十四五"海关发展规划》中，散见于中国海关围绕落实总体国家安全观、口岸风险防控、进口货物/行李/人员/工具监管的法规、政策、文件中。《"十四五"海关发展规划》将2022—2027年的海关风险防控与治理目标界定为"全面落实总体国家安全观，坚持底线思维，全方位履行监管职责，构建以风险管理为主线的国门安全防控体系"，可见在海关风险防控与治理的目标定位方面，总体国家安全观范畴下16个领域的传统与非传统的安全风险均成为海关安全治理对象，以风险管理为主线的国门安全防控体系将是海关安全战略的关键问题，安全方略可概括为底线思维与全方位监管。此外，《"十四五"海关发展规划》进一步将围绕监管的安全目标细化为进出境环节实货监管、税收安全、口岸公共卫生安全、进出境动植物检疫监管和外来入侵物种口岸防控、进出口食品安全监管、进出口商品质量安全、风险整体管控、打击走私违法行为八个子目标。《"十四五"海关发展规划》对海关安全风险防治未来五年内总目标和子目标的廓清，也从侧面印证出将国门安全风险内化于海关业务监管范畴，通过履行正常的海关监管职责从而实现安全风险防控的"去安全化"或"常态化"，通过常态化、规范化、科学化的应急管理来回应突发性的风险事件才是海关国门安全风险防治的最终目标。

"应然"层面的海关安全风险防控与治理目标并非着眼于具体任务目标的确定，更多是在哲学思辨和经验总结的基础上对"实然"层面海关风险防控与治理目标的评估、反思。自 2014 年总体国家安全观提出以来，海关系统已然初步形成统筹传统安全风险和非传统安全风险的系统治理理念和治理体系，依托信息技术、智能科技等先进手段再造海关风险防控体系，海关风险分类管理和精准防控等日益为中国海关所应用。不过，由此也带来了海关安全风险防治目标定位中可能存在两个极端，即安全偏执与安全缺失。前者指将任何公共议题都视为存在威胁隐患，进而将其安全化，追求一种过度安全或绝对安全，造成资源的不当浪费；后者指当出现风险苗头时，却将其视为日常公共问题，未能将本应上升为安全问题的公共问题安全化，造成安全预警相应机制启动严重滞后于安全风险事态的蔓延。[①] 因此，统筹发展与安全视角下海关安全风险防控与治理的目标定位，首先应意识到口岸国门安全风险防治追求的是一种适宜的相对安全和动态安全，应避免陷入过度安全和缺失安全的国门安全防治困境，海关安全风险防控和治理的根本目标是实现通关环境的"去安全化"——回归正常；其次才是风险不确定情境下安全风险常态化治理——将不安全状态持续控制在一种低风险状态；再次才是海关系统内外国门安全风险防控和治理机制的建立及优化。

4.3 统筹发展与安全视角下我国海关风险防控与治理现代化的路径

国门传统安全风险与非传统安全风险的相互交织、相互转化和互为诱

[①] 魏志江，卢颖琳．"偏执"与"回避"：安全化困境的形成研究［J］．世界经济与政治，2022（1）：2．

第4章 统筹发展与安全视角下海关风险防控与治理现代化

因，决定了海关风险防控与治理现代化中必须坚持系统观念，统筹治理。统筹发展与安全、统筹传统安全与非传统安全、统筹应急治理与常态化防控，是中国海关迈入发展新阶段风险挑战增多、不确定事态持久化后风险防控与治理现代化的时代命题。这里的"统筹"并非对国门传统和非传统安全风险的平均用力，而是在总体国家安全观指导下，依据不同类型风险挑战的轻重缓急，调动多方治理主体和运用多种治理手段，有重点有次序地化解困扰国门安全的风险隐患。海关风险防控与治理现代化无疑是一项系统工程，任何单一条线、单一领域、单一手段的突进，均难以充分应对传统与非传统风险相互交织的复杂局势，因此需要多方参与国门风险防控，树立国门风险防控的全局观，秉持各方协作、统筹治理的理念，对海关各监管项目整合去重、流程优化，充分应用大数据、智能科技在风险信息搜集和隐患甄别排查中的支撑作用，形成风险防控的整体合力，构建起海关风险管控整体格局，实现各类风险隐患的统筹治理、梯次治理、综合治理。[①] 具体而言，海关风险防控与治理现代化应遵循的路径有以下几方面。

4.3.1 统筹不同领域的风险应对理念，树立总体国家安全观下国门安全的全域思维、共享思维和法治思维

相比传统安全观，总体国家安全观更为系统地展现了安全问题领域、影响国家安全的因素、安全治理主体和维护安全手段的全面认识。[②] 新形势下研讨海关风险防控与治理，首要的是要树立风险防控的全局观，从整体上认识应对"十四五"期间海关面临的一系列风险挑战，避免头痛医头、脚痛医脚，避免关注某一领域的安全而忽视另一领域的危机，避免只注意到当下风险而忽视长远风险。

4.3.1.1 全域思维

一是在传统安全风险与非传统风险相互交织、互为诱因的复杂形势下，风险防控理念应超越传统意义上的口岸、国境及单一领域，树立起领

---

① 李永. 总体国家安全观视阈下提升海关风险防控能力研究 [J]. 海关与经贸研究, 2022 (3): 63-65.

② 《总体国家安全观干部读本》编委会. 总体国家安全观干部读本 [M]. 北京: 人民出版社, 2016.

域交叉、时段相依、影响交叠的全域安全思维。二是全域安全思维并非意味着国门安全治理的平均用力,相反是依据不同领域的风险挑战严重程度和社会需求程度进而梯次应对。三是形成海关风险防控"全景式研判"的自觉意识,突破海关风险防控认知的两个局限——重风险理论、轻风险技术的哲理论述与重风险技术、轻风险战略的技术迷信,实现风险防控与治理中战略和技术的平衡,认识到贸易便利与贸易安全的兼顾有赖于海关风险评估、信息共享、信用等级三大系统的建立,寻求大数据风险评估、人工智能风险识别下国门安全大战略。

4.3.1.2 共享思维

一是风险共存或不确定情境下的风险无害化处理。新形势下,海关风险防控应追求相对安全而非绝对安全,应认识到安全与风险将长期共存。相对安全意味着海关风险治理理念重心在于统筹发展与安全,立足基本国情保安全,避免不计成本地追求绝对安全,接纳国门"不再绝对安全"的新常态。海关安全履职侧重于风险挑战的无害化处理,对国门安全中的各类风险进行定性与定量分类,防止潜在风险升级,着力防范"灰犀牛"和"黑天鹅"事件。

二是不同问题领域风险治理的共建共享。传统安全风险与非传统安全风险的复合意味着海关风险防控目标的实现需统筹不同领域、不同机构的安全诉求。只追求某一领域的安全而罔顾其他领域,或只追求某一部门的安全而罔顾其他部门,难免顾此失彼。风险治理的共享思维就是要将不同场域的风险视为一个相互依赖的整体,每一场域安全的实现有赖于其他场域安全的取得,防止交叉环节、共管地带的安全隐患。

三是风险防控协同治理从"帕累托改进[①]"迈向"孔子改进[②]"。风险治理的共享思维不仅应立足于"帕累托改进"下安全负外部性的消除,更应追求不同领域、不同主体之间的共进安全。某一领域、某一部门海关风险防控状态的改善将不断产生正外部性效应,实现"己欲立而立人,己欲达而达人",使涉及国门风险防控的不同领域、不同主体之间达到命运共通、优态共存的可持续安全。

[①] 帕累托改进,又称帕累托改善,以意大利经济学家帕累托命名,指在不减少一方福利的情况下,通过改变现有的资源配置而提高另一方的福利。

[②] 孔子改进,指自我的发展与其他人的共同发展、共同进步连在一起。

4.3.1.3 法治思维

依法治国是国家治理体系和治理能力现代化的重要依托。依法维护国门安全，将传统风险与非传统风险防控纳入国家安全法治体系，让海关风险防控与治理有法可依，是新时期实现国门安全长治久安的重要保障。将法治思维纳入海关风险防控实践中，就是要将突发性风险事故纳入常态化治理的有序轨道，打破"意外灾害不可抗、意外伤亡不可免"的困局。

一是对海关风险防控进行法理层面的"大安全"界定。既涉及传统安全，也涉及非传统安全；既涉及海关单主体的通关检验检疫领域的安全，也涉及海关、边检、海事、地方政府等多主体的协同治理安全；既包括安全状态，也包括安全能力。

二是整合有关国家安全、国门安全的法律法规、规章、条例，形成海关风险治理的法律制度体系并汇编成册。这方面的法规既有以《中华人民共和国国家安全法》《中华人民共和国突发事件应对法》为代表的安全法体系，也有《中华人民共和国海关法》《中华人民共和国进出境动植物检疫法》等海关业务的专门法，还有《中华人民共和国对外贸易法》《中华人民共和国食品安全法》等涉及维护国门安全的专门规定，加上我国参与缔结的国际条约、公约中承担的维护国际安全的责任和义务，共同构成了海关风险防控与治理的法制体系。对其中不适应现实需要的地方，结合实际情况依程序予以修订，进而完善海关风险防控的法规体系。

三是在法制层面实现预防、治乱和复原的连贯。坚持预防为主，把预防、治乱、复原三者有机结合，既防患于未然，又标本兼治。法制层面的综合施策，一方面要体现出各领域安全问题专项行动与常态治理方案的协调，另一方面体现出专业人士、专门机关和普通民众、社会组织的协同治理，共同编织起海关应对风险挑战的法治网。

4.3.2 统筹不同阶段不同领域的风险挑战，筑牢海关国门安全的全时段全方位防控网

新形势下，口岸国门面临的威胁和挑战不断增多，传统与非传统威胁的多领域联动效应明显，因此必须保持清醒头脑，强化底线思维，既着力解决当下突出的问题挑战，又统筹谋划应对各种潜在的危险隐患，同时提

升"灾后"复原能力，有效预防、处置、化解口岸国门的一系列风险隐患。①

4.3.2.1 统筹纵向时段风险，构建海关风险治理的梯度防控体系

根据安全风险从"潜在隐患"向"显在威胁"转化路径，构建起危机爆发前（萌芽）—危机爆发（前期）—危机升级（加重）—危机应对—灾后恢复的海关风险治理全时段防控治理体系。危机萌芽阶段，立足于危机诱发因素的排查和清理，重点防范危机触发点、突发事件、临界点等关键节点的防控。危机爆发后，治理重心应是防止危机事态的升级蔓延，力争以最小的代价推动危机回转。危机升级后，应调动汇聚各方力量治理危机，在最短时间内使危机事件降温。危机消退后，治理重心不仅是经验教训的总结，更要注重被危机破坏状态的复原和社会民众的安抚。统筹不同阶段的安全问题挑战，就是要依据问题本身的发展脉络，采取不同的防控手段，避免危机早期的麻痹大意，危机爆发初期的仓促应付，危机升级后的病急乱投医，以及善后工作中重经验总结、轻社会安抚及"灾后"复原。

4.3.2.2 统筹横向领域风险，构建海关风险治理的全方位防控体系

海关国门安全各类风险挑战的日益增多和相互交织，意味着不同领域危机隐患、风险挑战的影响将是跨领域的，如果事先不加以防范，很可能某一领域安全危机的负面效应外溢至其他相关领域。例如，口岸公共卫生危机的爆发，挑战的不仅是社会安全、公共卫生安全，而且极大可能波及进出口通关便利、供应链的稳定等经济领域。统筹横向不同问题领域安全风险的要义，即实现不同问题领域的共同安全和普遍安全。依托信息科技、大数据分析、人工智能等新兴科技手段，首先建构起海关系统内部的风险信息搜集和风险隐患评估体系，进而拓展至海关与口岸其他部门之间的信息共享机制，以及以海关 AEO 为基础的信用管理体系。在三大体系反馈结果的基础上，统筹应对不同问题领域可能同时爆发的安全危机，使问题领域的差异转化为安全协同治理的动力。

4.3.2.3 聚焦重点环节重点领域的风险防控，统筹应对人为蓄意风险

---

① 《总体国家安全观干部读本》编委会．总体国家安全观干部读本 [M]．北京：人民出版社，2016：33-34.

第4章 统筹发展与安全视角下海关风险防控与治理现代化

挑战和非人为风险危机

甄别国门众多风险中的人为蓄意安全风险和非人为安全风险两大类型。人为蓄意安全风险特指人为或主观蓄意破坏的危机事件,非人为安全风险特指非人为蓄意造成的危机事件。尽管源头不同、治理策略不同,但人为蓄意安全风险却通常以非人为安全风险外表加以呈现,易混淆治理重点和治理策略。因此,分类处理两类安全威胁更能实现治理重心的聚焦,节省治理资源,更能取得较高水平的安全状态。海关区分和统筹应对人为蓄意和非人为两类风险挑战的要义在于:一是重点预防人为蓄意破坏的安全风险;二是做好非人力或非人为安全风险爆发后的应对准备;三是提升对非人为安全风险中可能伴生的人为蓄意安全问题的敏感性。

4.3.3 统筹多方的治理主体,汇集海关风险防控与治理的综合力

作为国家安全体系的重要一环,国门安全的保障直接关系着国家对外经贸活动、人员交流的正常展开。而国门安全的维护不仅需要国家、海关总署层面的顶层设计和宏观协调,也离不开口岸各部门、国内外海关之间的协同治理。

4.3.3.1 加强风险治理的顶层设计,强化海关系统内外风险防控履职主体的治理联动

鉴于国门风险防控多主体参与的现实,为增强各主体间风险治理的联动性,海关应积极主动与国家安全工作机制对接,将国门安全下海关统筹传统与非传统安全履职纳入国家总体安全战略体系中。根据2015年《中华人民共和国国家安全法》第四章"国家安全制度"第一节"一般规定"中第四十七条至第四十九条规定,可尝试在国家安全委员会之下组建国门安全治理委员会,实现中央与地方之间、部委之间、口岸职能机构之间、海警海关海事之间、海关与社会组织之间维护国门安全的系统联动,便于海关根据国家安全战略和对外经贸发展大局,有效推动国门安全履职在海关系统内外有机联动,汇聚起多方力量来应对复杂多变的传统与非传统安全威胁。

4.3.3.2 突出口岸风险治理,强化与地方政府的协同治理

海关风险防控履职的主要场所是口岸,国门安全的维护离不开口岸属地其他机构的配合,特别是当地政府部门与海关风险防控履职部门的协同

联动。所以在国门风险治理履职实践中，首先，海关应事先系统谋划海关风险防控所面临的传统与非传统风险类型、应对方略，明确海关与口岸其他部门的各自防控重点，与口岸属地政府签署国门风险共治备忘录。其次，与口岸属地政府定期开展国门安全风险协同治理联合行动，增强协同力；再次，在国门安全风险治理体系下，实现海关与口岸其他机构、地方政府之间就进出口贸易、进出境人员"风险评估、信息共享、信用管理"三大系统畅通交流，保证最短时间内识别风险隐患。

4.3.3.3 加强海关国际合作，构建海关风险防控与治理的国内外联动防控体系

鉴于新形势下海关国门安全面临的某些风险挑战因果链条超出国境的事实，增强海关风险治理跨国双边和多边交流合作，无疑是海关风险防控与治理现代化的重要举措。一是在WTO或WCO框架内达成一套成员方共同应对突发性公共卫生事件的行为规范，将贸易安全风险防控源头延伸至有潜在隐患的贸易便利环节，实现对安全风险的提前预判；当安全危机爆发后，给予应急物资绿色通关便利。二是在中国积极引领的双边、多边合作平台，引入统筹经贸安全治理的讨论议题，逐步构建起安全风险的全幅防控国际合作网。三是积极主动开展国家之间的海关合作，推动国家海关间达成稳定供应链、产业链的互惠协议，加大跨国信息交换和互助协查，构建海关风险域外防控治理平台。

4.3.4 统筹多类风险治理手段，打好海关应对传统风险与非传统风险的组合拳

风险治理理念、风险挑战、治理主体的多元性，意味着治理手段的多样性，因此立足基本国情，合理配置国门安全资源，统筹不同的治理手段，是海关统筹应对各类风险挑战、风险隐患的必然选择。

4.3.4.1 统筹风险防控资源的投入与产出，实现均衡安全下的海关风险治理

安全风险防控与治理是海关承担的众多职能职责中的一项。海关风险防控与治理现代化的一项要义，是要避免不计成本的追求绝对安全从而挤压其他职能职责的资源空间，甚至背上沉重的风险防控负担。统筹发展与安全下的海关安全职能履职应做到：一是用以实现国门安全的资源投入与

第4章 统筹发展与安全视角下海关风险防控与治理现代化

实现通关便利等其他目标的资源投入相平衡；二是国门安全的资源投入与国门安全效果的产出相平衡，实现从"资源投入—安全增加"的正比状态迈向"资源少投入—安全稳定"的持续安全；三是不确定领域风险治理冗余能力的合理储备，冗余的风险应对能力应聚焦于那些存在重大损失的问题领域，保证不确定的风险一旦爆发后，海关有能力短时间内平抑和控制危机冲击。

4.3.4.2　"三智"理念下提升海关风险防控的智能化水平

国门安全风险隐患的长期存续，意味着今后海关进出境监管中的风险防范、风险管控是一个长期命题。大数据、智能科技的引入，不仅增强了海关风险识别、精准防范的能力，而且潜移默化重塑着海关的风险防控体制和风险治理理念。对此，海关风险治理应充分把握"智慧海关、智能边境、智享联通"建设契机，依托科技赋能，探索风险布控与处置的实践创新，构建起大数据分析、分层分段常态监管、分门别类防控、精准识别和重点布控、追溯反馈、信息共享和跨境跨地跨部门联动的海关全链条风险治理机制。[①]

4.3.4.3　打造世界领先的动检植检卫检实验室，提升海关风险隐患识别能力

风险防控有效、精准的前提在于风险隐患的及时捕捉。打造世界领先水平的动检植检卫检实验室，主要针对的是海关检验检疫环节的安全风险治理现代化。以公共卫生风险、外来生物入侵为代表的非传统安全威胁的治理离不开相应行业、专业领域的科技手段，精准识别危机隐患及风险溯源，亦有赖于与风险变异同步的一流科研设备。为此，一方面要加大海关风险防控领域的资金、设备、人才投入，建设世界领先水平的公共卫生安全硬件系统，打造一支理想信念坚定、专业素养过硬的公共卫生国门卫士；另一方面还要避免海关大包大揽，主动引入高校、科研机构、企业和社会组织力量，构建"海关—高校（科研机构）—企业（社会组织）"三者联通联动机制。

[①]　李清华．以"三智"建设提升边境海关国门安全防控治理能力的路径探索[J]．海关与经贸研究，2022（1）：49-55．

4.3.4.4　加强风险治理理论研究与实践技能，助力海关风险防控治理手段的现代化

对海关风险防控履职而言，总体国家安全观指导下统筹发展与安全、统筹传统安全与非传统安全无疑是一项全新的课题。长期以来，中国海关较为重视海关风险防控技能的提升和防控经验的总结，对风险防控与治理的学理理论研究尚存在较大的提升空间。在海关国门安全治理体系全面融入国家总体安全战略布局的大背景下，海关风险防控、风险治理的理论研究也应紧跟国家安全学研究步伐，实现海关综合治理传统安全风险与非传统安全风险的系统性和持续性。具体举措有：一是各大高校、研究中心聚焦海关风险治理理论依据和统筹治理中"两难问题"的系统研究，属地海关结合口岸国门面临的一系列威胁挑战针对性地进行问题应对技能的研究。二是各大高校、科研机构、海关机构就口岸国门风险治理形成长效合作机制，由海关为各大高校、科研机构提供新鲜丰富的研究素材，高校、科研机构则通过对"两难问题"治理的翔实研究，为海关应对国门风险提供智力支持。

第 5 章　统筹发展与安全视角下海关通关监管治理现代化

5.1　我国海关通关监管的现状与挑战

5.1.1　我国海关通关监管的现状

海关通关监管是伴随着通关需要而存在的。在国际贸易术语中，通关一般是指进出境运输工具负责人、进出口货物的收发货人、物品的所有人或其代理人向海关申请办理运输工具、货物、物品的进出境手续，由海关对其提交的单证和运输工具、货物、物品依法进行审核、查验、征收税费、放行的全部过程。与之相对应，通关监管则是海关依法对进出境的运输工具、货物、物品进行实际的审核查验，即通过报关注册登记、接受申报报关、审核单证、查验放行、后续管理、违规处置等一系列管理制度和程序，确保国家关于运输工具、货物和物品进出境的各项法律规定得以贯彻执行。

海关作为国家进出境监督管理机关，其传统职能主要包括监管、征税、缉私和统计。其中监管依据时间环节，可划分为前期监管、现场监管和后续监管。前期监管侧重对企业的资质认定和风险预警；现场监管又称通关监管，侧重对进出口货物的物流监控、通关查验和实物放行；后续监管则更侧重于对企业的稽查，三个环节依托风险管理串联成一条完整的监管链条。[1][2]

对进出境货物、物品的监督和管理，是海关通关监管工作的重要

---

[1] 杨梦洁. 风险管理视角下海关通关监管研究——以石家庄海关为例 [D]. 河北经贸大学, 2019.

[2] 郭永泉. 海关监管与通关管理的定位及趋势 [J]. 港口经济, 2016 (12).

统筹发展与安全视角下海关治理现代化研究

组成部分。① 在实施监管的过程中,海关要执行或监督执行国家其他对外贸易管理法规,贯彻实施国家对外贸易管制政策及其各项管理制度,如进出口货物许可管理,配额管理,食品卫生检疫,动植物检疫,进出口商品检验检疫,药品检疫,文物管理,濒危物种管理,金银管制,外汇管理,知识产权保护,对民用枪支弹药、无线电器材、通信设备、音像制品、印刷品的进出境管理,以及《中华人民共和国对外贸易法》《中华人民共和国专利法》等适用于海关执行的 50 多项法律、法规。海关通关监管主要包括海关货运监管和海关行邮物品监管。货运监管是指海关依据《中华人民共和国海关法》及其他有关法律法规,对运输工具和货物的进出境活动采取的行政执法行动,由海关履行对货物的口岸检验检疫和通关监管的权力,主要办理即时性通关验核手续,按照布控指令或现场即决判断实施口岸公共卫生检疫、动植物检验检疫、食品安全管理、查验验估验证、抽采样及鉴定合格评定、疫情专业处置、拟证签证验放等现场执法任务。行邮物品监管则主要包括申报、查验、放行。其中进出境旅客在向海关办理申报手续时,填写《进出境旅客行李物品申报单》,选择申报通道主动向海关申报,海关凭以办理验核、征税、免税、退运、放行等手续。依法无须向海关办理申报手续的旅客,可选择无申报通道过关。而邮寄进出境的邮件,一般由境内收件人或寄件人到驻邮局的海关部门办理申报手续,或由邮局代收、寄件人向海关办理报关手续。②③

20 世纪 90 年代以来,随着国际贸易与经济全球化飞速发展,尤其是中国加入 WTO 之后,我国进出口业务量成倍增加,海关有限的监管资源与日益繁重的监管任务间的矛盾也随之日益加剧。复杂多变的国内外经济环境和急剧变化的经济形势,对海关执法水平和行政能力提出了前所未有

---

① 《海关法》中所指的"物品"包括行李物品、邮递物品及其他物品。行李物品主要指旅客为其进出境旅行或者居留的需要而携带进出境的个人物品和其他物品;邮递物品主要指通过邮政企业寄递进出境的个人物品和其他物品。进出境物品涵盖的范围还包括外国驻华使领馆公用物品、各类常驻机构及人员进出境的公用物品及法律法规允许的非商业目的进出境的各类物品等。

② 周杨. 我国海关货物通关监管政策研究——以上海 D 海关为例[D]. 上海财经大学,2020.

③ 韦向宇. 中国海关现场通关监管方式的创新研究——以 H 海关为例[D]. 华南理工大学,2017.

第5章　统筹发展与安全视角下海关通关监管治理现代化

的挑战。传统海关业务管理机制和作业模式暴露出重物轻人、效能低下、实际监管薄弱等许多弊端，已不能适应形势的需要。为了顺应时代的发展，我国海关围绕服务国家对外开放、促进经济贸易发展，主要从三大方面入手全力推进通关监管改革：一是围绕提高海关通关单证处理速度，大力推动通关作业方式和手续的简化和无纸化；二是围绕落实"由企及物"理念，依据企业资信状况实施差别化管理，全面推开分类通关改革；三是围绕破解按行政区划设置海关带来的关区间通关壁垒和物流不畅的难题，不断推进跨关区通关作业模式的改革。①② 例如，2001年将通关作业模式改革作为突破口，探索推进无纸化通关；2009年开始实行大监管体系建设，以分类通关改革为总抓手；2014年启动实施京津冀海关区域通关一体化改革；2017年后全面推开全国通关一体化改革，并建立两级风险防控中心和若干税收征管中心；2018年出入境检验检疫管理职责和队伍整体划入海关后，我国海关通关监管环节也相应调整变化。全面整合海关、检验检疫行政审批项目，实行"单一窗口"对外办公。

梳理我国海关这些年在通关监管方面的改革历程，重点主要围绕以下四方面的方向和内容开展：③④⑤⑥

1. 基于电子政务的无纸化通关

2012年启动无纸化试点并逐步推开，运用信息化技术改变海关验核进出口企业递交纸质报关单及随附单证办理通关手续的做法，简化现场关员对纸质单证的签章、审批等手续，企业足不出户就可以完成报关手续，节省纸质单证的打印、快递和保存成本，以及报关企业人员往返海关费用。同时加快推进监管证件联网核查，简化报关单随附单证，优化完善舱单、

---

① 郭永泉．海关监管与通关管理的定位及趋势［J］．港口经济，2016（12）．
② 李芳蕊．基于风险管理视角下的海关通关监管研究——以济南海关为例［D］．山东师范大学，2021．
③ 杨梦洁．风险管理视角下海关通关监管研究——以石家庄海关为例［D］．河北经贸大学，2019．
④ 高扬．科技兴关打造"便捷通关立体监管"改革强关力促稳外贸稳外资提质增效——访广州海关关长谢松［J］．中国海关，2020（10）．
⑤ 王少川．落实智慧监管优化通关环境［J］．中国检验检疫，2019（3）．
⑥ 陈雷等．海运口岸24小时进出境通关监管智能化研究——以黄埔港为例［J］．中国标准化，2021（23）．

运输工具等作业系统和风险分析系统功能，实现海关与监管场所的数据联网、通关管理H2018系统和特殊监管区域辅助管理平台的互联互通以及智能卡口信息的电子自动比对、放行。

2. 基于执法统一的一体化通关

推出"属地申报，口岸验放"跨关区通关作业模式，高资信企业可以先在属地海关完成报关、纳税手续，然后到口岸海关办理货物查验放行手续，它首次将属地海关和口岸海关通关作业连接起来，通过海关间合作为企业共同提供一条跨关区报关、纳税的便捷通关通道。随后，推出"属地申报，属地放行"的区域通关模式并逐步扩大适用范围，赋予属地海关直接放行口岸海关监管货物的权力，由属地海关直接完成审单、征税、放行的全部海关手续，口岸海关只负责货物在口岸的物流监管，使得高资信企业的低风险货物（不须查验货物）可以一次性在属地海关完成报关、征税、放行的全部海关手续后，直接到口岸监管场所提取货物。

3. 基于安全准入的两步申报通关

根据此模式，相关企业不再需要一次性填报所有申报项目，可分为概要申报及完整申报两步分别进行申报。对于不涉及进口禁限管制、检验或检疫的货物，企业只需申报9个项目，确认2个物流项目；对于涉及进口禁限管制或检验检疫的，分别增加申报2个或5个项目；应税的须选择符合要求的担保备案编号。如果货物不需查验，即可提离；涉税货物已经提交税款担保的，或需查验货物海关已完成查验的，也可以提离。随后，在运输工具申报进境后14日内完成完整申报，补交海关征税、统计等所需要的全部申报信息和相关单证，并按相关规定及时缴纳货物税款。

4. 基于"双随机"的智能查验通关

在"随机布控""随机派单"的同时，实行查验机制改革并运用智能查验设备，搭建查验货物通关高速通道。① 通过短信服务，通关企业可及时获知货物的查验信息和实时状况，缩短了中间环节；查验人员应用移动查验单兵设备，在现场直接书写查验记录、查验结果和查验照片直接上传海关查验系统，实现查验后续工作与查验工作同步完成。

5.1.2 我国海关通关监管面临的挑战

5.1.2.1 通关效率与企业实际期望尚有一定差距

在现有通关一体化框架下，大量海关通关业务需要跨直属海关或隶属海关的协调配合，但目前尚未形成成熟的协调配合机制，整体通关效率仍有提升空间。如在属地型海关实际实行查验业务时，查验人员遇到无法自行解决的问题，有时需要通过联系单的方式，向多个部门进行请示沟通解决，耗时较长。此外，在口岸的各管理部门执法合作受制于各自垂直管理体制和行业性政策法规的局限，虽签署了合作备忘录，但往往缺乏具体的执行机制和实施措施，海关尚缺乏与市场监管、环保、消费者保护协会、地方商委、安监等有关部门之间信息交换的渠道，存在信息壁垒、权限障碍等问题，距离真正实现全方位"信息互换、监管互认、执法互助"长效体制仍任重道远。

5.1.2.2 专业人才配置未能完全满足业务需求

原检验检疫业务往往具有较强的专业性，因此在海关机构改革前，涉及机电产品检验、轻纺产品检验、食品检验、危险货物及包装检验、动植物及其产品检验检疫、卫生检疫等执法岗位，在招录人员时均限定了特定专业。海关机构改革后，由于不再专门根据业务类别设定科室，而是以"前道、中道、后道"分离的原则划分不同部门，导致专业人才配置相对分散，出现人才结构性紧缺的现象。同时，从接单和审单环节来看，业务整合后审核事项繁多，要求接单岗位人员在原有通关业务能力基础上，同

---

① "随机布控""随机派单"即"双随机"，是指针对进出口报关单，海关在风险分析的基础上，按照明确的业务标准和规范的操作程序，由计算机自动选定需要查验的报关单，并交由现场实施查验。针对随机选择布控确定的高风险报关单，由计算机根据查验人员在岗情况以及查验场地和工作量等情况，随机选派关员实施查验作业。查验发现问题的，由查验人员按照操作规范移交相关部门处理；查验正常的，查验人员通过计算机系统反馈查验结果，决定是否放行。

时再具备动植物检疫、卫生检疫、食品检疫及危险化学品监管等非常专业的业务知识，然而相应专业人才在实践中的总体供给相对不足，积累培养则需要耗费较长的时间。

5.1.2.3 部分改革措施未得到有效落实制约功能发挥

例如，在提前申报方面，由于提前申报相对压缩了企业资料准备和报关操作时间，容易造成申报差错，很多企业担心增加违规风险，故而提前申报的积极性实际并不高。再如，"自缴自报""归类遵循先例"等具体改革项目的法律责任还没有同步进行明确，企业由于不清楚实际责任，对于参与相关改革试点往往存在顾虑。此外，在出口属地查验与云签发业务改革措施出台后，由于检验检疫拟证出证环节现阶段仍然是按照2009年颁布的《出入境检验检疫签证管理办法》执行，需要经过拟证、核签、收单、复审、缮制、签发和归档等七个环节，且检验部门和检务部门实行交叉负责，遇到单证修撤则需要两个部门共同审核同意，业务流程不够简便，影响了改革成效和企业体验。

5.1.2.4 执法环境整体复杂严峻，有待进步改善

部分企业对于海关信用管理的相关政策也不够了解，缺少文明守法、诚信经营的意识。社会自我管理机制发育也比较缓慢，各行业协会和中介组织的发展模式、正规程度和技术能力较为有限，难以真正发挥协助海关管理的作用。这些都造成了海关实施"诚信守法便利，失信违法惩戒"措施的外部环境不够理想。

5.2 统筹发展与安全视角下海关通关监管治理现代化的目标定位

5.2.1 我国海关目前通关监管的基本特点

目标是一个组织得以形成并有效运转的基本要素，其定位准确和合理与否，对组织的发展有着关键性的影响。开放系统中组织目标的确定是一个复杂的过程，需要综合考量内外环境条件等多方面因素予以确定并动态调整，海关通关监管治理现代化的目标定位也是如此。

如前所述，对于进出境的运输工具、货物和物品进行监管是《中华人民共和国海关法》赋予的神圣职责，是海关为国把关的立身之本。同时，

第 5 章　统筹发展与安全视角下海关通关监管治理现代化

海关对进出境运输工具、货物和物品的实际监管也是完成征税、统计、打私等工作的基础和保障，是确保国家税收政策和有关法律、法规的贯彻实施的重要手段。作为国家对进出口活动各项行政管理的最后审查机关，海关应当在进出境环节维护国家与社会在政治、经济、文化道德、公众健康等方面的根本利益。如前所述，监管是海关四大基本职能之一，并且是其中最核心、最基本的职能，是海关全部执法管理工作的基础，其他职能或任务可以说都是由监管派生而来的。而作为监管职能在进出境现场环节的体现，通关监管是海关对进出境运输工具、货物、物品的实际监管，它奠定海关业务管理的基础，也是海关服务外贸经济、促进贸易便利化的窗口。它通过承担各类进出境货物物品的实际监管任务，在维护国家政治、经济、社会安全及稳定，反恐防控，"扫黄打非"，知识产权保护，打击走私，以及对大型国际会议、会展、体育赛事提供随附物品的通关服务等方面发挥重要作用。做好通关监管工作，对贯彻海关工作方针，推进新时代现代化海关建设，履行《中华人民共和国海关法》赋予海关的职责，全面落实海关各项工作任务，有效支持与深度参与中国式现代化，具有十分重要的意义。

从整体来看，我国海关目前的通关监管呈现以下特点：[1][2]

其一，监管方式隐性化。随着"一次申报、分步处置"全面推广，对现有作业流程进行重构，安全准入手续和税收征管手续都被压缩在口岸通关的狭小时空，货物在口岸滞留时间过长和海关内部管理"中梗阻"等现象得到改变。对于大多数进出口企业特别是 AEO 企业来说，在通关过程中越来越感觉不到属地海关的存在。[3]

其二，监管层级扁平化。风险防控中心和税收征管中心的建设，优化了三级事权管理模式，使海关总署、直属海关、隶属海关在决策指挥、运

---

[1] 杨梦洁. 风险管理视角下海关通关监管研究——以石家庄海关为例 [D]. 河北经贸大学，2019.

[2] 李芳蕊. 基于风险管理视角下的海关通关监管研究——以济南海关为例 [D]. 山东师范大学，2021.

[3] 与口岸海关侧重于现场实际监管不同，属地海关侧重于后续监管和属地企业管理。在"前期通得快，后期管得住"的理念下，属地海关的监管任务更加繁重，监管方式也将更加多样。

行监控、执行反馈等方面事权划分更加科学，减少了管理的中间环节。同时，随着智能化海关、智慧型海关建设不断深入，使海关管理幅度不断加大，属地海关税收征管等业务职能管理将相对弱化，进一步推动了扁平化管理。

其三，监管结构立体化。经全国海关通关一体化改革，海关风险防控已全面进入"全国一盘棋"局面，风险防控整体性要求越发突出。围绕风险管理，各部门与风险防控中心和税收征管中心一道，以"中心—现场"为主轴，两级风险防控中心上下联动、合理分工、错位配置、相互补位，形成"全国一盘棋"，分别从管理对象风险和业务操作风险角度，初步形成了立体式通关监管体系。

其四，监管手段智能化。在经济全球化和区域经济一体化的带动下，国际贸易规模持续增长，监管业务量居高不下，再加上新型贸易模式不断涌现，跨境电商和市场采购贸易兴起，传统监管手段面临巨大压力，包括大型集装箱检测系统、移动单兵查验设备、无人机等各种先进设备和信息技术在我国海关得以研发和广泛使用，同时借助在大通关建设中的牵头优势，依托风险防控中心，已初步形成常态化的联合研判和信息共享机制，致力于深入推动口岸安全联防联控。

需要强调指出的是，监管是海关基础性、全局性的工作，但不能只把监管简单理解为查验、物流监控等具体过程，将监管游离海关全局自成一体，或者与海关工作大局割裂开来。应当站在全面履行海关职责、保障国门安全与国家利益的高度，将监管置于进出境监督管理链条中去思考、去创新、去改进、去优化。海关通关监管直面货物及其流通过程，是信息流和货物流的集合环节，是海关监管的核心部分，而海关监管又是海关业务的基础，因此海关通关监管"牵一发动全身"，管得好能起到全盘皆活的效果。海关的通关监管职能本质上属于一种政府部门行政管理职能，由海关按照《中华人民共和国海关法》《中华人民共和国国境卫生检疫法》等相关法律要求对进出口经济活动开展监督与管理。海关通关监管在形式上是与"物"打交道，事实上是通过对"物"的监管，来确认当事人进出境活动以及进出口企业经营活动是否符合法律规范和海关监管要求。《中华人民共和国海关法》中有许多监管规定，如要求进出境活动的当事人如实申报、交验单证、接受查验、缴纳税费等，都是对进出境活动当事人行为做出的规范。因此，海关监管的对象不仅仅是进出关境的"物"，还包括当事人对这些"物"的相关行为。通关监管是海关工作的"基石"、"先导"和"依托"，在海关工作中有着基础性和全局性作用。因此，海关监管不是各项监管工作的简单叠加或延伸，而是以形成各业务环节紧密衔接、相互支持、相互协作的整体为内在需求，以激发"核聚变"的方式，实现监管效能的全面提升。

5.2.2 我国海关通关监管治理现代化目标定位的原则与要求

面对当前国内外新形势、新变化、新机遇、新挑战，中国海关需要进一步树立现代化通关监管理念，不断创新监管方式，通过多种路径构建和完善适应社会主义现代化新海关发展的通关监管体制机制，科学统筹并有效落实发展与安全。对标中国式现代化的要求，我国海关通关监管治理现代化目标定位的总体原则可以确定如下：

其一，破除障碍、挖掘潜力。坚持问题导向与目标导向相统一，切实突破海关发展体制机制阻碍，持续深化理念、制度、模式等创新，激发新动能、新活力。

其二，优化服务、加强合作。正确处理行政单位执法和外贸发展之间的关系，围绕新时代、新海关的职能定位，进一步加强监督、优化服务、加强国际合作，不断优化跨国交易的营商环境。

其三，精准施策、科技支撑。区分检疫与检验、口岸与属地、一般与特殊等，优化资源配置，强化科技支撑，依托大数据等新技术，提升监管集约化、智能化水平。[①]

以上原则体现的内在要求表现如下。

一是推进精准监管。提高监管针对性，由传统"全方位监管"向"管少、管精、管好"的精准监管转变，进一步减少无效监管、低效监管，精准发力、精确打击。

二是强化分类管控。提升监管有效性，从战略层面发挥风险管理分类防控、统筹协调监管资源的作用，将风险管理在广度上延伸到货物、行邮、跨境电商等各领域，在内涵上涵盖政治、经济、文化、生态安全等多

---

① 赵伟超. 厦门口岸进口货物通关流程再造研究［D］. 上海海关学院，2022.

要素，建立可量化、可追溯的风险评价标准。

三是倡导顺势监管。提升监管应变性，根据进出境货物物流规律，对通关监管的流程、系统、方式、工具等进行整体科学设计，并将监管工具和手段嵌入物流过程，以"不中断"物流为宗旨，顺应物流走势对进出监管区的货物实施科学监管。

四是深化科技赋能。以大数据为支撑构建移动监管模式，打破关区界限，打造全国统一的交互式智能化、人性化操作平台，实现全程可追溯，全域可比较，实时可查询、可互动，纳入风险、诚信评估，清晰记录运输工具运送的货物、路线、人员、单位、报关单等信息，在确保监管有效性的同时让企业选择任意口岸报关以及选择提货地点和提货方式真正成为可能。

五是彰显有限责任。海关担负守护国门安全的重任，但不应该成为进出口商品质量的责任主体，大量的法检商品影响海关工作效能。应当有限参与进口商品质量管理，对涉及国民健康、安全、卫生以及环保的重点进口货物加强质量管理，其他商品仅负责单证验核，必要时才验证货物品质、质量是否单货相符。①②③

5.2.3 我国海关通关监管治理现代化的目标定位

根据以上分析，我国海关通关监管治理现代化的目标定位可以分别从宏观层面的战略目标和业务层面的运行目标进行提炼梳理。

5.2.3.1 宏观层面

实现严密监管与高效运作相结合，"通得快"又"管得住"。海关通关监管工作既要解决当前问题，更要放眼海关未来发展；既要将监管优势"兵力"投放到重点通关环节，更要引导监管资源向基础性和利长远的领域转变。通过改革现有的通关作业模式，带动海关在管理理念、方式、方法、手段、技术、资源配置等各个方面的调整，从而实现全过程综合有效监管。

---

① 赵伟超. 厦门口岸进口货物通关流程再造研究［D］. 上海海关学院, 2022.

② 杨梦洁. 风险管理视角下海关通关监管研究——以石家庄海关为例［D］. 河北经贸大学, 2019.

③ 林炎君. 拱北海关通关便利化模式创新研究［D］. 哈尔滨工业大学, 2020.

第5章 统筹发展与安全视角下海关通关监管治理现代化

守卫国门安全、把控税收风险，是以习近平新时代中国特色社会主义思想为指引，切实肩负起新时代海关新使命的重要体现。在实现对外贸易"升级版"的过程中，党和国家对海关的期望和要求更高。随着检验检疫职能的融入，需要将海关历来以税收为重的职能重心转变到安全准入上来，通过积极转变思路，切实承担好维护国家安全、社会安全和人民安全等党和国家赋予海关的使命。要强化安全职能定位，通过顶层设计，自上而下快速推进，建立分工明确、运转高效的风险防控机制，不断提高保卫国门安全的履职能力。同时，推动建立有效的协调合作机制，实现与口岸管理部门"信息互换、监管互认、执法互助、安全互保"，实现与地方政府及各相关行业共同承担守卫国门安全的重任。在口岸一线牢牢把控国门安全这一主线，将税收职能后移。在全国通关一体化改革中既"退灶减兵"又精准监管。让通关监管不仅仅是查获案件，还对走私行为形成巨大威慑，从而发挥对于较高通关效率的保障作用，既要"通得快"，又要"管得住"，逐步形成领先的、在国际上最具竞争力的海关监管体系与机制，在确保贸易安全的基础上达到贸易便利的目标，真正为开放型经济高质量发展保驾护航。

5.2.3.2 业务层面

具体到海关通关监管的工作实践，应当使进出口货物申报程序更加清晰，手续更加简单，通关过程可预期。构建涵盖全方位、管控精细化的风险管理体系，打造边界清晰、衔接有序的监管作业机制，划分科学合理、工作协调的通关管理责任体系，逐步建立符合新时代发展趋势、适应新职能需求的业务监管机制与管理体系。[①]

其一，以深化改革、转变职能、规范权力、明晰职责为重点，对外再造海关作业流程，开发应用最新信息技术，同时有针对性地执法，减少不必要的干预，为企业提供通关便利，降低通关成本；对内合理配置监管资源，完善业务环节，形成各相关部门职责明晰、协同配合、紧密连接、有序运行的通关监管先进运行机制。

其二，以分类通关为载体，完善差别化海关作业制度，将高级认证企业、一般认证生产型企业等高信用企业的监管责任从通关过程中分离，明

---

① 赵伟超. 厦门口岸进口货物通关流程再造研究 [D]. 上海海关学院，2022.

确由企业稽查部门承担。深化分类通关改革，优化海关各项便利措施和严管措施，并加以合理配置，形成适用不同信用等级企业的海关管理"组合拳"，发挥差别化管理的聚集效应。

其三，以客户导向管理为基础，全面落实"由企及物"理念，充分体现"守法便利、违法惩戒"原则，积极推进合作伙伴关系战略，主动参与国家社会诚信体系建设，强化与其他管理部门的信息共享，建立和完善企业信用管理体系。

其四，以业务指挥中心建设为纽带，依托海关大情报体系支撑，实现海关风险管理与情报先导战略的融合，通过建立集约化、专业化、智能化的风险和情报分析研判机制，统一处置渠道，加强业务运行指挥与协调。同时积极融入国家大情报体系建设，进一步加强海关执法合作和行政互助，提高海关通关监管的针对性和有效性。

其五，以国际海关先进管理经验为借鉴，有效实现海关管理的"前推后移"，进一步拓展监管时空。通过不同海关之间以及事前、事中、事后监管力量错位分工和联动互补，有效"前推"到"监管互认、执法互助、信息互换"（简称"3M"）的国际海关合作，科学"后移"到国内市场与企业稽查，借助国内外管理资源，全面履行海关的关境保护职能。

5.3 统筹发展与安全视角下我国进出境通关监管治理现代化的路径

5.3.1 制度规范

5.3.1.1 完善法律法规制度

截至 2020 年，海关共有 27 大类 116 项执法事权，对应包括行政处罚、检验检疫、审单查验、审价归类、企业监管、后续稽查等在内的 379 个执法行为。建议加快修订《中华人民共和国海关法》或出台进出口贸易管制等相关法律法规，健全海关法律法规体系，尽快将关检融合中存在问题较多的法规制度加以完善，确保海关执法的合法性与合规性。[①] 通过制度规

---

① 周杨. 我国海关货物通关监管政策研究——以上海 D 海关为例［D］. 上海财经大学，2020.

第5章 统筹发展与安全视角下海关通关监管治理现代化

范厘清职能管理和执行管理边界，强化信用监管基础地位，研究建立维护现场海关执法权威的工作机制。进一步梳理通关一体化改革中有关责任的执法主体，以及执法权归属等方面的法律法规，并对具体执法行为的构成条件进行明确。①② 以良法促进发展、保障善治，以法治保障关员权利、规范海关执法工作，培养海关关员依法办事、依制度办事、依规矩办事、依程序办事的习惯。

5.3.1.2 健全信息共享机制

参照国家信息资源相关标准，统一标准、统筹建设，开展风险信息的采集、存储、交换和共享工作，应坚持"共享是常态，不共享是例外"，实现海关内外部碎片化风险信息统筹整合、互联互通，为参数加工提供"源头活水"。按照"谁提供、谁负责"的原则开展业务信息校核，提供部门应及时维护和更新信息，保障数据的完整性、准确性、时效性和可用性。推进电子政务信息资源共享，对"单一窗口"的组织机构进行授权，明确共建单位的权利与义务，解决网络化信息公开的操作问题，提高政府的透明度，便利政府与公民的沟通，加大推动"单一窗口"建设的力度。

5.3.1.3 深化考核激励机制

改革考核指标体系，引导全国海关执法工作落实"质量第一、效益优先"，从"税收导向"向"监管导向"转变。在队伍考核上，加快建设完善可行的考核考评体系，将平时动态评估、专项工作考评、年度阶段性考核有机融合，通过考核考评有效反映各级干部的工作状态。将风险信息工作纳入重点考核，对于报送高价值信息多、参数转化效能好、产生重大效益的信息提供部门和个人给予激励。

5.3.1.4 强化监督约束机制

推行现场查验"阳光作业"，探索依托"互联网+海关"、中国电子口岸、网上办事大厅等，向企业发送海关查验通知、预约查验信息，对外公开查验作业程序、重点环节时间节点、作业结果等，根据管理相对人申请适度公开查验作业过程，实施海关查验"阳光作业"，强化海关外部监督，并进一步提高查验作业各环节效率，方便企业。

---

① 刘永明. 兰州海关通关效率提升对策研究［D］. 兰州大学，2021.
② 周杨. 我国海关货物通关监管政策研究——以上海D海关为例［D］. 上海财经大学，2020.

5.3.1.5 优化运行管理制度

将审单改单业务探索由直属海关审单中心全面下放至隶属海关，由隶属海关综合科室承担本关的审单改单业务。在舱单申报制度方面，进一步规范载货运输工具申报内容，严格落实承运责任人的责任与义务，明确运输工具负责人、货代等进行舱单申报人员的申报义务和司法责任，细化有关运输工具和舱单申报的相关处罚程序和规范。再如在海关担保制度方面，适度放开担保主体限制，推广使用企业信用担保、集团财务公司担保等方式。对符合条件的海关 AEO 企业，在正常情况下免除税款担保。[①]

5.3.2 手段方法

5.3.2.1 推进监管集成

构建集信息资源、专家智慧、监控手段、指挥协调于一体的集成监管机制，发挥监管的集成效能，变过去"单科分别诊治"为"专家集中会诊"，着力解决监管质量管控中存在的观察问题维度单一、时间滞后的问题，通过管控能力的"一体化"，探索"多单兵、一复核"机制，减少因多层审批造成的效能损耗。对海关查验现场，也可以根据设置前置作业、通用类监管作业和专业类监管作业进行整合，统一查验作业场所的设置标准以及管理模式。[②]

5.3.2.2 嵌合监管链条

发挥风险部门信息汇集、研判和科技优势，通过技术手段联通港务作业系统、监管场所卡口等系统，将监管场所内货物实际物流转化为信息流，并整合梳理舱单信息、检验检疫监管方面的装运前检验信息、国外供货商准入信息情况等物流链前端信息，推送至海关通关作业系统、查验管理系统，全面监控未放行货物的舱单、通关、堆存位置和实际状态等敏感信息；将这些信息以风险提示的方式发布，为税管中心事中审核和监管现场验估作业提供有效辅助，提升海关监管的信息化水平。

---

① 何纯点. 机构改革背景下货物通关流程优化研究——以深圳 W 海关为例 [D]. 深圳大学, 2020.

② 狄萌. 石家庄海关进口货物通关监管流程再造研究——基于检验检疫职责划入背景 [D]. 河北经贸大学, 2020.

第5章　统筹发展与安全视角下海关通关监管治理现代化

5.3.2.3　优化布控方法

促进随机抽取方式、抽查规范、抽取比例的科学化，突出情报的靶向功能，做到对问题货物的精确锁定。充分运用外部数据，对国际货物、运输、情报等方面进行综合分析，不断强化布控的精准率和有效性。对失信企业的关联企业贸易状况开展分析摸排，针对关联度较强企业实施重点布控查验；重点聚焦安全准入查获率和大案要案的布控查发，逐步提高布控查获质量。加强人工分析技能和分析工具培训学习，深挖大数据应用潜力，探索引进第三方技术资源，利用人工智能建设风险布控模型，提高风险分析布控的智能化水平。

5.3.2.4　深化差别化管理

突出企业信用登记在安全准入、税收征管风险参数中的所占比重，对AEO企业落实优先通关，快速放行，减少布控查验率降至1%以下，使之远低于一般信用企业，有效减少AEO企业的通关时间和成本，使其充分享受到快速通关和"守法便利"。对失信企业提高其布控查验率，将布控查验率提高至90%，使其处处受限、寸步难行，真正做到"违法惩戒"。

5.3.2.5　推广税收征管改革

扩大宣传力度和实施范围，对符合条件的进出口企业切实推行"先进口后征税""先放后税，汇总缴税"政策，对在一个月内多次进口货物应纳税款于下个月实施汇总计征，逐步改变海关传统的"先税后放、逐票审核"的征管模式，有效压缩进出口企业在口岸提离货物的时间，进一步降低企业通关成本。同时，简化报关单随附单证，同步研究报关单随附单证格式化电子传输实现方式，进一步简化企业通关流程，提高通关便利化。

5.3.3　流程环节

5.3.3.1　落实"选查分离"和"查处分离"

选择查验由风险防控中心负责，即业务现场将布控指令直接细化为查验指令下达至查验部门，列出具体风险点，明确查验要素、掏箱区域、开拆比例、核对商品项等具体作业要求，生成标准化的"作业清单"推送到系统查验模块。现场查验部门按"作业清单"实施查验，实时记录查验过程并将查验结果及时反馈布控部门，实现布控和查验的无缝对接。同时，全面取消业务现场查验部门的后续处置职能。业务现场查验关员完成查验作业并录入查验记录后，查验无异常的转布控部门处置，发现异常的由业务现场综合业务机构负责查验处理结果录入及查验异常情况的移交等后续处置工作。

5.3.3.2 调整布控规则，探索分区卸货

通过优化完善的布控数据来源和布控规则，实现货物抵港前布控。对实行提前申报的进口货物在卸货环节将查验/不查验的集装箱实施分流处理，货物抵港后，判断是否需要查验，如不查验，可以选择船边直提或在非查验区卸货。此项措施可有效避免两类货物混垛，从而减少实施口岸查验环节需要再次定位、移位的港务作业。[①]

5.3.3.3 改革口岸放行制度，推动查验分流通关

截至 2022 年年底，进口货物检查权涉及的现场作业要求共计 436 种，其中须在口岸放行前实施的 116 种，占比 26.6%，可在口岸放行后实施的 320 种，占比 73.4%。将口岸查验与目的地查验分流，可以有效减轻口岸货物大量堆积、海关人员工作量过大的问题，促进货物快速转运，及时查验，提高通关效率。若进出口货物涉及国门安全，货物必须在口岸查检完成后方可放行；若进出口货物仅涉及质量等非安全的风险，则可以在口岸直接放行，待运至目的地再进行后续工作。[②]

5.3.4 技术设备

5.3.4.1 推动建设大数据云平台

通过关企合作，拓展供应链数据的获取，不断完善贸易流、物流、资金流等相关信息，着重加强对企业主体、物流、货品等信息的收集整理；应用大数据云平台，开发信息采集功能模块，自动采集查验记录、舱单、报关单、案件查获情况等关键信息。深度融合关检业务系统，将 H2018 通关系统、e-CIQ 主干系统等真正整合成新一代海关信息系统，尽快实现全面自动化，各类数据信息在云平台上形成大数据池，并通过一定的机制与其他行政机关、银行等部门进行共享，通过对这些数据信息的分析研判，挖掘其潜在风险点，从而提供针对性的监管措施。推进各类监管证件在海

---

① 赵伟超. 厦门口岸进口货物通关流程再造研究 [D]. 上海海关学院，2022.
② 赵伟超. 厦门口岸进口货物通关流程再造研究 [D]. 上海海关学院，2022.

第5章　统筹发展与安全视角下海关通关监管治理现代化

关通关环节实现联网核查，完善和优化联网核查管理。对于简化后仍需要多系统操作的作业流程，允许在关员身份认证基础上设置一键许可登录多系统，并在系统作业中自动跳转，以节省关员在系统中来回切换的时间。①

5.3.4.2　探索建设云脑智库中心

在海关大数据池的基础上分别以企业、商品为中心构建企业大数据库和商品大数据库，建设云脑智库中心，用以支持风险防控中心和税收征管中心的实体运转。通过智库中心汇集基础信息、行为特征、信用评估等多重信息，利用大数据的流计算技术，将实时通关信息反馈至智库中心进行特征比对和风险分析，由税收征管中心判断是否先放后税，还是担保放行或税款计征要素核查，风险防控中心判断产生相应的查验、稽查、缉私等指令。探索区块链技术，解决跨境贸易和监管合作的互信问题。为企业、商品精确画像，识别"不良"企业和"影子商品"，提高后续监管效能。②

5.3.4.3　推广移动查验单兵作业系统

积极推进查验可视化录证建设，将查验作业的相关具体要求嵌入作业过程，强化对货物摆放、掏箱和核对等情况的拍照录证和留存；根据海关总署部署，落实推进查验现场音视频执法记录仪配备和无线通信网络建设工作，对业务现场查验作业进行全程、实时音视频录证；优化整合录证资料，探索建立以查验记录单、查验照片为基础，音视频执法记录仪录证资料、监管场所固定摄像头监控相结合的系统化查验作业留证和实时监控体系，消除"黑箱作业"隐患。

5.3.4.4　有效应用查验管理系统

全面开发应用智能审图、车辆识别、人脸识别、非侵入式检查等技术，提升监管装备科技水平，实现设备、图像、资源的统一集约化管理。将查验作业全过程纳入系统管理，实现查验作业全流程进系统、可追溯。在全面实施人工查验"随机自动派单"的基础上，推动实现机检图像分派、复查复验人员确定等环节的随机派员，进一步深化"双随机"应用；积极推动H986设备联网集中审像作业，实现海关作业系统和H986设备系

---

① 何纯点. 机构改革背景下货物通关流程优化研究——以深圳W海关为例[D]. 深圳大学, 2020.

② 周杨. 我国海关货物通关监管政策研究——以上海D海关为例[D]. 上海财经大学, 2020.

统有机互联，探索开展 H986 图像智能辅助分析作业，推动实现机检查验以完全依靠人工图像分析向"智能判别+人工分析"转变，在提升机检图像分析专业化水平的同时，尽可能地减少图像分析人员与货主的直接联系，以实现机检查验与人工查验间的监督制约。[1][2]

5.3.5　合作保障

5.3.5.1　巩固海关内部相关业务部门的联系合作

在通关监管环节通过协调监管和统一落实差别化管理，实现进口企业供应链信息的有效获取，并将这些有效信息在各业务部门和各业务环节的共享应用，推进企业信用管理与其他监管手段的深度融合，优化监管资源的配置。同时，发挥风险部门统筹作用。围绕安全准入风险防控制定重要发展规划、部署重大专项行动、形成重点工作决议等，加强跨部门的会商讨议，研究全局性、系统性安全准入风险防控方案，厘清安全准入参数和税收征管参数的作用边界；强化风险防控中心分工协作，各一级、二级风险防控中心之间在海关总署风险防控中心的统筹下，按照各自职责分工加工参数，避免重复作业；明确相关职能部门参与安全准入管理的职责分工、防控重点、工作标准、审批流程等。

5.3.5.2　推动与口岸其他监管部门的深度合作

面对新形势下落实总体国家安全观的重任，一方面，海关需持续推进与海事、边防检查、国家安全等部门的协作配合，有效推进"三互"大通关建设，构建口岸部门综合执法互助机制，如借助边防力量对船员换班实施全面检查监管等。完善"单一窗口"建设，在口岸各部门之间真正实现数据的共用、共管，明确"共享为常态，不共享为例外"，对于各部门之间已有的电子资料、证件等通过内部实现共享查验。条件成熟的情况下，研究建立跨部门的口岸风险防控中心，联合开展情报收集和风险分析研判，构建口岸风险联防联控体制。另一方面，海关可积极引入社会第三方力量，充分借助港务、船公司、货代等辅助海关实际监管。如引入第三方理货单位，以理货数据对空箱申报数据进行验核，确保空箱申报数据准确

---

[1]　杨梦洁. 风险管理视角下海关通关监管研究——以石家庄海关为例 [D]. 河北经贸大学，2019.

[2]　林炎君. 拱北海关通关便利化模式创新研究 [D]. 哈尔滨工业大学，2020.

无误。

5.3.5.3 重视海关复合型人才的培养

打破科室界限，培养造就适应现代海关业务发展需要的复合型人才。有计划地安排职能部门人员到业务一线尤其是港口前沿锻炼，使其快速熟悉海关基层业务工作，积累一线工作经验；探索"阶梯化"人才培养，对各岗位上崭露头角的业务骨干，有针对性地开展岗位练兵，将他们培养成为关键岗位的中流砥柱；在关区范围内建立复合型人才库，发挥人才特长，圈定重点培养人才，同时在考评奖励上予以倾斜，鼓励实现"一专多能"。

5.3.5.4 发挥报关协会的咨询服务作用

作为服务会员企业的行业组织，报关协会可以而且应当为企业提供通关政策咨询、报关人员培训等服务。建议报关协会进一步明确其服务会员企业、进行行业自律的角色定位，加强与海关的合作，主动通过微信、微博等新媒体宣传最新报关资讯，充分发挥培训报关企业、企业关务人员的职能。同时，还可以依托多种渠道向海关或其他政府部门及时反映企业的意见和建议，帮助企业解决报关过程中的实际困难，以此提升报关协会的行业信誉与地位，吸引更多的进出口外贸企业入会，持续增加企业会员数量，获得更多的资金支持，进而增强报关协会自身的独立性，协助提升进出口货物通关的实际效率。

第6章 统筹发展与安全视角下海关税收征管治理现代化

6.1 我国海关税收征管的现状与挑战

6.1.1 我国海关税收征管的特点[①]

海关税收具有一般税收的共性，即税收的强制性、无偿性和固定性。但海关税收还具有独特的特征，即涉外性，具体表现在以下5个方面。

6.1.1.1 海关税收的征税对象

海关税收的征税对象是准允进出境的货物、物品和运输工具，须按国际通行的商品归类规则划分为具体的税目，而海关进出口税则就是海关税收的税目税率表。目前，世界各国通行的商品归类规则是海关合作理事会制定的《商品名称及编码协调制度》，各国以此为基础制定本国的进出口税则。根据《商品名称及编码协调制度》的规定，商品按其自然属性、用途和功能等进行分类，每种商品被冠以特定的6位数编码，各国税则中该种商品的税则号列的前6位数必须与该编码相同，各国可以根据需要在6位数编码下增设本国子目。我国从1992年起开始按照《商品名称及编码协调制度》制订进出口税则，我国的税则编码为8位数，每种进出口商品都被归入对应的8位数税则号列进行征税。

6.1.1.2 海关税收的计税价格

海关税收的计税价格必须根据国际通行的规则确定。海关税收大多采用从价标准计征，为此必须确定计税价格，关税的计税价格习惯上称为完税价格。由于各国自行确定完税价格极有可能产生贸易壁垒，对自由贸易造成损害。为此，寻求国际统一的完税价格确定规则始终是海关税收发展中的重要课题之一。《海关估价协定》便是国际社会寻求统一的完税价格确定规则所形成的成果，根据这一协定，关税的完税价格应为进出口货物

---

① 毛道根. 海关税收的含义、特点和职能剖析 [J]. 当代经济, 2009 (5): 3.

第6章 统筹发展与安全视角下海关税收征管治理现代化

的成交价格。目前,包括我国在内的世界大多数国家都依据《海关估价协定》制定本国的海关税收制度。我国海关法规定,"进出口货物的完税价格,由海关以该货物的成交价格为基础审查确定"。

6.1.1.3 海关税收的税率设置

海关税收的税率设置,须考虑国家参与签订的国际双边或多边贸易协定。自由贸易与保护主义始终是国际贸易发展中的一对矛盾,为了从国际贸易中取得最大的利益,在完全自由的国际贸易环境尚未形成之前,参与地区性和国际性的多边或双边贸易协定,是世界各国基于本国利益作出的选择。这些贸易协定往往要求参与各方约束国际贸易中的税收负担水平,并相互间提供对等的税收待遇。因此,海关税收的税率设置,并不完全自主,必须考虑国家在国际多边或双边贸易协定中承担的义务,例如,为了履行加入WTO的承诺,我国多次大幅度降低关税税率。此外,随着经济发展水平和市场化程度的提高,为了我国经济长远发展的需要,我国不但加入了WTO,而且又先后与一些国家(地区)和区域性国际经济组织签订了含有税收优惠内容的贸易协定,这样,我国的关税税率就有普通税率、最惠国税率、协定税率等。其中,最惠国税率的设置不但要适应我国的实际需要,还要根据我国加入WTO谈判中承诺的义务,而协定税率的设置同样应体现我国在相关协定中的义务,并享受对等的贸易利益。

6.1.1.4 海关征税对进出境货物的原产地认定

海关征税对进出境货物的原产地认定须遵循国际通行的规则。为了严格限制各国(地区)提供的海关税收优惠的受益范围,确保各国(地区)的海关税收国别化差别待遇政策得到实施,必须对进出口货物的原产地进行鉴别。但随着国际经济一体化进程的深入,生产的国际化分工也在向纵深发展,多个国家(地区)参与制造的产品越来越多,为此,需要一套判别货物原产地的技术和标准,这就是原产地规则。由于各国(地区)原产地规则的差异容易导致贸易壁垒的产生,损害国际贸易的自由化,因此,WTO和其他致力于推进国际贸易自由化的国际组织就开始了统一原产地规则的努力,这种努力所取得的代表性成果之一就是WTO《原产地规则协议》。目前,世界大多数国家已成为WTO的成员方,WTO《原产地规则协议》便成了对世界多数国家具有约束力的国际通行原产地规则。为了鼓励区域性自由贸易区和国际双边自由贸易协定的形成,WTO《原产地规则协议》承认各国（地区）在依据该规则制定普遍适用的原产地规则的基础上，为实施区域或双边自由贸易需要而制定特殊原产地规则的权利。我国从 2005 年开始实施的《中华人民共和国进出口货物原产地条例》是依照 WTO《原产地规则协议》制定的普遍适用的原产地规则，除此之外，为了切实履行我国在区域性双边或多边贸易协定中的义务，并享受相应的利益，我国还依据这些区域性贸易协定制定了这些协定项下的优惠原产地规则。

6.1.1.5 海关税收的经济影响具有涉外性

海关税收经济影响的涉外性因其征税对象的特殊性而得到表现。由于海关税收的征税对象主要是进出境的商品，生产地和消费地跨越不同关境，使得税收的影响具有了涉外性。生产地国家的税收政策必然通过成本影响商品的价格，从而影响消费者的支付价格，进而影响消费地市场对商品的需求，反之，消费地国家的税收政策直接影响消费地市场，反过来影响生产国的生产。海关税收的经济影响所表现出来的涉外性使得海关税收成了国际经济甚至是国际政治斗争的"武器"，世界贸易的历史实际上就是保护主义和自由主义交锋的历史，而在这种斗争和交锋中，海关税收始终是争议和交锋的焦点。

6.1.2 我国海关税收征管的现状

6.1.2.1 全国通关一体化改革

2017 年 7 月 1 日，全国通关一体化改革全面推进，与税收征管作业紧密相关的主要是建设税管中心（现改名为海关总署税收征管局），实施"一次申报、分步处置"和改革税收征管方式。

1. 建设税收征管局

建设税收征管局，可按商品和行业进行分工负责，在全国范围内统一同一类商品的税收征管尺度，由此可解决改革前因各直属海关税收征管尺度不统一，使得同一类商品在估价、通关速度方面产生差别，进出口企业进而会选择估价低、征税低、通关快的口岸申报的问题。对于外贸进出口企业来说，可在全国任意一个海关完成申报、缴税等海关手续，实现申报更自由、手续更简便、通关更顺畅。税收征管局负责对进出口商品进行全方位税收风险管理，依据风险分析结果制定相应的处置措施。同时，借助

第6章　统筹发展与安全视角下海关税收征管治理现代化

大数据、云计算、移动互联网等新兴技术，打造"审验征控一体化"的税收征管作业体系，构建起执法统一、集约高效、智能便捷的海关通关一体化税收征管新格局，税收征管作业正式实现"前推后移"。

2. "一次申报、分步处置"的通关管理模式

新通关管理模式，改变以往海关以报关单为核心的监管模式，将风险区分为安全风险与税收风险，对于无安全风险的货物，企业可以自缴税款或凭担保先提取货物，大幅提升通关效率；对于少部分存在较大安全或税收风险的货物，在排除安全风险后，由税收征管局通过批量审核方式审核货物归类、价格、原产地等税收属性是否申报有误，在货物放行后再进行税收征管作业。

3. 改革税收征管方式

以往针对企业不如实申报的走私违法行为，海关负有无限责任；改革后，企业对不如实申报、不依法纳税负有主观责任。

以往由于税收征管作业主要集中在通关事中环节，需人工逐票审查，因而影响通关效率；改革后将审查流程分散在通关的整个过程中，且很多环节企业可自行处理，海关审核方式也变为"人工+智能"批量审核，大大节约了时间。

在货物通关环节，以往需海关审查确定企业申报税收要素、核定企业应缴税款；改革后变为企业自行申报税收要素、自行计算并缴纳税款、自行打印税单，海关受理后放行货物，实施全过程抽查审核，由此大幅压缩货物通关时间，减少企业通关成本。

对于税收风险，改革后的风险管控包括两部分，先允许对税收征管风险进行管控，接着再对其进行管理。加强事前风险分析，以便精确实施通关中验估、放行后批量审核、后续稽查等，实现把关与服务等的平衡。

实施属地纳税人管理，包括在税收征管中对纳税企业实施统一的差别化信用管理措施；对税源企业进行税收预测分析，建立企业税收安全评估机制；对企业及时足额缴税和入库进行监督管理，提供相关专业服务。

逐步推进税收征管作业无纸化，简化通关手续。税收征管方式的改革，进一步构建权责明晰的税收征管体制、业务运行与监督机制、税收风险防控体制，进一步推进海关税收征管体系和治理能力的现代化。

6.1.2.2 创新关税保证保险模式

2018年11月1日起,全国海关开展关税保证保险改革试点。关税保证保险模式下,企业作为投保人,凭借保险公司出具的"保险单"就可办理海关税收担保手续,实现货物正常通关。与传统的现金保证金和银行保函相比,关税保证保险进一步简化了缴纳保证金的手续,同时不占压企业的资金和银行授信额度,大大减轻中小企业资金周转压力。

自2019年1月1日起,关税保证保险可以用于汇总征税,由传统的"逐票审核、先税后放"向"先放后税、汇总缴税"转变,对符合条件的进出口纳税人、义务人在一定时期内多次进出口货物应纳税款实施汇总计征。企业在每月的第5个工作日前完成上月应缴税款的汇总支付,保险金额可根据企业纳税情况在保险期间循环使用。同时,该模式一地备案、全国通用,企业向注册地直属海关关税职能部门提交汇总征税总担保,经海关备案后,企业可在任意海关开展汇总征税业务。此外,汇总征税总担保实现全流程电子化,企业、银行无须再向海关递交汇总征税纸质保函,有效节约了时间和人力成本。关税保证保险和汇总征税改革红利叠加,进一步提高企业资金使用效率和货物通关效率,缓解中小企业"融资难、融资贵"问题,提升企业竞争力,推进贸易便利化。给企业带来诸多便利,有利于降低企业通关成本,促进外贸发展。

随后,各海关纷纷在此基础上进行模式创新。如2021年3月26日,中银保险深圳分公司开具了首单"保险+质押"关税保证保险单,担保额度2000万元,标志着全国首创的"保险+质押"关税保证保险风险缓释创新模式试点在深圳海关落地。该模式引入银行资金监管,缓释保险公司偿付风险,为企业增加保险授信,破解了企业在单一银行保函、单一关税保证保险担保模式下出保难的问题。2021年4月9日,中国太平洋保险将关税保证保险的"保税—展示—交易—完税"创新模式运用于虹桥商务区保税物流中心(B型),为入驻虹桥商务区符合条件的企业出具关税保证保险单,经莘庄海关确认后,即可放行。传统担保模式需占用企业资信额度、审批环节烦琐,此次创新的关税保证保险则无须抵押、审批时效快、担保成本更加优惠。企业凭借"一张保单"便可享受"先放行后缴税",

释放了企业流动资金压力，提升了跨境贸易便利化水平[①]。

6.1.2.3　深化海关税款担保改革

2021年11月30日海关总署对外发布了《关于深化海关税款担保改革的公告》，推出以企业为单元的税款担保模式改革。

1. 担保适用范围扩大

改革后的海关税款担保进一步扩大了担保用途及范围，整合了原有的汇总征税、纳税期限和征税要素类担保，多项海关税款担保业务共用担保额度，有效期内可循环使用，突出了"一保多用"的特点。

2. 全流程电子化办理

改革后精简了担保办理环节，税款担保全流程线上办理，实现了海关与银行及非银行金融机构的电子数据对接，海关通过金融机构传输的电子担保数据完成验核，实现全流程电子化办理，让企业足不出户即可办理担保备案、变更、撤销等业务。真正实现了让"企业少跑腿，让数据多跑路"。

3. 一地备案，全国通行

属地海关备案后，可在已备案范围内的所有海关办理税款担保业务，实现"一地备案，全国通行"，取得了省环节、降费用、节时间、少跑腿的效果。

6.1.2.4　完善进出口关税政策

1. 产业发展关税政策

为促进高科技产业发展，对集成电路、民用航空等产业实施特定的进口税收政策，如《关于2021—2030年支持新型显示产业发展进口税收政策的通知》《关于2021—2030年支持民用航空维修用航空器材进口税收政策的通知》《财政部 海关总署 税务总局关于支持集成电路产业和软件产业发展进口税收政策的通知》《财政部 海关总署 税务总局关于"十四五"期间支持科技创新进口税收政策的通知》《关于"十四五"期间支持科普事

---

① 中国太保创新关税保证保险模式助力虹桥国际开放枢纽建设[EB/OL].（2021-04-09）. https://baijiahao.baidu.com/s? id = 1696543061141802598&wfr = spider&for = pc.

业发展进口税收政策管理办法的通知》《财政部 海关总署 税务总局关于城市轨道交通领域享受重大技术装备进口税收政策有关问题的通知》《财政部 海关总署 税务总局关于印发科技重大专项2019—2020年免税进口物资清单的通知》①。

2. 区域性关税政策

为扩大对外开放水平，我国对标高标准国际贸易规则，并在部分地区先行先试，从而出台一系列区域性关税和贸易政策。自2013年以来，国家先后6次共批准21个自由贸易试验区。批准设立保税区、跨境工业区、综合保税区、出口加工区、保税物流园区、保税港区等6类海关特殊监管区。截至2023年8月，我国共有171个特殊监管区，其中综合保税区161个，占比94.2%。此外，国家部署并实施了海南自由贸易港发展战略，其中"零关税"是分阶段有序推进的核心制度之一。"零关税"原辅料、交通工具及游艇、自用生产设备三张清单相继落地实施。截至2023年5月31日，海口海关共监管"零关税"政策项下进口货物共172.7亿元，免税30.8亿元②。

3. 边贸关税政策

我国边境贸易分为边民互市贸易和边境小额贸易。《国务院关于边境贸易有关问题的通知》明确了边民互市的范围，《边民互市贸易管理办法》与《边境小额贸易和边境地区对外经济技术合作管理办法》对边境贸易企业、交易产品免税金额进行了规定。为了加强"一带一路"共建国家（地区）间的合作，促进人民币国际化，加强边境地区与周边国家的经贸往来，2019年9月出台了《关于促进边境贸易创新发展的指导意见》。此外，我国还通过修订《边民互市贸易管理办法》来明确互市贸易范围、交易主体、交易形式、交易模式和监管方式。同时，制定《边民互市贸易进口商品负面清单》，根据实际发展动态调整进出口商品不予免税清单。广西在2021年2月出台《广西边民互市贸易进口商品落地加工产业发展指引》，

---

① 张学诞，秦书辉，陆昌珍. RCEP背景下促进广西对外贸易发展的关税政策研究 [J]. 2022（2）：130-144.

② 海南自贸港"零关税"政策享惠货值超170亿元 [EB/OL]. （2023-06-01）. https：//www.toutiao.com/article/7239659421784162827/? wid=1694257593962.

第6章　统筹发展与安全视角下海关税收征管治理现代化

扶持边境地区特色产业，推动互市贸易进口商品落地加工。在试点实施方面，商务部于2020年5月将东兴、凭祥、宁明、龙州列入互市贸易进口商品落地加工第一批试点县（市），进一步加快广西销售互市进口商品给边境加工企业的进程[①]。

4. 免税店政策

免税本质上是国家财政让利的一种形式，采取特许经营模式。我国主要的免税店经营形式为运输工具免税店、外交人员免税店、离岛免税店、口岸免税店、市内免税店等。其中，离岛免税客单价从2019年的3541.7元大幅提升至2021年的7518.8元。海南离岛免税政策实施后，每年每人免税购物额提高到10万元，中国免税品（集团）有限责任公司2020年免税品销售额升至全球企业第一位。2022年6月，海南省商务厅发布《促进2022年离岛免税销售行动方案》，通过促进入岛旅游人次提升、强化促销推广、引进新商品、提升行业服务能力等方面促进离岛免税销售。

5. 跨境电商关税政策

跨境电商作为新业态，是贸易的一种新形式。2023年上半年，我国跨境电商进出口额达1.1万亿元，同比增长16%。《财政部 海关总署 国家税务总局关于跨境电子商务零售进口税收政策的通知》调整和规范了跨境电商相关内容，规定在《跨境电子商务零售进口商品清单》范围内的商品，关税暂定零税率，进口环节增值税、消费税取消免征税额，暂按法定应纳税额的70%征税。跨境电商零售进口商品的单次购买限额由2000元提高到5000元，年度累计购买额度由20000元提高到26000元。

6. 其他关税政策

国务院印发的《关于促进外贸回稳向好的若干意见》提出了"在税负公平、风险可控的前提下，赋予具备条件的企业增值税一般纳税人资格"。《财政部 海关总署税务总局关于"十四五"期间中西部地区国际性展会展期内销售的进口展品税收优惠政策的通知》提出，对中国—东盟博览会等

---

① 张学诞，秦书辉，陆昌珍. RCEP背景下促进广西对外贸易发展的关税政策研究 [J] . 2022（2）：130-144.

111

9个国际性展会①销售的免税额度内的进口展品（国家禁止商品和不予免税的重大技术装备等除外），免征进口关税和进口环节增值税、消费税。《重大技术装备进口税收政策管理办法》对符合条件的进口技术设备实施进口环节关税减免。另外，还有涉及海洋石油（天然气）开采项目免税进口额度、调整产品出口退税率的进口税收政策。

2020年11月15日，我国与东盟十国、澳大利亚、新西兰、韩国、日本共同签署了RCEP，标志着全球规模最大的自由贸易协定正式生效。RCEP涉及的税收条款主要集中在关税减让、原产地规则、海关程序简化和贸易便利化措施、国民待遇和最惠国待遇、保障措施和反倾销及反补贴税等方面。RCEP的生效对各成员方的税收制度、税源管理、税收合作等多个领域产生潜在和深远的影响与挑战。其中，关于原产地税收政策，RCEP生效后，在本地区适用区域累积原则，提高了协定优惠税率的利用率。

6.1.3 我国海关税收征管面临的挑战

6.1.3.1 对税收征管局和现场验估要求更高

全国通关一体化改革后，全国所有进出口商品均由三个税收征管局专职承担税收征管风险防控职责，工作量大、要求高，目前税收征管中心处理信息情报、数据应用能力仍有提升空间，数据、信息、情报及其采集、交换、应用机制有待确立。部分事中处置的报关单，需要税收征管局和现场密切配合，这对现场验估工作也提出了新的要求。另外，企业配合事后验估的主动性和积极性可能会相比事中验估有所下降，对如何有效督促被验估企业配合的手段和方法提出了新要求。

6.1.3.2 税收征管所涉部门应形成有效协同

海关税收征管制度创新涉及诸多部门，有效整合海关与其他各部门的资源，加强海关内部各机构部门的协调与合作是税收征管治理水平得以提升的重要保障。就海关内部而言，全国通关一体化改革后，海关税收征管

---

① 9个国际性展会包括：中国—东盟博览会、中国—东北亚博览会、中国—俄罗斯博览会、中国—阿拉伯国家博览会、中国—南亚博览会、中国（青海）藏毯国际博览会、中国—亚欧博览会、中国—蒙古国博览会、中国—非洲经贸博览会。

第6章　统筹发展与安全视角下海关税收征管治理现代化

流程转变为由税收征管中心下达相应指令，隶属海关执行的模式。但三者之间的权责界定和分工配合机制尚待完善，直属海关与税管局在职责层面存在交叉重叠。从横向组织架构来看，中国海关以职能作为划分部门的依据，与征税有较大关系的部门主要包括监管、稽查、关税等。在此基础上，海关又根据工作流程进一步细化这些基本职能，每一项职能都设置相应的机构。这就意味着海关税收征管权限不是集中于一个部门，税收征管活动需多个机构及部门协调配合。

6.1.3.3　对自由贸易区、跨境电商等的税收征管制度的调整

随着国内外经济环境及贸易形势的深刻变化，对于自由贸易试验区、保税区等税收征管相关制度应做出调整。海关税收征管制度在来料加工与进料加工方面的差异，使得与外销相比，企业将加工制成品销往国内时其赋税程度往往更高。针对这一问题，海关总署出台系列文件复制推广内销选择性征税制度。增值税是间接税制，通过进项税额相抵扣，避免重复征税。一般纳税人开具的增值税发票可适用抵扣政策。我国自由贸易试验区内的企业，国内一些税收政策暂停适用，故区内企业不具备该资格，无法适用这一政策。因此，如果料件的退税率低于成品退税率，当企业内销时，其进口税率高于退税率，所要缴纳的增值税就会增多[①]。针对这一问题，国家税务总局、财政部、海关总署发布了《关于扩大赋予海关特殊监管区域企业增值税一般纳税人资格试点的公告》，2018年进入试点扩大阶段并设立了试点退出机制。截至2019年4月，重庆自由贸易试验区共有8家企业获得试点资格。此外，跨境电子商务迅速发展，上海、福建和浙江等自贸试验区的建设实施方案都明确规定了发展跨境电子商务的重要任务，但是其税收征管要素与传统货物贸易相比有其特殊性，例如交易主体，交易对象的种类、数量、价格的真实性难以判别，其海量化、碎片化的特点也使得海关税收征管风险进一步增大。另外，电子资料容易修改也会给海关估价稽查带来较大难度。如何构建与跨境电子商务发展相适应的海关税收征管制度是海关亟待解决的问题。

6.1.3.4　电子商务及数字经济发展对税收征管带来新挑战

现阶段，海关征税作业和监控管理信息系统与新兴计算机技术应用的

---

① 朱昱成. 海关特殊监管区域一般纳税人资格试点政策评析［J］. 海关与经贸研究，2017（5）：99-110.

结合仍有较大提升空间,如海关监管数据池没有全部融通,还存在独立于大数据系统之外的数据库;对各个环节数据进行联合比对研判的技术手段不多,缺乏有效的税收风险监控分析和预警功能;对大数据和区块链技术如何运用到征税作业缺乏研究等。

以当前热门的电子商务为例,线上消费逐渐成为主流消费方式,但线上消费难以精准定位提供消费的企业或个人,纳税主体的边界逐渐模糊,这就大大提升了税务部门通过域名确定法人经营地的难度,也给税务执法部门带来了新的挑战。

对于跨境电商来说,挑战更加艰巨。以 RCEP 为例,首先,跨境电子商务无须特定的场所,不适用各国的常设机构规则,使得各国可能无法对一些利润所得行使管辖权征税,造成税款流失并侵蚀相关国家的税基。其次,RCEP 的新电子商务条款对标欧盟、OECD（Organization for Economic Co-operation and Development,经济合作与发展组织）等高水平自由贸易区规则,可能会使部分缔约方陷入"数字殖民主义"。在这种境况下,一国政府面对在其国内经营的外企转移或处理离岸数据（包括个人或商业信息）时,将会出现信息泄露与数据安全方面的问题,使本国无法及时了解并遏制相关经营主体在境内的逃避税问题。最后,RCEP 各成员方内部的数字经济发展极不平衡,阻碍了区域税收协调。经济发展差距导致各国信息化程度悬殊,进而致使国家间出现"数字鸿沟",阻碍了区域经济一体化包括区域税收协调的深入推进。

6.2 统筹发展与安全视角下我国税收征管治理现代化的目标定位

在统筹发展与安全的视角下,海关税收征管治理的目标应服从于海关治理现代化目标即贸易安全与便利,表现为关税和进出境环节其他税费征税的安全与便利（包含征收成本的降低）。总体而言,海关税收征管治理的目标定位在于海关税收安全与促进贸易便利化发展,可以从 4 个方面理解:第一,海关税收征管治理要保证税收应征尽征,及时入库,为政府实现各项职能提供财力保障,还要保护纳税人权益,服务纳税人,促进经济发展;第二,海关税收征管治理应体现自身特性,一方面要遵循国际贸易规则,服务于我国改革开放的发展战略,顺应政府管理和经济融入国际经

第6章 统筹发展与安全视角下海关税收征管治理现代化

济一体化的潮流，同时通过海关税收政策引导和调节我国对外贸易结构转型，进而促进经济结构转型升级，保障人民群众生活所需和健康消费；第三，海关税收作为我国税收体系中的一个组成部分，应与国内税制保持协调；第四，海关税收征管应适应新发展格局的需求，根据新时代经济发展的新特点，适时作出调整。

随着跨境电子商务、外贸综合服务等新贸易业态的快速发展，迫切需要建立程序简便、税率统一的征管机制以提升海关税收征管水平。2014年，WCO专门召开"WTO《贸易便利化协定》与海关税收"研讨会，研讨贸易便利化与海关税收的关系，会议认为按照国际原则设计实施的有关贸易便利化的改革措施，符合最大限度增加海关收入的目标，《贸易便利化协定》将通过海关效率最大化与确保最佳标准对海关税收产生积极影响。海关税收最大化与促进贸易便利化是发展中经济体海关需要权衡选择的两大目标。海关税收最大化就是应征尽征、保证海关税收安全，该目标通常意味着加强海关监管，而实施贸易便利化目标则意味着货物的放行更加迅速。如何在提升贸易便利化水平的同时保证税收征管安全是海关税收征管治理的主要目标与重要的价值诉求。

全国海关扎实推进税收征管领域改革，制度创新成就明显。新型征纳关系初步构建、部门协调配合度增强；在关税领域，"一中心一制度"[①] 落地见效，有序运行；科学技术能够得到有效运用，税收风险集约化、专业化、智能化防控效能不断提升。但是，距离实现《海关全面深化业务改革2020框架方案》提出的"建立高效便捷的申报制度、协同优化的风险管理制度、衔接有序的监管作业制度、统一规范的通关制度、自由便利的特定区域海关监管制度，形成符合新职能需要的监管制度体系"仍有一定空间。《海关全面深化业务改革2020框架方案》所指明的改革内容大致可归为税收风险防控的协同配合有待提高、税收征管改革配套制度有待健全、智能化风险防控水平有待提升等事权、法治、技术三个层面。因此，创新海关税收征管治理，落实改革的顶层设计，需要从这三个层面切入，逐一

---

① "一中心一制度"，是指海关全面深化改革中"两中心三制度"中涉及海关税收征管的内容，即"税收征管中心""税收征管方式改革"。"两中心"即"风险防控中心与税收征管中心"，"三制度"即"一次申报，分步处置""税收征管方式改革""隶属海关功能化改造，推进协同监管制度"。

115

破解改革所遭遇的难题。

6.2.1 海关征税多元化治理

从海关税收征管制度的经验来看，大多数国家建立统一机构或颁布相关文件来明确各职能部门权限，加强部门间分工合作，以提高综合治税水平。多元化治理的优势体现在可以使海关借助多方力量来补充自身信息，与其他部门、行业协会、企业、中介机构等共同组建一个互利共赢的税收治理体系，以法律明确各部门职责，提高综合治税水平，同时借助社会力量，便于海关有效应对业务量增长。

6.2.2 海关征税法治化、透明化

针对自由贸易试验区、特殊监管区、跨境电商新贸易业态等的发展，应制定相关法律文件规范海关监管，这是对税收法定原则的贯彻落实，体现以法治引领改革的战略思维。综合先前经验来看，我国自由贸易试验区、综合保税区等应当根据自身的功能和产业特点，完善相关法律法规制度，为海关税收征管制度创新提供制度保障。

6.2.3 提升海关信息化、数字化水平

提高海关信息化水平，建设部门间信息互通、交换、共享的机制和平台，能够有效提升海关税收征管效率、防控税收征管风险。我国海关应逐步摸索开展适应数字经济趋势的税制调整，实施前瞻性战略，加强对数字技术和产业的优先布局，推进海关各部门的数字化应用，强化数据安全流通治理，抢抓数字经济发展机遇。

6.3 统筹发展与安全视角下我国海关税收征管治理现代化的路径

6.3.1 完善部门合作机制，构建互利共赢的关企关系

海关税收征管涉及多个部门，是一项复杂的系统工程。首先要加强海关与其他部门的协调配合，建立相应的合作机制。可以制定流程完整、切实可行的合作章程，明确各部门的具体分工及合作方式。其次要清晰界定

第6章 统筹发展与安全视角下海关税收征管治理现代化

海关上下级组织及横向业务部门之间的权责。当通关与征税适当分离以后,海关税收征管风险主要体现为通关前的风险分析及通关后的风险防控,这就要求关税部门必须加强与其他部门特别是稽查部门间的合作。此外,应当适当调整海关各职能部门的权限,以解决当前各部门分工过细、统筹难度较大的问题。

此外,海关与商界伙伴关系是海关贸易便利化制度的运行基础[1],应当将以海关为主导的"单向度"管理模式转为借助社会力量,实现多元化治理模式的路径[2]。为实现通关便利化并提升通关效率,海关更加应当尊重企业的主体地位,完善落实属地纳税人管理制度,实行属地纳税人差异化管理。在各部门共同建立大数据库的基础上,构建标准的企业风险评估制度,根据不同的税收征管风险将企业划分为不同等级,从而实施不同的监管措施。海关与企业间还应建立有效的沟通机制,以确保信息的对称性和有效性,使得海关的改革能够适应企业实际需求。海关应当与中介机构加强沟通,必要时制定相关法律制度,明确二者间的任务分工和合作方式,以加强中介机构与海关的有效配合。

6.3.2 以立法引领改革,促进和保障新模式新业态发展

要正确处理好改革与立法的关系,使改革有法可依,同时由立法引领改革[3]。应当为海关税收征管制度改革配套相关的法律制度,实现税收征管法治化、透明化,降低执法风险,以制度保障海关税收征管制度创新有效落地实施。此外,应把握地方立法的受制性与立法引领性、前瞻性之间的关系[4]。

针对新模式、新业态发展,自由贸易试验区、综合保税区应当借鉴相关经验,与企业积极开展合作试点,帮助企业了解该项制度在不同情形时

---

[1] 李海莲. 论我国海关税收征管效率的现状及其应对措施 [J]. 求实,2011 (2):3.

[2] 周阳. 美国经验视角下我国海关贸易便利化制度的完善 [J]. 国际商务研究,2010 (12):19-28.

[3] 贺小勇. 上海自贸试验区法治深化亟须解决的法律问题 [J]. 东方法学,2017 (1):132-140.

[4] 丁伟. 上海自贸区立法经验及启示 [J]. 人民政坛,2015 (9):58-60.

的具体规定。海关应建立企业反馈机制，以企业需求为导向，注重政策实施效果。同时，应依据跨境电子商务的特点，配套相关的税收征管制度措施。首先，海关应把握跨境电商征税对象、适用税率难以确定，电子资料易修改及海量化、碎片化的特点，结合自身状况，借鉴国内外经验，进行制度创新。其次，逐步完善对征税范围、计税尺度和起征点等要素的规定。探索建立政策评价标准，对已实施的措施，要综合评估其效果并及时调整。

6.3.3 完善部门信息共享机制，构建数据信息库，将数字技术应用于税收征管

我国应借鉴国际国内经验，完善包括税务、海关在内的功能模块，构建标准化的数据体系，提高信息共享水平。另外，可以使海关与其他政府部门、金融机构等实现数据对接。借助"云计算"技术有效整合各部门信息，解决部门间信息系统无法流通共享的问题，为海关进行税收风险分析及税收风险防控奠定基础。

在提升贸易便利化水平的同时，需构建全面、标准、统一的数据信息库以保证税收征管安全。数据信息库应包含企业、商品、法规、模型等内容[1]。其中企业信息库应涵盖企业的基本信息、进出口业务、税收缴纳情况及纳税人诚信记录等。商品信息库应包括价格信息、原产地信息、商品生产流通等。法规信息库主要包括完善后的税则体系，针对自由贸易试验区出台的税收征管制度创新等，企业输入相关信息后就能自动识别所适用的法律政策，帮助企业估算税款。模型信息库应在其他数据信息基础上，为海关预测和分析税收征管风险提供不同的计算模型。

在税收征管数字化建设方面，探索运用大数据、云计算、人工智能、区块链、5G等数字技术，发挥大数据等现代信息技术在税收登记、纳税申报、税款征收、税务稽查、税源监管等方面的重要作用，利用区块链技术的可验证、可追溯特点，提高税收核查稽查的精准度和准确性，加强海关税收征管的专业化、科学化和信息化建设，提升海关的税收征管效率。

---

[1] 张建国. 新经济背景下海关税收治理转型的目标与途径：协同智税与数据赋能[J]. 海关与经贸研究，2018（1）：25-35.

第7章 统筹发展与安全视角下海关缉私治理现代化

7.1 我国海关缉私治理的现状与挑战

WCO在《内罗毕公约》中将走私定义为通过秘密的方式来偷运物品经过海关的行为。《中华人民共和国海关法》中规定，违反该法及有关法律、行政法规，逃避海关监管，偷逃应纳税款、逃避国家有关进出境的禁止性或者限制性管理，有相关情形的，是走私行为。1984年11月，"综合治理"理论在东南沿海三省第四次打击走私工作会议中被首次提出，"反走私综合治理"即"缉私综合治理"，具体是指以法律法规和制度为基础，充分调动各级政府部门力量，将社会各界部门组织结合起来，利用经济、政治、文化、教育、法律众多方式，调配社会资源，合力防范和打击走私违法犯罪活动，对国家的政治、社会和谐，经济稳定发展进行有效管理的系统性行为。[1]

作为现代社会治理的重要组成部分，缉私综合治理的服务目标主要集中于安全保障，同时，在保证国家安全的宏观前提下，有利于微观上维护市场经济秩序，为进出口贸易高质量发展提供外部条件。然而，由于贸易全球化、商品价格差异化及国际经济贸易管制调控的多样化等客观条件，走私行为势必长期存在。走私行为的客观性、走私手法的多样性和走私过程的连续性，决定了缉私综合治理的必要性、复杂性和长期性。

7.1.1 我国海关缉私体制现状

1998年，党中央、国务院组织召开全国打击走私工作会议，做出了建立"联合缉私、统一处理、综合治理"缉私体制的重大决策。为严厉打击走私犯罪活动，1999年1月，经国务院批准，组建了走私犯罪侦查局，设

---

[1] 《中国海关通志》编纂委员会. 中国海关通志（第三分册）[M]. 北京：方志出版社，2012.

统筹发展与安全视角下海关治理现代化研究

在海关总署,受海关总署和公安部双重领导,以海关总署领导为主。走私犯罪侦查局在海关总署广东分署、各直属海关及其分支机构设立了42个走私犯罪侦查分局和116个走私犯罪侦查支局。2001年,经国务院批准,海关总署广东分署、部分直属海关走私犯罪侦查分局列入所在省、自治区、直辖市公安厅(局)序列。2002年12月,经国务院办公厅批准,海关总署走私犯罪侦查局更名为海关总署缉私局,各海关走私犯罪侦查分局更名为海关缉私局,各海关走私犯罪侦查支局更名为海关缉私分局。海关缉私局的正式成立,意味着一支具备刑事执法权的专业打击走私队伍的形成。公安部门、税务部门、工商管理部门积极配合海关开展有关工作,各缉私执法部门移交本部门查获的走私案件给海关统一处理。走私罚没全部上缴国库,彻底实行收支两条线;同时明令各级党政军机关与其所办的经济实体四脱钩(即在职能、财务、人员、名称四个方面与党政机关实现脱钩),一律不准经商办企业。

随着国内外市场联系越来越紧密,口岸建设、大通关建设等要求越来越高,经济发展和社会安全之间的联系日益紧密,缉私工作在现代化发展背景下会越来越多地转向服务和预防,以保障经济秩序的正常运转[①]。2018年,全国海关缉私部门进行管理体制调整,海关缉私部门由公安部和海关总署双重领导,以公安部领导为主。然而,由于走私行为诱因的复杂性以及单一部门资源的有限性,缉私工作单纯依靠海关或公安部门来完成均较为困难。反走私工作要求动员社会各方面的力量,推动海关内外、上下级各部门发挥好反走私相关职能作用,群策群力,形成"综合治理"大格局。

因此,在秉持"联合缉私、统一处理、综合治理"缉私方针下,海关作为打击走私的职能部门和反走私综合治理工作的牵头部门,负责组织、协调、管理查缉走私工作。海关、公安、工商等执法部门相互配合,共同查缉各进出境口岸和国内市场涉嫌走私的货物、物品。各部门查获的走私货物、物品和价款,依法交由海关统一处理。各有关行政执法部门查获的走私案件,应当给予行政处罚的,移送海关依法处理;涉嫌犯罪的,应当

---

① 孙宝根.论近代中国海关缉私制度的确立[J].广西民族学院学报:哲学社会科学版,2004,26(2):5.

第 7 章 统筹发展与安全视角下海关缉私治理现代化

移送海关侦查走私犯罪公安机构、地方公安机关依据案件管辖分工和法定程序办理①。

各级党委、政府实行反走私工作责任制，从人、财、物等方面支持打击走私工作，支持执法、司法部门依法办案；沿海、沿边走私严重地区的基层党政组织负责开展走私重点村镇整治工作，查处暴力抗拒缉私案件和集体哄抢私货案件；检察院、法院、商务部、税务局、市场监督管理局、外汇管理局、农业农村部、交通运输部和有关行业管理部门积极配合，为各缉私职能部门查缉、办案提供支持，形成"党政统一领导、部门各尽其职、企业自律配合、群众积极参与、完善法律制度、强化舆论引导、各方齐抓共管"的反走私综合治理格局。

整体来看，反走私综合治理扩展了缉私工作的外延。在治理主体上，缉私综合治理主体更为广泛，除政府机关部门外，还包括第三方组织，如行业协会、公众媒体、公益组织等；在治理方式上，缉私综合治理倡导运用政治、法律、经济、文化、教育、宣传等各种手段，重在预防走私行为的发生。

7.1.2 我国设关地缉私现状

全国海关目前共有 42 个直属海关，700 余个隶属海关和办事处，通关监管点约 4000 个。

7.1.2.1 行邮渠道

1. 查缉旅检渠道走私

旅检渠道走私主要表现为旅客凭借往来便利，把大量涉税货物或国家禁止、限制进出境物品化整为零，携带、运输进出境，以谋取差额利润。这类特殊群体（"水客"）以合理自用作为掩护，掩盖其实质上的组织性、职业性、团伙性犯罪，其行为严重损害社会利益。

经过多年来对旅检渠道走私活动的持续打击，海关缉私水平、能力不断提升，与国际组织的执法合作逐年加强，先后破获多起跨境走私大案。然而，"水客"集团在遭受打击的同时，走私技术水平、反侦查能力也日

---

① 李谦祥. 我国隶属海关缉私协同治理研究 [D]. 复旦大学，2016.

益增强[①]。随着《中华人民共和国刑法》将走私普通货物、物品罪的起刑点修改为偷逃应缴税额5万元，旅检渠道走私采取"蚂蚁搬家"的方式，将每次走私货物、物品的偷逃税额控制在起刑点以下，旅客走私由自发性的个体向团伙性走私发展。随着进出境旅客不断增长，通关顺畅与国门安全的权衡对海关愈发重要，有效打击旅检渠道走私的难度加大。

2. 查缉邮递渠道走私

为应对邮递渠道业务量大、揽收对象广，人货分离、手法隐蔽，化整为零、多层传递，虚拟身份、网络交易，以及案发频率高、个案查获量小，申报要素相对简单，通过瞒报、夹藏等方式违法进出境风险大的特点，海关总署要求各地海关加强联络，边境海关提供情报，各地海关配合，形成全国海关联合打击毒品走私的局面。

近年来，网络代拍代购已成为非法进出口贸易的重要平台，随着互联网普及发展，走私分子通过境内外大型购物网站非法交易的现象频出，甚至组建临时、私密的微信社交群，通过网络直播的方式竞价售卖。寄递走私渠道已由传统的"点对点""人对人"，逐渐转变成"境外发货—境内揽收—专人分销"的专业链条，走私手法日趋复杂。鉴于此，海关总署利用风险管理系统，建立进口邮包风险数据库，理清不同走私品路线，确定不同阶段的查验重点，改变以往随机抽查的传统查验方式，加强邮递渠道反走私工作的针对性。

7.1.2.2 货运渠道

1. 查缉保税渠道走私

2005年起，为贯彻落实全国海关综合治税工作会议精神，坚决堵塞加工贸易渠道税收漏洞，力保海关顺利完成全年税收任务，海关总署进一步组织打击加工贸易渠道走私违法犯罪活动专项行动，打击的重点地区为加工贸易发达的"长三角""珠三角""环渤海湾"等地区；重点打击利用伪报、瞒报、少报多进、多报少出、假出口、假结转、假核销、擅自内销以及高报单耗、虚假备案等手段的走私违法行为。

---

① 马建生. 关于拱北口岸"水客"走私情况的调研报告 [J]. 广东经济，2005 (3)：3.

第7章 统筹发展与安全视角下海关缉私治理现代化

2. 查缉减免税渠道走私

进入21世纪，随着综合保税区等海关特殊监管区的建设与发展，全国进口减免税货物大幅增加，不法分子利用保税、减免税优惠政策从事走私违规活动也呈现快速增长态势，新的走私手法层出不穷，包括利用伪报技术参数、假合资的方式，以外商投资名义等骗取减免税证明进口货物。此外，随着电商平台兴起、互联网技术涌现，走私分子通过在网上发布货运业务信息，寻找货运司机和车辆将走私品运输至外地，同时通过在网上招用的日结工，利用互不相识的人员，分别负责物品装卸、货物押送等中转环节，走私头目全程采用微信、电话等方式远程幕后操控，成为货运渠道走私的新手段。

7.1.3 我国非设关地缉私现状

"非设关地走私"，即采取绕关入境的方式，在沿海地区内海、领海（包括内河入海口）未设立海关的地点进行的走私犯罪活动。中华人民共和国成立初期，由于历史原因，南海海域和台湾海峡走私活动较为严重。随着海关所属范围的巡卫国境海岸、武装舰艇及海关所在地范围以外的查私职能有步骤地移交给各地边防公安机关接管，海防部署升级，海上走私活动有所减少。

近年来，受暴利诱惑，海上非设关地走私猖獗，不仅严重破坏了国家海关监管秩序、经济秩序，危害人民群众的食品安全和生命健康，更直接威胁到国家边境安全和公共安全[1]。走私分子利用租赁、购买并经过改装的"三无"船舶（无船名船号、无船舶证书、无船籍港），直接赴境外海域接货后绕关运输、靠泊至内河小码头，在夜间即停即卸，船停人空，走私团伙化、产业化分工明确、专业化强，具备相对成型的销售网络的新趋势，是我国非设关地缉私面临的新挑战[2]。

---

[1] 谭均泉，刘洋. 总体国家安全观视角下对珠江流域非设关地冻品走私综合治理的思考［J］. 口岸卫生控制，2020，25（3）：4.

[2] 时世东. 广西中越边境非设关地走私状况及治理对策［D］. 广西师范大学，2014.

7.1.4 我国海关反走私治理途径

7.1.4.1 反走私情报工作

举报、情报自侦和海关移交是走私线索的主要来源，随着执法合作的开展，多种情报网络的构建工作的持续推进，海关内外部、上下游情报共享力度加大，这对情报线索处理流程的标准化、高效化提出了更高要求。

7.1.4.2 查私奖励

针对内外勾结的集团性、专业性走私和企事业、机关、团体等法人走私增多，规模越来越大的严峻形势，海关对提供线索和协助查获的有功人员，采取政治奖励与物质奖励相结合的办法，有利于调动检举查获积极性。

7.1.4.3 反走私宣传

加强公众反走私教育，树牢反走私理念，是推动反走私工作纵深发展的重要着力点。反走私宣传主要包括以派发宣传手册、面对面宣讲、咨询互动等方式摆设摊点开展反走私宣传活动，走向广场、街头向居民群众发放宣传单，积极动员群众要切实提高防范意识，营造良好的反走私社会氛围。

随互联网发展，在走私宣传途径上，可充分利用信息化手段，以微信平台实时、快捷的传播优势，建立上下级"塔式"微信群，发挥其推动反走私宣传作用。在各级群内及时推送反走私宣传文章和视频等，由各级群负责人转发至居民群众，及时推送反走私知识，将宣传"触角"延伸到社会利益相关方。

7.1.4.4 反走私综合治理

从治理理论来看，反走私综合治理从主体、权源、运作上均体现出海关缉私工作现代化建设的特点。

反走私综合治理中治理的主体还包括社会组织乃至个人。这一变化意味着，政府不再只是治理的主体，而且也是被治理的对象；社会不再只是被治理的对象，也是治理的主体；治理权当中的相当一部分由人民直接行使，这便是自治、共治；治理的运作模式是复合的、合作的、包容的，治理行为的合理性受到更多重视，其有效性大大增加。

从一元单向治理向多元交互共治的结构性变化，意味着在反走私综合的法治建设加强。国家治理、政府治理、社会治理的基本方式必然是法治,国家治理、政府治理、社会治理的现代化有赖于各个领域的法治化。随反走私难度升级,要以法治的可预期性、可操作性、可救济性等优势来凝聚反走私的社会共识,使不同利益主体求同存异,依法追求和实现自身利益最大化。

7.1.5 我国海关反走私面临的新挑战

国内外市场差价和国家进出口税收及管制的客观存在,决定了反走私工作的长期性。我国加入WTO后,走私分子利用新的管理规则、交易方式、经济关系、反侦查手段,将走私牟利违法行为混藏在常规进出口业务中,以更加隐蔽的手法,逃避海关监管,偷逃国家税收,损害国家安全,在统筹发展与安全背景下,海关反走私工作面临着新挑战。

7.1.5.1 为贯彻落实总体国家安全观的新挑战

1. 海关缉私部门在落实总体国家安全观中的定位和作用

根据《中华人民共和国国家安全法》第二条规定,国家安全是指国家政权、主权、统一和领土完整、人民福祉、经济社会可持续发展和国家其他重大利益相对处于没有危险和不受内外威胁的状态,以及保障持续安全状态的能力。随着全面建设社会主义现代化国家新征程开启,总体国家安全观的提出为反走私综合治理目标与机制的完善赋予了新的内涵,构建开放安全屏障职能的重要性日益凸现。海关作为国家进出境监督管理机构,海关的安全观决定了其在拱卫国家安全当中的定位和作用。在世界各国海关的历史上,虽然各国(地区)海关产生的时间、组织架构、法律制度各不相同,但维护合法的进出境管理秩序、查缉和处罚违反海关法行为,进而维护国家安全是各国(地区)海关基本职责。

总体国家安全观的多项安全要素均与海关工作息息相关,其中经济安全、文化安全、社会安全、生态安全更是与海关反走私工作直接相关。从海关法律法规来看,非法离岸经营[①]等涉税走私犯罪通过破坏经济秩序,

---

① 非法离岸经营从离岸经营中衍生,是经营主体隐藏国籍(或地区)身份,在脱离监管的情况下经营。这种经营以偷逃应缴税额为目的,设置虚假离岸公司,隐瞒真实经营状况,往往通过走私实现。

扰乱正常的经济环境，危害国家财税、经济安全；而非涉税走私犯罪中的武器弹药走私危害社会安全甚至是政治、军事安全，散发性宗教物品、反动宣传品的走私毒害人们的思想，制造民族分裂、破坏社会稳定，诱发犯罪，危害文化、社会安全；"洋垃圾"、濒危动植物走私不仅损害了公共卫生安全，而且在疫情常态管控下，走私品未通过检验检疫核查，极易造成环境污染、生态资源破坏，甚至引发大型疫病传播，危害生态安全。综合来看，在中国特色社会主义事业"五位一体"总体布局指导下，违反海关法律法规的行为，特别是各类走私犯罪，是对国家安全直接的危害。

随着全球化进程和国家命运共同体构建进程的推进，当今国家总体安全的全球性、跨国性、突发性、联动性特征就决定了海关在维护国家安全中新的地位和作用。经济安全、生态安全、核安全、海外利益安全等非传统安全因素不断出现，深刻地影响到海关缉私部门的执法。但是，由于法治建设较走私犯罪形式的演进具有时间滞后性，在法律依据上，如何将维护国家安全明确列为海关的基本职能，赋予海关在国家综合安全体系中应有的地位；如何在海关缉私的政策决策和制度设计上将国家安全列为重要指导要素；如何在海关缉私、监管、风险防控等反走私相关业务部门之上设置上级机构，统一协调各海关的各项反走私工作，以保障国家安全——都是海关缉私部门在贯彻落实总体国家安全观中的定位和作用所面临的新挑战。

2. 缉私制度设计和执行中安全职能的体现

除了宏观上需明确海关缉私相关部门在落实总体国家安全观中的定位和作用外，微观上，海关反走私治理制度设计和执行中如何充分而有效地发挥综合安全职能，也是海关贯彻落实总体国家安全观面临的新挑战。海关缉私制度的设计和执行应体现总体国家安全观要求，以有效地发挥综合安全职能，海关缉私制度的设计和执行情况直接决定综合安全职能的实现与否。

中国特色社会主义进入新时代，对外开放的大门将越来越开放，国门安全面临许多新考验。传统安全威胁和非传统安全威胁相互交织，通过口岸渗透入境的方式更加隐蔽多样。总体国家安全观要求海关在为国把关过程中必须坚持国家利益至上，以人民安全为宗旨，以政治安全为根本，有力维护国家主权、安全、发展利益。缉私队伍作为同时拥有刑事和行政执

第7章 统筹发展与安全视角下海关缉私治理现代化

法职能的执法力量,必须全面履行安全保卫职能,全面提升海关反走私工作的质量和成效。

我国实行"联合缉私、统一处理、综合治理"的缉私体制,其中把联合缉私作为打击走私活动的重点。联合缉私就是要充分发挥出海关、公安、边防、海警等多个部门的力量,强化各个部门的综合效能,实现加大打击力度,但从目前情况来看,联合缉私过程中的各部门的配合和优势互补仍有提升空间。以废物走私为例,当前海关在打击废物走私领域存在认定难的问题,因进口废物种类繁多,需要由专门部门鉴定,而法定的鉴定机构较少[①],费用较高。

7.1.5.2 为服务国内国际双循环战略的新挑战

1. 服务于协同推进强大国内市场的新挑战

打击走私事关国家安全和营造高水平开放环境,对构建以国内大循环为主体、国内国际双循环相互促进的新发展格局具有重要意义。海关处在改革开放的最前沿,在构建开放型经济新体制、推动改革开放中发挥着重要作用。

当今国际环境日趋复杂,我国进入新发展阶段,为主动服务于国内国际双循环战略,保障市场可持续发展,海关不断进行通关制度改革,包括推进自由贸易试验区建设、深化区域通关一体化、全面实施通关作业无纸化等。但在通关制度改革中,制度的缺陷所带来的风险与改革红利并存。走私风险在通关制度改革与风险防范的权衡中尤其突出,海关在促进贸易便利、保障发展的同时,更需要正视潜在的走私风险,营造可持续发展的健康、开放的市场环境。此外,作为维护国家安全的一系列贸易管制措施,均需要通过严密高效的海关制度予以实现,通过海关缉私予以保障。离开了海关的参与,市场安全、进出口贸易安全就无从实现。

2. 服务于贸易强国建设的新挑战

新发展格局绝不是封闭的国内循环,而是开放的国内国际双循环,要全面提高对外开放水平,推动贸易和投资自由化便利化,推进贸易创新发

---

① 北京、深圳等地有3家鉴定机构,即中国环境科学研究院固体废物污染控制技术研究所、中国海关化验室、深圳出入境检验检疫局工业品检测技术中心再生原料检验鉴定实验室。

展，增强对外贸易综合竞争力。随着我国对外开放持续推进，打击走私面临的形势更加复杂，为充分发挥海关国内国际双循环相互促进重要交汇节点作用，对缉私工作提出了更高要求。随着国外投资及企业进入我国的领域和方式的进一步扩大，由于在科技开发、经营管理、资金基础等方面存在一定的客观差距，极可能促使部分缺乏竞争力的落后中小企业进行走私违法活动，以谋求生存空间；外籍企业、人员以及我国港澳台企业、人员的涌入，其参与、组织的走私犯罪活动也可能增多。实施《海关估价协定》后，我国海关由原来的依据"参考价格"进行审价转变为以"成交价格"作为估价定义[①]，而不再使用"最低限价"的做法，因此，采取价格隐瞒手法进行的走私现象也会日渐增多。

此外，云计算、大数据时代，国际贸易涌现多种新业态，这也对海关缉私提出了新挑战。以跨境电商[②]为例，由于其进口商品按个人自用进境物品监管，不执行有关商品首次进口许可批件、注册或备案要求，且在税收政策方面享受更低的税率，通过刷单[③]等伪报贸易性质的途径进行走私的情况增多。而与传统的一般贸易相比，跨境电商贸易行业链条较长，参与者比较多，包括第三方运营平台、物流公司、支付公司、软件开发者、多个层级的供应链公司等。除了电商公司，其他环节的参与者也可能构成走私的主体。伴随着国家的政策鼓励和国际贸易的日益深入，跨境电商行业近年来发展迅猛，但随之而来的跨境电商走私犯罪案件也不断出现，跨境电商经营中的走私犯罪风险激增，给多元贸易业态发展背景下我国对外开放、贸易强国建设带来了巨大挑战。

7.1.5.3 为优化构建"智慧海关"的新挑战

当前，世界正经历百年未有之大变局，海关处于维护国门安全、保障国际供应链产业链安全稳定的关键位置，深化海关贸易安全和通关便利化合作，开展"智慧海关、智能边境、智享联通"合作试点，优化构建"智

---

① 即我国海关对进出口商品估价将按照"实际成交价格"进行。

② 跨境电商，指中国境内消费者通过跨境电商第三方平台经营者自境外购买商品，并通过"网购保税进口"（海关监管方式代码 1210）或"直购进口"（海关监管方式代码 9610）运递进境的消费行为。

③ 刷单，即利用他人的真实身份信息，通过跨境电商交易平台在单次交易限制内下单订购，享受优惠税率进口，货物的实际购买人与名义上的购买人并不一致。

第7章　统筹发展与安全视角下海关缉私治理现代化

慧海关"是应对新时代背景下统筹发展和安全的有效途径。

基于海防与反走私信息技术建设、反走私站（点）建设，海关可进行案情分析、深度挖掘线索，破获大案要案。然而，科技创新一方面升级了缉私技术手段，另一方面也出现了高科技、新型走私手段。走私犯罪比其他刑事犯罪更加隐蔽，手段狡猾、多变，在走私活动中对于进出境路线、时间的选择、身份的掩护、隐蔽私货的方法、进行交易的手段都经过精心策划，并配备现代化交通、通信监听、反扫描设备，等等。科技创新应用水平的提升为打击走私带来了新的挑战，缉私难度大幅增加。

"智慧缉私"是"智慧海关"的关键构成。"智慧缉私"是科技缉私的拓展与延伸，是以传统缉私为基础，在信息化时代，借助大数据和高科技手段，达到管理规范、打控高效、平台开放、信息共享、部门联动等目标，更好地实施反走私综合治理，服务经济社会的良性有序发展。从"传统缉私"到"智慧缉私"是反走私形势与任务发展的需要，面临的挑战也是多方面的。"智慧缉私"作为一个长期的系统工程，需要各级海防打私机构的编制体制有一个规范统一的设置，这是"智慧缉私"工程持续稳定推进的基础。"智慧缉私"从全国打击走私综合治理办公室的"顶层设计"到各地市和基层单位的"最后一公里"的落地实施，都需要一个"政令畅通"的体制架构作保障。尤其是涉及情报信息共享、部门协调联动、权责分担与归口管理等，更需要自上而下形成一个整体协调、上通下达、令行禁止的运行机制。因此，解决反走私系统机构的编制体制问题，是决定"智慧缉私"工程能否长期稳步推进的挑战之一。

"智慧缉私"在信息化建设和管理方面，需要的是人才保障和技术支持。虽然涉及公共信息资源的部分可根据需要购买服务，但涉及内部机制运作与核心情报信息的软硬件部分，还是需要依靠自身的力量和资源去建设管理和运作。信息网络建设和计算机专业应用是现代"智慧缉私"的关键，但具备这些专业素养的海关缉私人员较少，要组建一支专业的"智慧缉私"队伍，人才与专业队伍是"智慧缉私"工程快速推进的要素之一。

"智慧缉私"工程涉及各领域、行业和部门。由于现阶段政府的机构改革、简政放权等改革仍在进行，各级政府的行政体系依旧复杂，部门权责交叉重叠、信息资源分散程度高、行业信息壁垒等现象依然存在。打私系统与海关、公安、渔业渔政、工商、税务等相关业务部门在资源共享和信息交换方面，存在多个层级、行业和部门之间的监管协调和授权问题。因此，打私系统在解决好机构编制体制、搭建平台、组建人才队伍等问题的同时，如何在信息资源监管协调和联网授权方面协同推进，也是提升"智慧缉私"整体效能的新挑战。

7.2 统筹发展与安全视角下我国海关缉私治理现代化的目标定位

7.2.1 查缉走私职能

7.2.1.1 缉私人才队伍建设

海关缉私队伍是国家打击走私的主力军，是国家缉私职能的重要承担者。海关缉私队伍建设水平决定着缉私工作的水平。随着社会主义市场经济不断发展，国际和国内社会环境日趋复杂，缉私工作也发生着深刻而复杂的变化。为贯彻落实总体国家安全观，推进构建开放安全屏障，缉私队伍建设面临新的、更高的要求。

习近平总书记在2013年全国组织工作会议上提出了"信念坚定、为民服务、勤政务实、敢于担当、清正廉洁"的好干部"二十字标准"，并在中央政治局第二十一次集体学习时对人才队伍建设提出一系列新观点新论断新要求，体现了党对新时代干部工作和人才工作规律的深刻把握，为加强新时代干部人才队伍建设提供了根本遵循。海关实行垂直管理体制，必须全面加强党的领导，以政治建设为统领，加强政治机关建设，推动海关党建高质量发展，切实抓好干部队伍建设，强化思想淬炼、政治历练、实践锻炼、专业训练，不断提高各级领导班子和干部贯彻新发展理念、构建新发展格局的能力。贯彻新发展理念、构建新发展格局，必须加强党的全面领导，善于用政治眼光观察和分析问题、锻炼人才队伍，真抓实干把党中央决策部署贯彻到海关缉私各项工作中。

作为国家的进出境监督管理机关，海关缉私更是肩负国家安全重要职能，在缉私人才队伍建设上更要坚持新时代党的组织路线提出的德才兼备、以德为先、任人唯贤的方针，队伍建设目标更加具体。德才兼备，才能干成事、担重任。习近平总书记指出，要通过加强思想淬炼、政治历练、实践锻炼、专业训练，推动广大干部严格按照制度履行职责、行使权

第7章 统筹发展与安全视角下海关缉私治理现代化

力、开展工作。这要求海关人才队伍建设必须牢牢把握新时代干部素质培养的内涵、途径、任务和价值取向,使广大干部的政治素养、理论水平、专业能力、实践本领跟上时代步伐;加强思想淬炼,把学懂弄通、贯彻落实习近平新时代中国特色社会主义思想作为首要政治任务。

海关人才队伍建设具有鲜明的时代特征,不同时期的队伍建设有着不同的特点和时代要求,建设方向更加明确。坚持总体国家安全观,走出一条中国特色国家安全道路。海关人才队伍建设,具体表现为整合现场执法资源,形成通关监管、稽查、缉私三支执行力量,分别侧重现场实际监管、后续监管和合规管理、打击走私违法活动,强化三支执行力量协同监管。海关缉私人才队伍作为一支同时具备刑事和行政执法职能的中坚力量,在保障国家安全方面肩负更加重要的职能和任务,以服务构建开放安全屏障。

2018年中共中央印发《中国共产党纪律处分条例》,进一步严明了政治纪律和政治规矩,强调要巩固和发展执纪必严、违纪必究的常态化成果,海关缉私队伍作为一支党绝对领导下的纪律部队,缉私人才队伍建设的要求更加严格。在新常态下,缉私队伍要大力实施人才强关,以优化人才结构为重点,以培养高端人才为关键,以创新人才发展机制为保障,切实推动人才工作高质量发展,培养造就一支数量充足、结构合理、素质优良、充满活力的人才队伍。

7.2.1.2 智能化、信息化建设

海关缉私智能化、信息化建设包括两层内涵:其一,加强人工智能、物联网、云计算、集装箱扫描设备、无人机等智能化软硬设备及技术的广泛应用;其二,在管理手段、监督手段、缉私流程等方面引入创新思维、科学方法、现代制度等,提高缉私效能。

为应对走私手法科技化程度的提升,海关缉私智能化、信息化建设是必然要求。强化科技支撑引领,紧扣全面建成智慧海关,夯实海关科技创新基础,构建"大平台、微服务、小终端、富生态"的科技创新生态体系,加快海关数字化转型,统筹运用数字化思维和数字化技术提升海关整体智治水平。为了提高对走私犯罪的控制能力,掌握走私斗争的主动权,打击走私犯罪活动,2015年至2017年,海关总署持续对全国各级关区取证实验室统一规划升级,并增设了多个实验室及工作站。2017年11月1

日,海关总署发布《海关监管作业场所设置规范》,规定"配备与海关联网的信息化管理系统,能够按照海关要求实现电子数据的传送、交换"。

大数据时代,利用大数据开展"网上缉私"工作已经是海关工作不容回避的新课题。在微观层面,需要实现案、人、物等线索要素和属性信息关联挖掘,为案件滚动打击提供信息支撑;在宏观层面,需要进行多维度的缉私态势分析,实现情报线索与办案中心、案管中心的数据对接,有效提高情报分析的效率和水平。在海关现场作业机制中,根据隐蔽、非侵入和顺势监管的方式进行统一标准化数据接入和设备接入,并需要打通和各业务数据库的关联,为构建业务数据立方体建立基础提供保障。基于多渠道的大数据,海关缉私需建成点线成网的缉私管理体系,通过网络技术和单兵装备的现场联通,形成可视化监控和扁平化指挥通道,提升联网指挥、统一处突、协调作战的应用能力。

继续推进信息化建设,发挥和挖掘风险分析和情报工作的作用。通过风险防控中心,融合风险与情报管理工作,广泛搜集、全面整合海关内外部信息资源,统筹管理物流监控、风险布控、选择查验、现场指挥、业务协调等,重点围绕运输工具舱单、收发货人报关、企业资信和供应链等相关信息,开展安全准入风险分析、研判和处置,指挥现场监管,发布业务运行状况报告。建立"全域动态感知、智能精准研判、高效监测预警"的情报工作体系和"事前预警、主动查发、精准打击、有效管控"的专业打击方式,优化"智慧缉私"建设。

7.2.1.3 联合缉私体制建设

改革缉私工作机制,完善联合缉私体制。《中华人民共和国海关法》中明确提出国家实行联合缉私体制。随着我国经济社会不断发展,缉私工作形式也有了新的变化。因此,《"十四五"海关发展规划》中也提出探索建立联合打私机制这一目标。

"联合缉私"要求构建海关、工商、公安、检察等多个相关部门协调缉私,要求各个部门要主动履行自身责任,利用自身的职权实现对缉私工作的支持和管理,确保实现企业自管、行业自律与社会共管的多元治理模式。在各个环境中都能严厉打击走私行为,形成"打、防、控"立体防线。要实现这一多元治理格局,要强化缉私中海关的领导和监督功能,完善缉私机构的设置,明确各个机构职能定位,强化组织协调与监督检查,实现高效执法。建立"缉私战区"作战模式，统一组织实施专项缉私行动和案件侦办。改革行政案件办案模式，逐步推行通关现场发现的简单案件、简易程序案件由通关现场即查即决，探索实施稽查部门发现的一般违规案件由稽查部门直接办理。整合缉私刑事、行政执法资源，实行"一案到底"办案模式。围绕缉私重点领域，持续开展联合专项行动。健全案件审理委员会运作机制，强化重大案件集体审议决定的工作机制。强化反走私综合治理，推动地方政府充分发挥打击走私基础作用，完善反走私综合治理组织体系建设。推动联合调查、联合预警、联合管理、信息共享。

7.2.2 反走私法治建设

7.2.2.1 科学立法

走私罪，是指故意违反《中华人民共和国海关法》和其他有关法律、行政法规，逃避海关监管，运输、携带、邮寄《中华人民共和国刑法》禁止进出境和其他应缴纳关税、进口环节海关代征税的货物、物品进出境，以及未经海关许可并且未补缴应缴税款，擅自将保税货物、特定减免税货物在境内销售牟利，数额较大、情节严重的行为。

目前，走私犯罪共有12个罪名：走私武器、弹药罪；走私核材料罪；走私假币罪；走私文物罪；走私贵重金属罪；走私珍贵动物、珍贵动物制品罪；走私国家禁止进出口的货物、物品罪；走私淫秽物品罪；走私废物罪；走私普通货物、物品罪；走私毒品罪；走私制毒物品罪。海关缉私部门查处走私犯罪案件的主要法律依据包括：《中华人民共和国刑法》《中华人民共和国刑法修正案（四）》《中华人民共和国刑法修正案（六）》《中华人民共和国刑法修正案（七）》《中华人民共和国刑法修正案（八）》《中华人民共和国海关法》《中华人民共和国刑事诉讼法》《公安机关办理刑事案件程序规定》《最高人民法院 最高人民检察院关于办理走私刑事案件适用法律若干问题的解释》（法释〔2014〕10号）、《最高人民法院最高人民检察院海关总署关于办理走私刑事案件适用法律若干问题的意见》（法〔2002〕139号）。整体来看，走私犯罪作为一种严重破坏社会主义市场经济秩序、国家安全的犯罪，我国在立法上根据新形势、新情况逐步做出了修改调整，罪状和刑罚相对具体。然而当前走私犯罪屡禁不止，这一定程度上反映了走私犯罪的立法不完善，使走私分子有机可乘。如对于走私普通货物物品罪，量刑依据按"偷逃应缴税额"，走私货物物品偷逃应缴税额的计算是基于海关关税得出，但不同的关税货物、物品税率不同，税额也不同。海关税率也不能完全反映关税货物、物品走私后给市场、社会带来的危害性。因此，以税额作为量刑的唯一界限，不能衡量走私行为对社会的危害程度。除普通货物、物品走私外，野生动物走私活动猖獗，严重影响国家生态安全，而打击野生动物走私的立法存在明显缺陷，如国内野生动物保护名录与《濒危野生动植物种国际贸易公约》附录不一致的问题，人工繁育的野生动物与野外野生动物的保护等级差异问题，均不利于海关开放安全贸易屏障的构建。

统筹发展与安全视角下的海关缉私法治建设，首先需要科学立法。要以习近平新时代中国特色社会主义思想为指导，坚持党中央对立法工作的集中统一领导，增强"四个意识"，坚定"四个自信"，做到"两个维护"，将习近平总书记全面依法治国新理念新思想新战略作为根本遵循和行动指南，贯穿于立法工作的全过程和各方面。要结合海关工作实际，着力推进党的领导制度化、法治化，要坚持立法服务党和国家工作大局，主动对接、积极融入党和国家重大发展战略、重大决策部署，通过法定程序转化为法规制度规范，保证习近平总书记重要指示批示和党中央的各项决策部署在海关工作中得到全面贯彻和有效执行。要适应新时代构建开放型经济新体制的需要，配合全面深化改革和关检业务深度融合，立改废释并举，质量效率并重，以高质量的安全制度供给保障和促进跨境贸易的高质量发展。要把握和处理好立法稳定性与改革渐进性、立法程序复杂性与改革任务紧迫性之间的辩证关系，在业务改革尚未全面实施或者虽已实施但对改革成效缺乏实践检验的情况下，不宜通过立法方式对改革事项予以固化，待改革事项成熟、稳定后，再启动立法程序固化改革成果。健全海关立法与执法一线、社会公众的沟通机制，通过线上线下多种方式，最大限度征集一线缉私关员、进出口企业、行业协会商会以及社会各界的制度需求和利益诉求，使立法工作更接地气，使关情民意得以充分表达。

7.2.2.2 严格执法

新修订的《中华人民共和国行政处罚法》于2021年7月15日起实施。为了与新法相衔接，海关总署于2021年6月16日公布了《中华人民共和国海关办理行政处罚案件程序规定》，并与其同步实施，在推进严格规范

第7章 统筹发展与安全视角下海关缉私治理现代化

公正文明执法方面迈出了重要一步。

《"十四五"海关发展规划》中明确提出要深化执法规范化建设。在统筹发展和安全的背景下，海关缉私人员坚持原则，严格依法办事，维护国家法律的尊严，在缉私活动中严格认真，不畏权势，不为利诱所动，不徇私情，不贪赃枉法，勇于克服执法工作中的困难，敢于排除执法工作中的阻力和干扰，秉公执法。

缉私部门行政执法观念源于政府的行政理念，以及政府实施行政管理所依据的法律规定，对走私等违法活动的调查、惩处是《中华人民共和国海关法》赋予海关的主要任务之一。行政执法的效果直接影响海关缉私、监管、贸易安全环境的效能，只有在执法过程中体现出法律和社会效果，才能发挥执法效果的导向作用。《中华人民共和国海关办理行政处罚案件程序规定》规定"海关行政处罚应当由具有行政执法资格的海关执法人员实施。执法人员不得少于两人，法律另有规定的除外"，进一步规范了执法主体资格的合法性。此外，规定也明确排除了非法证据，并完善了海关扣留程序以及案件审核制度，保障了当事人的陈述申辩及听证权。但严格执法并不是简单从严"一刀切"处理，针对部分旅客因为不清楚国家进出境规定而受到海关处罚的情形，执法过程中也要求基于当事人的主观状态，坚持处罚与教育相结合。

严格执法需要以透明执法为前提，包括明确违法行为减轻、从轻、从重处理的法定情形，规定海关行政处罚裁量基准公开发布，明确海关办案期限，并实现从执法依据到执法过程再到处理结果的全流程记录和公开。海关缉私应始终把严格规范公正文明执法作为依法把关的基本要求，通过不断厘清权责边界、完善执法机制、规范自由裁量权行使等举措，坚持和发展新时代"枫桥经验"，探索建立多元行政争议化解机制，努力实现执法效果最大化。深入推行行政执法案例指导制度，建设智慧海关法律服务数据库，全面提升海关执法公信力。

7.2.2.3 公正司法

法治是最好的营商环境。在统筹发展和安全的背景下，公正司法就是受到侵害的权利一定会得到保护和救济，违法犯罪活动一定要受到制裁和惩罚。由于走私案件的侦查和诉讼活动中，走私案件的复杂性以及制度自身的不完善性，容易影响司法鉴定的客观性、科学性和准确性，因此需要进一步深化司法体制改革。坚持原则、把握底线，坚持守正创新，扭住影响公平正义实现的关键环节持续发力，努力在形成系统完备、成熟定型的审判制度规则体系上取得更大成效，在推动现代科技从工具性运用向更深层次规则治理和制度构建上取得更大成效。全面落实司法责任制，深化司法体制综合配套改革，加快构建系统完备、规范高效的司法制约监督体系，加快构建权责清晰、权责统一、监管有效、保障有力的司法责任体系。完善明责、履责、督责、考责、追责的制度体系，压实政治责任、审判责任、监督管理责任和保障责任，真正实现有权必有责、用权必担责、失职必问责、滥权必追责。

公正司法要着力解决领导机关和领导干部违法违规干预问题。这是导致执法不公、司法腐败的一个顽瘴痼疾。国内外海关实践证明，走私分子通过各种形式的贿赂手段利诱海关及政府相关部门人员为其走私活动提供便利、放纵走私，这种与海关寻租性腐败紧密关联的走私活动直接导致公共利益的损失，损害国家安全，而这种寻租性腐败正是公正司法所打击的重点内容。政法机关要自觉接受媒体监督，以正确方式及时告知公众执法司法工作情况，有针对性地加强舆论引导，从海关缉私角度，大力促进社会公平正义。

7.2.2.4 全民守法

治理区别于管理的核心要点就是多元主体的协同参与。反走私综合治理需要增强群众的反走私意识，引导群众树立反走私观念，营造良好的反走私社会氛围，推进全民守法。通过打造精品普法阵地，建设具有海关业务特色的法治文化宣传基地，我国海关已创建多个具有影响力的普法品牌，如"8·8"海关法治宣传日等；通过进出境旅检渠道宣传，个人无意携带违禁品入境的案件大幅下降。

全民守法是建设法治国家的基础，更是缉私法治建设的基石。推进全民守法，必须着力增强全民法治观念，坚持把全民普法和守法作为依法治国的长期基础性工作。新时代全民普法工作要以习近平法治思想为统领，坚持以人民为中心，坚持服务大局，坚持与法治实践深度融合。要突出普法重点内容，加强进出口码头人员管理和反走私宣传教育，严格落实缉私制度，加强对靠泊的船舶、货物的审查和登记，对于临时性的运输装卸业务，要提高警惕，防止被走私分子诱惑和利用；对运输营运人员，要加强

第7章 统筹发展与安全视角下海关缉私治理现代化

普法力度，增强其法律意识，不参与走私，不装卸许可范围外货物，不夹带私货，对走私行为进行举报；通过线上线下多途径宣传，促进普通市民了解走私的基本特征、常见手法、法律后果和必要的防范等知识，不参与走私，增强反走私意识，发现疑似参与走私的人员、船舶、车辆、货物以及藏匿点，可通过举报电话等途径进行举报，经查实后按照规定给予一定奖励。对于购买进口货物要看清楚有无中文标签和说明书，仔细检查服装的成色、商标和关键部位的磨损程度，谨防购买未经检验检疫和不合格的进口货物。

在全社会深入持久开展反走私宣传教育活动，持续提升公民法治素养。以行业工作人员和青少年为重点，把法治教育纳入国民教育体系，加强教育引导，推动实践养成，完善制度保障，运用志愿服务力量强化社会普法，运用新技术新媒体推进智慧普法，提升普法的覆盖面和便捷性，推进全面守法。

7.2.3 反走私国际（地区）合作

7.2.3.1 对外合作伙伴关系构建

中国海关缉私部门历来高度重视国际（地区）执法合作，与多个国家和地区签订了双边行政互助合作协定，其中执法合作都是重要内容。通过充分发挥海关与公安的双重优势，中国海关缉私部门在公安部的大力支持下开展了大量国际（地区）警务合作。重视执法合作是海关缉私活动的特点决定的。只要是走私，其活动就必然涉及进出关境，即走私犯罪活动通常涉及两个或多个国家或地区，是一种跨境的犯罪活动。基于走私活动的这个特点，为了有效打击和遏制走私犯罪活动，海关缉私部门必须加强与有关国家（地区）执法部门的合作。

随着我国法治建设的不断推进，法律对执法部门的履职能力与执法活动的规范化提出了更高的标准，新版《中华人民共和国刑事诉讼法》等对走私犯罪案件的证据要求也越来越高，境外取证已成为缉私工作新常态，有效开展境外追赃追逃等将成为缉私工作的新要求。加强国际（地区）执法合作，对于有效应对法治建设的新要求，更加有效地解决疑难案件，更加有效地打击走私犯罪、根除走私势力，营造良好的通关环境，维护我国的大国形象，发挥着重要作用。此外，随着经济全球化的不断推进，随着互联网、3D打印等新技术的不断发展与广泛应用，"互联网+"、跨境电子商务、新型自由贸易区等新事物应运而生，各种新的商业模式不断涌现，给海关缉私工作带来了许多新的课题和挑战。加强国际（地区）执法合作，已成为新形势下相关国家（地区）缉私部门不可或缺的一种职能实现途径。通过汲取其他国家（地区）的成功经验，联合相关国家（地区）海关执法部门共同研究应对这些新课题、新挑战的方法，将国际（地区）执法合作为我所用，也成为中国海关缉私部门履行职责的迫切需要。

《"十四五"海关发展规划》中明确提出要深化对外合作伙伴关系。以服务国家重大主场外交为重点，积极参与国家间高层对话机制，形成更多有影响力的海关国际合作成果。深化打击走私国际合作，加强政策沟通和技术交流，随着"一带一路"倡议的推进、RCEP的实施等，国际合作带来的贸易便利化程度增加，海关缉私更要基于已有合作，与合作伙伴建立机制化、常态化合作渠道，开展信息交换和案件协查。

7.2.3.2　国际反走私活动与贸易规制的参与和组织

在双边和多边合作的框架下，海关缉私还需对共同关注的重点行业领域和对象开展联合行动，主动参与或组织相关国际贸易规则构建和反走私国际执法行动。

中国海关缉私部门将国内专项行动与国际联合执法行动结合，在WCO先后倡议开展了打击香烟走私的"鳄鱼行动"、打击消耗臭氧层物质和废物走私的"补天行动"、打击濒危野生动植物及其制品走私的"眼镜蛇行动"、打击邮件快递渠道走私毒品和化学前体的"天网行动"和打击有害废物走私的"大地女神"国际联合行动等系列全球联合行动。

国际贸易或缉私合作不能仅仅关注自己的利益和诉求，而应当在法律和能力范围内适当照顾对方的需求，在互有需求、互有关注的基础上，找到利益的平衡点和交汇点，共建全球命运共同体，积极参与和发起全球性、区域性打击走私联合行动，扩大国际影响，增强我国在WCO、国际刑事警察组织（International Criminal Police Organization，INTERPOL）及联合国有关执法机构的代表性和话语权，制定系统的国际（地区）执法合作规范，梳理对外合作文件，明确权责关系，保障各项工作有法可依、有规可循，提升运用规则维护国家安全和利益的能力。

第 7 章 统筹发展与安全视角下海关缉私治理现代化

7.3 统筹发展与安全视角下我国海关缉私治理现代化的路径

7.3.1 深刻认识、正确界定海关缉私在构建开放安全屏障中的地位与作用

党的十八大以来，以习近平同志为核心的党中央高度重视发展和安全问题，立足国情、着眼长远，坚持独立自主与扩大开放有机结合，不断健全开放安全保障体系，为发展开放型经济构筑安全防线。当今经济全球化遭遇逆流，保护主义、单边主义上升，世界经济仍在复苏状态，国际经济、科技、文化、安全、政治等格局都在发生深刻调整。全面深化改革，全面扩大开放，加快构建以国内大循环为主体、国内国际双循环相互促进的新发展格局，必有利于重塑我国国际合作和竞争新优势，并将为世界各国提供更广阔的市场机会。这样的战略方针，同时要求统筹好发展和安全两件大事，既运用发展成果夯实国家安全的基础，又塑造有利于我国经济社会发展的安全环境。

政治、经济、社会、科技因素均影响着我国海关，包括海关缉私部门的效能。为推进构建开放安全屏障，海关缉私应清晰和准确地界定海关在我国综合安全体系中的定位和作用，制定行之有效的中长期安全规划。

7.3.1.1 明确海关缉私在总体国家安全保障中的地位和作用

牢牢守住安全发展这条底线，是构建新发展格局的重要前提和保障，越是开放越要重视安全，统筹好发展和安全两件大事，增强自身竞争能力、开放监管能力、风险防控能力。海关缉私是促进进出口贸易发展政策措施和海关制度实施的前提和保障，离开海关缉私，国家安全尤其是进出境安全无从实现。在海关缉私的政策决策和制度设计上，要将国家安全列为重要甚至是首要的考虑要素，统筹经济发展、贸易便利和公共安全、国家安全之间的关系，协调执行发展和安全相关制度间的关系。此外，在体制机构设置上，也要统一协调海关监管、海关风险管理等与海关缉私部门间的各项安全工作，综合打击各种违反海关法律法规、危害国家安全的行为，确保贯彻落实总体国家安全观。

7.3.1.2 推进海关缉私在国内国际双循环中实现新作为

护航经济发展"双循环"，需要海关缉私部门利剑出鞘，严守国门。

立足国内大循环，服务协同推进强大国内市场和贸易强国建设，充分发挥海关国内国际双循环相互促进重要交汇节点作用，推进更大范围、更宽领域、更深层次对外开放，促进国内国际双循环顺畅联通。海关缉私要深刻认识错综复杂的国际环境带来的新矛盾新挑战，增强机遇意识和风险意识，准确识变、科学应变、主动求变。在严格、精准、主动打击走私前提下，有效把对外开放和内部改革发展紧密衔接起来，推动形成以国内大循环为主体、国内国际双循环相互促进的新发展格局。

7.3.2 深化反走私法治建设，完善联合缉私体制机制

海关作为国家机器的组成部分，属政治范畴，其政治性反映在专政和民主两个方面。海关缉私要以维护国家主权和利益、维护政治统治和国家安全为核心宗旨；海关缉私通过依法行政，推行执法的公开性、合法性、民主性来实现民主职能。

7.3.2.1 完善海关缉私法律制度体系，严格规范公正文明执法，营造全民反走私的良好法治环境

海关缉私权力是由法律规范预先规定的，法律制度的完善性直接影响海关缉私效能，各省（自治区、直辖市）已陆续出台反走私综合治理规定与办法。立足我国国情和实际，海关缉私应以《中华人民共和国海关法》修订为牵引，积极参与《中华人民共和国国境卫生检疫法》《中华人民共和国进出境动植物检疫法》《中华人民共和国进出口关税条例》等法律及配套行政法规、规章修订，逐步形成以海关法为核心，多个法律法规为执法依据的系统完备、科学规范、运行有效的海关缉私法律制度体系。

基于科学立法，海关缉私更需要严格规范公正文明执法。海关缉私执法对象复杂，执法目的、环境不尽相同，各种传统和非传统安全威胁迫使海关缉私需保持一定灵活性，这就需要执法人员必须秉公执法，严格按照法律规定和程序办案，以事实为依据，以法律为准绳，落实行政执法责任制，实行责任追究制度和责任倒查机制。

多元缉私主体是反走私综合治理的禀赋特征，营造全民守法、全民反走私的良好法治环境是海关法治建设的重要构成，加强反走私宣传引导工作，结合线上线下等宣传方式，大力开展反走私"进社区、进村庄、进企业、进家庭、进机关"等群众性宣传活动，将宣传工作深入到各行各业和

第7章 统筹发展与安全视角下海关缉私治理现代化

每一名群众中去,进一步宣传引导广大群众远离走私、抵制走私、举报走私违法犯罪活动,增强居民反走私意识、树立反走私观念,不断深化反走私整治工作,营造全民反走私的良好氛围。

此外,海关还需要强化对行政权力的制约和监督,切实增强监督合力和实效。整合监督资源,科学设定监督职责,严密规范监督程序,加强各监督主体之间的协调配合,形成"优势互补、监督有力、富有实效"的监督体系,充分发挥整体监督效能。公开与透明,是对权力最好的监督。要坚持以公开为常态、不公开为例外原则,推进决策公开、执行公开、管理公开、服务公开、结果公开。在宣传上,各海关缉私需组织外贸企业开展业务学习培训,引导进出口企业守法经营和诚信自律,体现"走私惩处、违规教育、守法便利"的政策导向,增强诚信企业的"品牌效应",形成"政府引导、企业主体、社会推动"的高效良性模式。同时,强化"宣传也是打私"的理念,创新开展反走私宣传工作,扩大正面宣传和典型案例曝光。最终,形成全社会积极参与反走私的良好局面,推动打击走私综合治理工作效能的提升。

7.3.2.2 完善联合缉私体制机制,密切各部门各海关各地区机关合作,推动执法统一

"联合缉私"要求构建海关、工商、公安、检察等多个部门协调缉私,要求各个部门要主动履行自身责任,利用自身的职权实现对缉私工作的支持和管理,确保实现企业自管、行业自律与社会共管的多元治理模式。海关需优化协同协作,强化综合治理,不断加强与打私、商务、银行、市场监管、税务等部门的配合,并明确各部门成员职责,实行联席会议和工作报告等各项制度,不断提升反走私工作的整体合力。充分发挥各部门协调沟通作用,及时研究解决缉私一线中发现的问题。

权责是组织的基本构成要素,权责划分是优化联合缉私体制运作的基本手段。因此,应尽快推动国家层面的法规制定,并根据《中华人民共和国海关法》,进一步明确海关缉私与公安、边防、工商、金融、交通运输等部门在打击走私方面的权与责、过与罚以及绩与利,划定基本关系,减少执法成本,创作互利合作条件。满足体制内各相关方利益最大化的需求,也可增进共同利益(国家利益)的实现,因此应对中央与地方、各缉私部门、各地区执法部门的利益进行调整与再分配,有效克服地方保护主

义。联合缉私体制是推动反走私综合治理的重要抓手，海关缉私也应该树立"预防"重于"惩治"的理念，将执法关口前移，更加注重事前规范引导、事中监控治理、事后教育惩处，向"预防与打击兼治"转型，在各个环境中都能严厉打击走私行为，形成"打、防、控"立体防线。

此外，基于前期联合专项行动的实践基础，如"国门利剑""蓝天"专项行动等，对于"洋垃圾"、冻品、毒品、卷烟、防疫物资、野生动物及其产品等走私，还需要不断加大专项打击力度，优化营商环境，联合推动经济社会发展。

7.3.3 强化技术支撑，全面建成智慧海关，构建全信息反走私平台

7.3.3.1 积极推动海关统计信息社会化，扩大统计信息对社会的作用和影响

科技进步是双刃剑，随着走私手法复杂化，实现海关缉私智能化、信息化迫在眉睫，充分运用大数据在海关统计、海关缉私中的应用与实践是实现智能化、信息化建设的基础。在微观层面，需要实现案、人、物等线索要素和属性信息关联挖掘，为案件滚动打击提供信息支撑。在宏观层面，需要进行多维度的缉私态势分析，实现情报线索与办案中心、案管中心的数据对接，有效提高情报分析的效率和水平。全面推广应用 H2018 新一代通关管理系统，加快各类信息系统整合优化，加强智能审图、智能化卡口、区块链等技术应用，提升智能监管水平，扩大海关缉私的信息来源。在内部管理方面，优化完善电子政务内网基础设施，升级完善政务办公、党建队伍、财务管理、廉政监督等信息化应用，实现统一规范的智慧管理。坚持业务科技一体化，加强大数据、人工智能等先进技术的创新应用，提高监管装备设备智能化水平，为海关改革发展提供支撑。

以业务指挥中心建设为纽带，依托海关大情报体系支撑，实现海关风险管理与情报先导战略的融合，通过建立集约化、专业化、智能化的风险和情报分析研判机制，统一处置渠道，加强业务运行指挥与协调。同时，积极融入国家情报体系建设，进一步加强国际海关执法合作和行政互助，提高海关通关监管的针对性和有效性。

对于非设关地管控，海关缉私应加强非设关地港口、码头、停泊点的

第7章　统筹发展与安全视角下海关缉私治理现代化

全要素核查，逐项摸清底数，登记造册、建档立案，挂图作战，探索非设关地反走私工作网格化建设，将打私综合治理工作嵌入海关日常网格化管理工作，构建起"海防、岸防、陆防一体，人防技防并举，线上线下结合"全社会多元共治的打私工作新模式。

7.3.3.2　建设一支稳定的符合建设发展需要的专业缉私人才队伍

《"十四五"海关发展规划》中明确提出大力实施人才强关，以优化人才结构为重点，以培养高端人才为关键，以创新人才发展机制为保障，切实推动人才工作高质量发展，培养造就一支数量充足、结构合理、素质优良、充满活力的人才队伍。"智慧缉私"在信息化建设和管理方面，需要的是人才保障和技术支持。虽然涉及公共信息资源的部分可根据需要购买服务，但涉及内部机制运作与核心情报信息的软硬件部分，还是需要依靠自身的力量和资源去建设、管理和运作。目前，海关缉私队伍虽然积累了丰富的日常业务工作和行政管理经验，但在信息网络建设和计算机专业应用方面仍有提升空间。要组建一支专业的"智慧缉私"队伍，人才与专业队伍问题是推进的重点。从长远看，关键岗位的专业人才，还需要有计划、分梯次地从高校和社会上招贤纳才，以解决人才与队伍的建设与发展问题。尤其是在平台构建、App 的研发与推广运用、情报信息的经营管理方面，仅靠购买第三方服务是不够的。随着"智慧缉私"工程的持续推进，高科技装备、系统平台、技术软件的应用，更需要从高校、合作部门机关、社会中吸收人才，建设一支稳定的符合建设发展需要的专业人才队伍。

打造高素质专业化干部队伍。增强领导干部政治意识，提高政治站位，善于从讲政治的高度，运用政治眼光观察和分析问题、谋划工作。加强队伍能力建设，强化专业培训和实践锻炼，不断增强政治能力、调查研究能力、科学决策能力、改革攻坚能力、应急处突能力、群众工作能力、抓落实能力，培养更多各方面的行家里手。强化干部队伍纪律作风养成，锻造"政治坚定、业务精通、令行禁止、担当奉献"的准军事化纪律部队。深入推进党风廉政建设和反腐败斗争。落实全面从严治党要求，压紧压实管党治党主体责任。严格落实中央八项规定精神，大力整治形式主义、官僚主义，深化"好差评"系统应用，不断改进政风行风。完善监督体系，坚决查处各类腐败案件，着力整治群众身边腐败和不正之风，一体推进不敢腐、不能腐、不想腐，打造清廉海关。

7.3.4 深化反走私国际执法合作，积极参与国际反走私事务

7.3.4.1 深化缉私国际合作，建立"全球网络化"海关

重视执法合作是海关缉私活动的特点决定的，走私活动是一种跨境的犯罪活动。基于此，海关缉私部门必须加强与有关国家（地区）执法部门的合作。以国际海关先进管理经验为借鉴，实现海关缉私的"前推后移"，进一步拓展反走私监管时空。通过不同海关之间以及事前、事中、事后监管力量错位分工和联动互补，构建海关全过程监管的完整闭合链条。前推到"监管互认、执法互助、信息互换"的国际海关合作，后移到国内市场与企业稽查，借助国内外管理资源，全面履行海关缉私的关境保护职能。

近年来，海关缉私部门更是致力于通过开展广泛深入的国际（地区）执法合作，努力提升打击走私犯罪的成效，走出了一条有时代特色的"合作之路"。中国海关缉私部门已经与美国、俄罗斯、欧盟及其成员方、东盟及其成员方、南非、澳大利亚、印度等60多个国家和地区执法机构开展了双边、多边执法合作，取得了显著的成绩。为适应新商业模式不断涌现带来的新课题、新挑战的需要，海关缉私应着眼于国际、国内的新形势和国际海关的新情况、新变化，立足于国家和海关工作的大局，按照"以我为主、为我所用"的总原则，遵循"为国家总体外交和外经贸大局服务、为国内改革开放和社会主义现代化建设服务、为我海关自身建设服务"的指导思想，大力推进国际（地区）执法合作。秉持相互尊重、相互信任、追求互利共赢、牢记责任、不断创新的原则，与主要合作伙伴建立机制化、常态化合作渠道；与主要贸易伙伴和重点国家（地区）开展信息交换和案件协查，围绕缉私工作重点定期与合作伙伴进行情报交换，开展双向协查；在双边和多边合作的框架下，对共同关注的重点走私领域和对象开展联合行动。

为保障各项工作有法可依，有规可循，海关缉私应制定系统的国际（地区）执法合作规范，整理梳理对外合作文件，明确权责关系；进一步完善国际（地区）执法合作运行机制，构建灵活、高效、务实有用的多样化合作机制，建立沟通流畅、协调配合、运转有序的内部工作机制；加大机构、人员和后勤等方面的保障力度，增派驻外执法联络官，在系统中设

第 7 章　统筹发展与安全视角下海关缉私治理现代化

立专职执法合作机构或人员，建立国际（地区）执法合作人才库，加强后勤和财务保障；充分发挥各级海关缉私部门的主体作用，挖掘国际（地区）执法合作潜力。

从缉私实战出发，我国海关缉私还需抓好与周边国家（特别是越南、俄罗斯、韩国、日本、澳大利亚、新西兰）以及与我国港澳台地区海关的执法合作，打造命运共同体。秉持亲诚惠容的周边外交理念，坚持与邻为善、以邻为伴，深化同周边国家的全面合作，保障信息互联互通。此外，运筹好与欧美和金砖国家等的合作关系，构建健康稳定的执法合作框架，扩大同发展中大国的合作；不断开拓与非洲、南美洲重点国家的执法合作新领域，与广大发展中国家建立起执法互助、交流学习、资源共享的务实协作机制。

7.3.4.2　深度参与国际组织，讲好海关缉私的"中国故事"

进入新发展阶段，我国对外开放的大门将越开越大，面临的安全风险和考验也越来越多。WCO、国际刑事警察组织以及联合国环境署、联合国毒品和犯罪问题办公室、《控制危险废料越境转移及其处置巴塞尔公约》秘书处等国际组织是开展国际（地区）执法合作的重要渠道之一，也是讲好"中国故事"的重要平台。中国海关缉私部门曾承担多年 WCO 亚太地区情报联络中心（亚太 RILO）的职能，其间，中国海关充分发挥亚太地区情报联络中心的情报中枢作用，推出亚太地区情报联络中心主要情报产品，向成员海关提供技术援助，积极协调成员海关开展案件协查、情报交换和联合行动，与 20 多个国际执法组织、机构建立工作关系，组织协调多次多边执法联合行动，为本地区成员海关提供多次跟班作业与技术培训，有力地促进了亚太地区海关执法能力的提高。中国海关缉私部门以出色的组织能力、精湛的业务技能、务实的工作态度、突出的奉献精神，赢得了国际海关界的好评和赞赏。同时，借助国际组织平台，中国海关缉私也吸收了国外执法工作的有益经验，培养和锻炼了一批懂海关、懂警务、懂国际（地区）执法合作的干部，扩大了中国海关缉私部门在国际（地区）海关执法合作中的影响。

中国海关缉私应努力提高实力，为深度参与、组织国际联合缉私奠定基础，讲好中国故事，弘扬中国精神，传播中国声音。积极参与和发起全球性、区域性打击走私联合行动，扩大国际影响，增强我国在 WCO、国际刑事警察组织及联合国有关执法机构的代表性和话语权。积极参与中日韩、APEC、亚欧会议（ASEM）、东盟与中国（10+1）、东盟与中日韩（10+3）、上海合作组织、大湄公河次区域（GMS）海关合作等各种外交平台建设，积极推进"一带一路"建设及国家战略的落实，努力寻求各方利益的汇合点，通过务实合作促进多边、国际执法合作的互利共赢。

第8章 统筹发展与安全视角下海关统计治理现代化

海关统计不但能对我国的进出口货物进行统计和调查，还可对这些数据进行相关的分析和检测，海关统计分析结果对于我国进行进出口经济分析与预判、宏观经济调整及预测具有重要参考价值。国家对于海关数据的收集、分析和安全保护历来高度重视。如何提高海关统计数据的安全性，推动海关统计治理的现代化，是海关事业发展的重要课题。

国际外贸环境和国家治理现代化建设进程，对我国海关统计治理现代化提出了新的要求、新的方向。作为收集、分析我国的宏观经济调整和预测的重要依据之一的海关统计，如何在统筹发展和安全的发展目标要求下推进海关统计治理现代化至关重要。海关统计该如何适应新的发展需要，如何进行改革与治理现代化创新，对贯穿其中的目标定位和路径亟须讨论并回答。

8.1 我国海关统计工作的现状与挑战

编制海关统计是《中华人民共和国海关法》明确规定的海关的四大任务之一，且在海关统计工作中的调查、整理、分析三个基本环节中，统计分析属最高层次。《中华人民共和国海关统计条例》第二条明确规定，海关统计是海关依法对进出口货物贸易的统计，是国民经济统计的组成部分。这些都表明如何在切实履行海关统计基本职能之外合理地延伸海关统计职能，提高海关统计分析的质量，是海关统计工作中的重要问题。

8.1.1 海关统计的意义

统计事业是党和国家的重要事业，统计工作是经济社会发展的重要综合性基础性工作，统计数据是国家宏观调控、国情国力分析判断、科学管理决策的重要依据。[①] 作为国家统计工作的重要组成部分，准确厘清海关统计治理的现代化对国家安全的关系，对其发展过程中所存在的利好因素及不利影响进行研究，更能清晰认识到海关安全体系与海关发展的关系，对我国国家安全体系和海关治理体系现代化起到积极推动作用。

8.1.1.1 统计与国家治理现代化

政府统计作为国家治理的重要组成部分，张文红和陆思诚（2022）认为遵循从共治理念到集成模式的现代化逻辑，可以通过改革制度和运作机制，逐步融入新时代的国家治理进程，并且国家治理的政府统计融入机制具有统计共治、多元参与和数据集成的"三新"特征。然而，这一过程中存在一些问题，如标准适应性不足、方法兼容性缺失和制度灵活性较弱等。作者提出了一些解决方案，包括通过账户拓展、调查沟通和技术融通等举措来巩固适应性融入机制、完善反馈性融入机制并健全互动性融入机制，以提升政府统计在增强国家治理效能方面的实践导向。

洪兴建等人（2020）通过总结了第十八次全国中青年统计科学研讨会上就国家治理体系和治理能力现代化与统计新发展领域的讨论内容，提出国家治理体系和治理能力现代化要求统计工作具备更高水平的科学性、规范性和精准性的观点，强调了统计在推动国家治理现代化进程中的重要地位和作用，同时也提出了一些问题和挑战，如数据质量和可靠性、统计方法和技术的创新等。同时也指出，统计为国家治理提供了重要的数据支持和分析方法，为政策制定和决策提供科学依据。因此，要加强统计能力建设，提高数据质量，推动统计工作与国家治理体系和治理能力现代化相适应，进一步发挥统计的作用。

8.1.1.2 海关统计与国家治理现代化

近年来，随着互联网的深入应用和云计算的发展，经济和社会发展逐渐进入了以数据价值的深度挖掘为核心的大数据时代。毕海军和惠亮（2016）提出，要充分借鉴和应用大数据技术，积极探索和建立海关统计数据分析应用机制，深入挖掘数据价值，提高服务水平，监测和预警分析已成为海关统计分析工作面临的紧迫任务。最后，面对新形势、新要求，

[①] 毛有丰，余芳东，李一辰. 新时代统计监督的概念内涵和特征研究 [J]. 统计研究，2022，39（7）：3-11.

第8章 统筹发展与安全视角下海关统计治理现代化

海关统计分析要积极应对大数据带来的新挑战，用大数据思维和手段解决新常态下海关统计分析面临的诸多问题，建立海关统计大数据分析应用机制，实现工作的创新和发展。

沈克垒（2013）将公共管理理论与中国国情相结合，首先梳理了海关统计功能的历史沿革和现状，然后从公共服务的角度分析了海关统计功能存在的问题。结合国内外海关统计实践的真实经验，提出了构建海关统计公共服务新体系、加强运行机制建设、重塑组织文化等海关统计职能转变的建议和对策。

钱锦和练永瑜（2012）对传统海关统计与现代海关统计职能进行了比较研究，认为随着计算机和IT技术的完善和发展，海关统计大数据也被赋予了以下新的内涵：大规模对外贸易活动中数据集的获取、存储、管理、分析等方面大大超出了传统外贸数据库软件工具的范围。一般来说，海关统计大数据的特点是外贸数据规模大、流量快、类型多、价值密度低。

冉辉（2015）认为海关作为进出口监督管理机构，处于改革开放的前沿，是国家治理体系的重要组成部分。在全球化的视野下审视和加快海关治理能力现代化，推进国家治理体系和治理能力的现代化。海关要遵循法制化、柔性化、扁平化、协调化的发展机制，完善海关法律体系，实施海关监管模式大规模定制，开展垂直一体化、并行监管，扩大国际合作，不断提高治理能力，及时跟上全球化步伐。

周卫前（2015）参照深化海关改革、全面推进海关法治建设、加快推进海关治理体系和能力现代化的价值目标，认为中国海关要处理好继承与创新、改革与管理、管控与放手、决策与执行、整体与局部、治标与治本、传统与现代、进步与突破，处理好有形与无形、数量与质量、分散与集中、真实与虚拟、货流与信息流、口岸与属地、体制改革与发展的一系列重要关系，我国将大力创新管理理念，完善管理体制、方法和手段，优化资源配置和再造作业流程，以提高整体管理效率，推动海关改革和现代化在法治化轨道上稳步推进。

以上学者在针对现代化以及海关统计职能、组织等方面的研究为进行海关统计治理的现代化研究提供了丰富的文献支撑，但是以往文献大多立足于海关统计的职能变化和改革方向，缺乏从治理层面的研究；同时也没有立足于统筹发展和安全的视角对海关统计治理的目标定位和路径展开详尽研究，在这一层面未能形成系统性的研究框架。另外，以往研究多侧重于海关统计的便利化、数据的高质量化和数据处理的高效化，缺乏统筹发展和安全视角下对海关统计治理的指导性建议和具体性建议，更多是对部分领域的问题解决和研究运用方向的指导，为此探究统筹发展与安全视角下海关统计治理现代化的目标定位和路径意义非凡。

当今的国际形势严峻，结合我国总体国家安全观的提出，如何准确厘清海关统计治理现代化和国家安全的关系，对海关统计治理现代化发展过程中所存在的利好因素及不利影响进行研究，在此基础上更能清晰认识到海关安全体系与海关发展的关系，对我国国家安全体系和海关治理体系现代化起积极推动作用；在今后的建设过程中，对海关统计治理现代化进行明确定位，优化升级其路径并进行推广，提高海关统计及其数据安全的现代化水平，为海关统计的治理进行组织体系赋能，赋予海关统计治理组织体系以活力和强大的竞争力。海关治理现代化是在国家安全和对外开放层面"推进国家治理体系和治理能力现代化"的实际表现。它是当前国家开放型经济发展体系中最基本、最具体的内容，对推动国家治理现代化具有重要作用。开展海关统计治理现代化理论研究，是丰富国家对外贸易框架，推动国家数据安全水平提高的必然途径。

8.1.2 海关统计的发展历程

8.1.2.1 初步创立阶段

自清康熙年间粤（广州）、闽（厦门）、浙（宁波）、江（初设在连云港，后移至上海）设海关以来，海关统计虽已开展，但尚未形成稳固的统计体系。鸦片战争失败后，中国被迫建立外籍税务司制度，并引进了西方国家的海关管理方法。

1859年，赫德根据西方的海关管理和统计理念，建立了海关统计制度。清末，海关已建立了系统完备的统计机构——税务总局上海目录处，开展贸易统计工作，编制印制了多份贸易报告。清代海关的主要职能是征收关税和管理贸易。因此，当时的海关统计与税收的征收、申报、结算系统密切相关，总结其统计系统主要包括统计范围、统计项目、统计时间要求、统计数据管理和统计数据应用。

1931年，我国首次引进了当时世界上最先进的统计机器。但在制度和

第8章 统筹发展与安全视角下海关统计治理现代化

形式上仍仿照晚清所形成的体系,在数据上也多为收集整理,缺乏数据分析及运用,对政策制定和调整的影响不大。

8.1.2.2 中华人民共和国成立初期

1949年3月,为了迎接新民主主义革命胜利,做好解放全中国的各项准备工作,毛泽东提出"立即统制对外贸易,改革海关制度"。1949年10月,海关总署正式成立,标志着一个完全独立的人民海关的诞生。

中华人民共和国的海关统计分析始于1949年10月中央人民政府海关总署成立以后。当时,海关通过对大量进出口数据进行统计分析,说明中华人民共和国成立后,中国对外贸易的迅速变化。1950年的《海关统计年鉴》收录的对外贸易分析、税收与查私是最早的海关统计分析,分析内容涉及进出口商品、商品结构、国家、经营单位。

1956年,海关总署颁布实施《中华人民共和国对外贸易海关统计制度》,海关统计工作由此走上制度化道路。这一时期的海关统计工作完全由国家控制,为编制外贸计划并检查其进展情况提供了及时、全面的统计数据,成为党开展社会主义建设初步探索的有力保障。在此期间,海关统计成为唯一的外贸进出口数据,为国民经济的发展和规划提供全面、及时的统计数据。社会主义改造完成后,外贸由公私合营转为国有外贸,实行中央指导对外贸易计划。与此同时,由于西方国家的经济封锁,我国的对外贸易是单一的,贸易量逐步萎缩。国家根据对外贸易主管部门统计的业务情况,制定对外贸易政策,减少海关的统计作用,陆续停止编制月度、季度海关统计报表,只为政府部门保留年度报表和年度期刊,作为长期规划和科学研究的资料。

1967年对外贸易部决定停止编制对外贸易海关统计,海关统计工作停止。中华人民共和国成立初期的海关统计分析工作全面系统地反映了我国进出口的实际情况,为我国社会主义建设和对外贸易的发展做出了贡献。

8.1.2.3 改革开放和社会主义现代化建设新时期

十一届三中全会以后,党和国家把工作重心转移到经济建设上来,拉开了改革开放的历史大幕。1979年5月,海关总署成立恢复海关统计筹备小组,同年11月,《中华人民共和国海关统计制度》及其实施细则通过,自1980年1月1日起施行。至此,海关统计工作在中断13年之后全面恢复。1981年,经国务院批准,中国进出口贸易开始采用海关统计,自同年起，海关统计数据定期向国际货币基金组织提供，作为中国进出口贸易的统计数据。1986年，海关总署成立综合统计司，指导全国海关统计工作。

"实事求是、科学务实、准确及时、简明完整"是海关统计工作的工作原则，它结合国内发展实际和国际标准，在信息技术应用、法治建设和服务能力方面不断提高。

1987年7月实施的《中华人民共和国海关法》，将编制海关统计列为海关四项基本职能之一。1994年，分析与综合工作分开，成立统计分析处，统计分析工作得到大发展。海关统计分析报告，除面向中央、国务院领导、海关领导和有关部委，还主动借助媒体面向社会公众公开。在1998年以前，海关的统计分析工作在为中央领导和海关各级领导服务的基础上，还为国家应对亚洲金融危机和海关打击走私活动编写了大量资料。2000年，海关的统计分析工作继续发展和完善执法评估体系，加强进出口经营监测分析，及时跟踪和反馈进出口领域的新情况、新问题，对关系国计民生的重点敏感商品和国家管理政策发生重大变化商品的进出口动态进行监测和分析，及时为国家宏观调控提供决策依据。2002年，自中国正式加入WTO后，海关统计分析的重点已经转移到对进出口货物的监测以及根据WTO规则制定的相关措施的执行情况。2003年，海关统计分析工作的重点转向了进出口监测预警系统的综合设计和开发，同时加强了服务地方政府的职能。2006年实施的《中华人民共和国海关统计条例》明确海关统计是国民经济统计的组成部分。

随着社会主义市场经济体制的建立健全，海关统计在国家宏观经济调控、贸易政策措施制定和海关严密高效管理中发挥着重要的辅助决策和监测、预警、监督作用。

8.1.2.4 中国特色社会主义新时代

党的十八大以来，党和国家事业发生了历史性变革，中国特色社会主义进入新时代。中国对外贸易稳步发展。2013年，中国超过美国成为世界上最大的货物贸易国。2021年，中国进出口规模首次超过6万亿美元，达到6.05万亿美元。

海关统计在中国特色社会主义新时代全面开放新发展格局中的职能范围也有了更深的内涵。2018年关检融合后，海关统计工作不仅要对货物贸易进行统计，还要对卫生、食品等供应商的安全管控情况进行统计。海关

第 8 章 统筹发展与安全视角下海关统计治理现代化

统计的作用不再局限于对数据的统计监测，更注重"数据+研究"，这有助于中国在政策研究方面达到更高的开放水平。海关统计系统不仅服务于海关自身的统计管理，而且充分提高了海关在"放管服"改革中的服务水平，以满足贸易便利化的需要。海关统计的新内涵，进一步表明了中国推进新一轮改革开放的决心和意志。

海关统计发展历程的总结详见图 8-1。

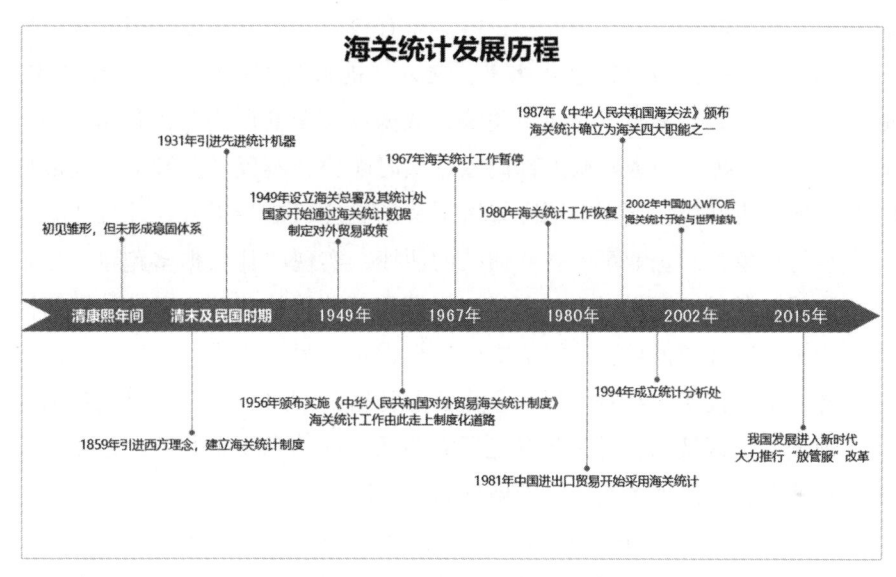

图 8-1 海关统计发展历程

8.1.3 海关统计的发展现状

海关统计在发展过程中，不但对我国进出口货物进行统计和调查，还对这些数据进行相关的分析和检测，分析结果可以为我国口岸监测预警、宏观经济调整、预测提供依据。同时强化为地方政府服务职能，及时消除影响全国统计分析发展的扎堆和搭车等投机现象，初步整合全国海关统计分析资源，深入开展调查研究和推广特约分析员制度，明确了新形势下统计分析向深层次、高水平发展的方向。

2013 年，海关总署提出要研究"构建新型海关统计体系"。其基本思路是以三十多年来海关统计的发展经验为基础，对海关统计工作提出更高要求。构建新型海关统计体系，首先是统计数据的质量方面，随着国家对外贸易事业进入转型升级的新阶段，结合数据库技术的迅速发展以及数据库管理系统在海关统计工作中的广泛应用，大大丰富了海关统计数据的积累。因此，为了确保数据的准确性和有效性，更有效地利用数据资源，并使统计数据作为政府决策的基础，就有必要建立强大的海关统计系统。

海关统计数据包含丰富的进出口贸易信息，对于政府部门间优化协同监管、政策制定机关发挥作用、国内各市场主体拓展商业价值具有重要指向意义，而区块链就是打破僵局，将信息有效提取并且精准采用的重要抓手，能让海关提升整体信息化水平，融入智能现代海关建设的重要技术。通过探索应用区块链技术，将海关统计数据以安全的形式储存利用。一方面，这将与外汇、税务等政府部门数据实时响应，不仅是监管部门间数据共享模式的再升级，实现对国际外贸形势的响应机制的提升。并且让海关主要执行对象，即企业享受智能通关的便捷，实现"让数据多跑路，让企业少跑腿"的政企良性互动，促进口岸营商环境持续改善，激发外贸新活力，为国内国外双循环释放潜能提供信息保证。另一方面，通过区块链数据加密验证等技术，在有效保护企业商业秘密的同时，为企业提供数据验证、征信认证等技术，进一步规范了海关系统的信息安全制度，拓宽海关的服务业务，提高通关系统的权威性和安全性。

加入WTO以来，中国经济对外依存度不断增高。自新冠疫情发生以来，全球经济下行，外贸统计分析研究、辅助领导决策的需求就更加迫切，提升数据采集和分析研究的现代化水平已刻不容缓。从20世纪80年代开始，海关建设了H883系统以及H2000系统、H2010系统，之后进而推出H2018海关管理系统，其中H2018海关管理系统是海关信息化建设的核心工程。通过该系统，海关建立起全国集中式的业务数据库，统一存放各地海关的各项业务数据，可随时调用，使企业在办理各种跨关区进出口业务时享受相关工作便利。

8.1.4 海关统计面临的挑战

8.1.4.1 制度建设

在我国现行的海关统计制度中，对于海关业务统计、执法评估、监测预警等活动，依然采用以往的统计调查方法，无法满足外贸大数据整合的需要。目前以外贸先导指数调查、投入产出调查、服务贸易调查、案件调

第8章 统筹发展与安全视角下海关统计治理现代化

研等方式加以适当补充。海关统计对指标的研究力度、指标体系构建、指标利用价值等方面仍有提升空间。

8.1.4.2 数据质量

数据的准确性是海关统计的基础和根本。随着贸易形态的多样化发展，海关统计数据的结构正在发生新的变化。以互联网为媒介的网络购物"独步天下"的格局正在改变着海关的业务体系，对海关数据的准确性是巨大考验。特别是跨境电商、国际快件等新兴贸易业态的兴起，以市场采购、旅游购物等为代表的跨境贸易形式层出不穷，网络带来便捷性的同时也产生了海量的贸易数据，然而对应的数据质量审核机制和质量控制机制还未完全建立。部分地方政府采用补贴的形式鼓励企业扩大出口，这容易被投机商利用，导致大量的财政浪费和统计数据虚高不实，一定程度上影响了海关统计的精细化水平，造成对一些外贸政策的检验评价上存在数据质量隐患。

8.1.4.3 数据安全

自美国率先公开所有海关数据以来，海关数据的功能被不断挖掘，海关数据逐渐演变为研究外贸经济发展趋势的重要信息，成为外贸企业在商战中"知己知彼"的有力武器。因此，海关数据的收集、分析和保护非常重要。

海关统计数据的安全与国家安全与主权息息相关。在数字化和信息化技术赋能海关统计高质量发展的今天，海关统计的信息和数据在产生各项价值的同时，海关信息与数据在处理、传递和储存过程中的安全问题日益凸显。目前海关总署已完成为提高通关效率和降低企业成本为目的的"单一窗口"系统和以互联网为基础，整合升级海关内联网、电子口岸专网、门户网等多个网络渠道平台的"互联网+海关"等在线服务平台的搭建，海关数据实现电子化、信息化。实现数据云储存、云计算、云服务的前提是具有物理级数据库，海关统计数据的储存、处理的安全亟须科技的更全面的支持，同时海关信息与数据在生产和应用过程中的风险亟须制度的保障和法律的保护，为我国的信息安全向深层次、高水平发展的方向提供新的思路。

8.1.4.4 数据现代化水平

海关统计在新时代开放发展全局中的职能范围也有了更深的内涵。不仅要对货物贸易进行统计，还要对卫生、食品等供应商的安全管控情况进行统计。海关统计主要围绕"数据+研究"的路线，转职能、转方式、转作风，运用先进统计技术方法解决数据采集、质量控制、关联分析、深度挖掘以及资源共享等问题。为了切实做到数据可靠、发布权威、监测敏锐、参谋得力，海关必须解决三个主要问题：一是完善制度配套，夯实区块链技术应用基础；二是精准解决区块链技术应用难题；三是搭建区块链技术应用平台，增设应用场景。新形势下，海关统计工作要积极探索区块链等新技术在对外贸易统计中的应用，这既是提高海关统计现代化水平的需要，也是落实"放管服"的发展要求。

我国"关通天下"战略的实施对海关统计大数据提出了更为急迫的要求。随着全国通关一体化建设的逐步推进，海关各关区正在通过多维通道实现关区数据互联互通。许多直属海关对大数据的应用范围多是税收征管、企业管理等前沿的部门，然而，与这两个基本职能高度相关的业务部门诸如缉私、行邮、电商、知识产权保护等，还未能进入大数据应用的视野。这就意味着，中国海关急需重新建立一套以"关通天下"战略为背景，从海关执法数据的设计采集整理到分析的全新大数据体系，重新构建海关统计的大数据应用网络。

8.2 统筹发展与安全视角下我国海关统计治理现代化的目标定位

海关统计数据是现代国家治理的重要战略资源。党的十八大以来，习近平总书记高度重视统计工作，作出了一系列重要指示批示，多次主持召开中央全面深化改革委员会会议，审议通过了《关于深化统计管理体制改革提高统计数据真实性的意见》《统计违纪违法责任人处分处理建议办法》《防范和惩治统计造假、弄虚作假督察工作规定》《关于更加有效发挥统计监督职能作用的意见》等重要文件，为做好统计工作指明了方向，为后续制定海关统计治理的总体目标与具体目标提供根本遵循。

8.2.1 海关统计治理的总体目标：有效落实统计监督与审核

在统计治理中，不断提高政治站位，增强统计监督工作的责任感和使命感，正确解读国家层面提出的各项政策要求，将对整体统计治理工作的

第8章 统筹发展与安全视角下海关统计治理现代化

良好运行提供重要指导作用。认真贯彻落实党中央、国务院关于更加有效发挥统计监督职能作用的指导意见，加强与各相关部门的联合研判、协同管控，加强各部门之间的联系配合，实现对异常数据的精准定位、快速审核和及时纠错，提升数据质量协同管控效能。进一步提升统计数据审核能力，拉紧审核时间链条，保障统计审核的及时性，更好地保障关区统计数据质量，提供更高质量的统计数据服务。

8.2.2 海关统计治理的具体目标

8.2.2.1 完善统计制度配套，夯实新技术应用基础

在全球化发展进程中，海关统计必须把握好国际贸易统计的发展趋势，聚焦于服务国家宏观决策、海关改革发展、社会公众需求，着眼于贸易监测分析、业务运行监测、公众数据需求等三个重点领域，合理科学地设计并完善贸易统计制度。坚持创新驱动，紧贴信息化时代发展和国际贸易形势变化，积极推进我国海关统计制度和方法创新。以大数据为核心，大胆开展创新实践，全方位提升海关统计的智能化应用水平。

在数据收集与使用方面，首先，应出台数据治理办法。梳理目前已出台的海关数据治理方面的制度规范，统筹考量数据的开发利用、流通共享、安全保障和资产化等因素，研究出台具有前瞻性的海关统计数据治理办法。其次，强化数据流程管控。加大对数据采集、传输、储存、交易、共享、利用等各环节的流程管控，明确数据所有者、处理者和控制者等各方权责和行为准则，推动海关数据高效安全开放。此外，还应健全数据分级制度，建立数据开放共享负面清单，保护隐私数据。

8.2.2.2 加强合作，掌握海量数据

首先，海关应加强与其他部门间的协调力度，对接国际贸易统计发展趋势，合理设计贸易统计指标，建立与其他部门的贸易统计协调配合机制，搭建完善多方沟通交流平台。在确保数据安全的情况下，加强与其他部门的系统对接，充分运用大数据效应，对那些暂时无法实现系统对接的部分，以共享协议、合作备忘录等方式实现共享，加强海关货物贸易数据与外汇数据、国民核算数据的综合运用分析。其次，加强与企业间的数据联系，将企业调查作为收集交易数据的一种手段，对现有贸易数据进行补充，完善和改进贸易统计，提高统计质量。完善周期性普查与经常性调

查，在制度设计上做好贸易数据与企业调查的统筹以及各类企业调查之间的有效衔接。同时，对各类统计报表进行规范，增强企业"无感性"和便利性。此外，还应积极参与国际合作。我国应加强国际贸易统计领域的研究和实践，积极参与国际贸易统计合作研究，充分了解国际贸易统计的发展趋势和最新研究成果，增加贸易统计政策话语权，有效指导我国贸易统计政策制定和操作实践①。

在大数据时代，海关统计数据的来源更加丰富多元，海关统计必须能够充分利用互联网、社会媒体和移动设备等，一方面开拓外部数据来源，打通外贸各流程的数据回路，另一方面强化数据挖掘，更好服务宏观决策和经济管理。在拓展数据收集渠道时，海关应建好内部"数据统一采集上报平台"，以应对数据统计中常见的"数出多门"、重复提取和统计业务运行网和管理网数据等问题。对外，海关应构建统一的数据交换和发布平台，容纳所有采集到的数据信息，并实现信息共享。将历史和现有原始数据文件整理归集到系统中，使海关进出口动态数据能够及时被需要的企业与行业机构所掌握，且加快与国检、工商、税务和外管等行政单位的信息交换，从而有利于这些数据得到更广泛的应用并转化为具有价值的信息，为社会及广大企业带来实际的经济效益。在数据挖掘过程中，选择合适、先进的软件，结合海关管理、国际贸易以及企业生产经营数据等开展专项分析，从中发现问题，改善自身信息平台。

8.2.2.3 增强新技术运用，注重人才培养

随着海关信息化程度不断提高，形成并积累了大量的数据资源，对这些海关数据的采集整理、分析应用和安全管理将有助于发挥海关统计信息对国家宏观经济决策的支持作用，帮助企业了解市场、占领市场和参与国际竞争，推动对外经济贸易高质量发展。面对现今数据安全挑战较多、数据增信效力不强、数据应用程度不高等问题，亟须我国海关创新统计治理方式，增强数据获取便利性、应用高效性与管理安全性。

近年来，多个国际组织、外国海关陆续开始将数字化、智能化技术应用于完善海关统计与数字治理体制工作中。新加坡的全球贸易互联网络

---

① 傅佳，黄喻勋，李重欣等. 经济全球化下中国货物贸易统计应对研究［J］. 中国经贸导刊（中），2020，980（9）：24-26.

第8章 统筹发展与安全视角下海关统计治理现代化

（GTCN）区块链项目通过整合数字平台将现有的电子贸易平台、日益增长的贸易领域分布式账本平台和其他相关组织联系起来。2018年，韩国海关总署（KSC）宣布已经完成了区块链技术和人工智能在电子商务领域的应用技术验证。近年来，随着我国海关不断深入应用"云大物移智链"等新技术，海关统计工作也有了显著改善。我国海关将继续挖掘新一代信息技术的独特优势与应用模式，来提升数据信息的对称、工作效率、准确性等。例如，借助时间戳、共识机制、点对点交易、非对称加密、智能合约等区块链核心技术，发挥开放性、可追溯性、不可篡改性等区块链优势，与新海关统计职能要求相结合，不断增强统计数据丰富性、真实性、安全性、开放性，促进统计分析研究速度、广度和深度的提升。

此外，新技术在使用过程中，对数据的储存、挖掘、分析和使用均提出了更高的要求，特别是涉及海量的数据挖掘和纷繁复杂的模型建立和处理，行业专家将逐渐被技术、数据处理人才所取代。目前海关统计系统虽具备大量的行业专家、统计专家和数据分析能手，但是懂得如何使用新技术对接海关统计系统，能够正确进行各种数据的存储、处理、挖掘等的专才和计量统计方面的专才依然短缺，应根据新技术特征与贸易发展趋势加强对相关人才的培养和储备，建立一支专业的数据处理、挖掘、应用人才队伍。

通过培训授课、电话指导、"师傅带徒弟"等方式，重点加强基层统计人员的审核能力；加快对年轻干部的培养锻炼，积极推荐优秀人才参加各项统计工作，在实践中提升数据审核能力；不断加强关区间的业务交流，相互学习数据审核、加强人才梯队建设等方面的先进经验做法，进一步推动基础统计工作长效发展。

8.3 统筹发展与安全视角下我国海关统计治理现代化的路径

8.3.1 完善海关统计法律建设，集中民智推动海关统计决策机制现代化

深化海关统计法律建设，保持海关统计职能活力。在宏观上，海关统计分析必须紧密联系国家现行对外经济贸易方针、政策，加强对外经济形势的综合性、整体性研究，客观地总结当前对外贸易的特点和规律。通过

印证外贸方针、政策在外贸实践中的必要性、可行性、适用性，指出其与外贸实践活动不相适应的部分并提出整改的建议。在海关总署层面积极推动政府部门数据开放立法立规，明确数据开放标准、界定数据开放边界，切实有效地为数据开放提供政策支持。同时，海关总署、各关在职责范围内，加强与口岸相关部门的联系沟通，通过合作备忘录等形式，建立数据共享、查询准入等机制，促进口岸部门大数据开放共享。

集中民智，推动海关统计决策机制现代化。一是要转变公共服务的供给思路。所有的海关统计公共服务供给都应当充分听取公众的意见，要始终坚持走群众路线，一切为了群众，一切依靠群众，从群众中来到群众中去，任何时候都要把人民需不需要、满不满意、认不认可作为决策的出发点和落脚点。加强海关统计公共服务决策过程中的民众参与，提升民众态度与海关统计部门的目标一致性，保证决策质量。二是要做好决策方案的顶层设计。在决策质量方面发挥骨干作用，并吸引民众充分表达对决策方案的意见。三是要推动供给决策的参与面。要充分利用网络、电视、广播、报纸等传媒，通过走访调研、问卷调查、召开听证会或者民意恳谈会等形式，营造对话协商的良好氛围，扩大民众参与面，充分听取社会各阶层（尤其是信息弱势群体）对海关统计公共服务供给决策方案的意见，了解民众的需求偏好，保证决策的公平正义。四是要关注公平与效率的平衡。增加民众在海关统计公共服务中的参与度，增强决策的科学性和民主化程度。要充分利用现代科学技术，合理选择民众参与的方式，畅通民意表达渠道，发挥海关统计部门的协调作用，提升决策效率。五是要及时通过评估纠偏查漏。任何公共服务供给决策出台后都不可能一劳永逸、永远正确，必须要建立一套完整的评估方案，跟踪调研政策施行后的情况，检验政策出台的实际运作情况，听取民众尤其是利益相关方的意见反馈，及时纠偏查漏。此外，统计职能改革实践中形成的好的制度和做法也应该及时固化。

8.3.2 构建海关统计智能服务平台，充分发挥海关统计的预警性作用

借助互联网、大数据技术引领海关统计数据从小数据向大数据转变，建立海关统计分析大数据资源池。加强海关内部各部门数据开放、共享，

第 8 章 统筹发展与安全视角下海关统计治理现代化

海关统计数据不仅包括进出口报关单数据，还要向海关其他业务、外贸全链条数据以及互联网数据延伸，汇集通关、物流、查验、企业、商品、稽查、缉私等部门的相关数据，建立一个统一、高效、共享的海关业务大数据池。促进海关同政府之间数据畅通，加强同商务、税务、商检、外管、银行等涉及外贸的各政府管理部门的数据共享互换，打通外贸各流程的数据回路，构建外贸全节点大数据。依托互联网技术收集数据，利用互联网"爬虫"技术，有针对性地收集各种有用信息，如世界各国国内生产总值（GDP）、消费者价格指数（CPI）等经济指标，存入大数据资源池，并设置识别标签，方便开展统计分析时关联使用。强化关企合作，实现信息共享，建立海关与进出口企业的信息共享平台，依托海关现有的中国出口向导指数填报系统，收集外贸进出口企业信息，整合并探索建立统一的外贸信息交互平台，畅通企业反馈渠道，及时全面了解企业的贸易动向和发展趋势，丰富海关大数据分析数据资源池，为海关分析预判进出口形式提供支撑；同时，海关也可以通过该平台，强化政策宣传引导，提供个性化的统计分析等信息服务。

构建海关统计分析云计算应用平台，实现海关统计智能化。建设云计算资源，为统计数据集成和大数据运用提供有力支持，统筹整合各直属海关大量、分散的数据和软硬资源，统一使用一个平台的云计算资源和功能，实现整体效能的提升和优化，实现全国海关统计数据分析的大集成、大整合、大应用。统计分析业务应用上云端，将快速反应子系统、贸易指数子系统、预测子系统和海关统计数据查询分析系统的数据提取、加工、分析模型和算法等集成到分析运用云中，通过授权即可以访问区域、全国数据，解决各直属海关统计分析系统间的资源、信息独立问题，更加智能、高效地储存和处理海量数据。统计分析云运用实时创新，统计分析人员要根据业务新要求，自由构筑数学模型和算法，实现业务应用的创新和扩展，满足个性化的业务需求；将统计人员的智力成果和业务知识，以算法方式固化，经验证为可信任应用时，自动进入云平台的应用共享库，实现知识固化、资源共享。

构建统计分析数据模型，提高数据预警预测水平。借助云计算技术和数据分析展示工具，对进出口报关单数据以日、旬、月和年为时间维度，以商品、国别、贸易方式、企业等主要统计指标为空间维度，预先计算处理数据，也可以根据用户事先提交的数据挖掘需求自动完成相关数据预处理，实现统计分析数据的多维度挖掘和可视化展示。通过不断完善和丰富分析功能，实现机器学习，向系统输入必要的参数后，系统将自动计算数据，并利用大数据的相关性特点关联提取大数据池中的相关数据和信息，再按照特定的模板输出分析报告，随后由分析人员对机器生产的分析报告进行质量把关和更高层级的补充完善，实现常规统计分析的智能化生产。在拥有海量历史数据和动态实时数据信息的海关统计大数据平台之上，进一步探索基于大数据的新的分析预测数学模型，丰富和完善算法模型，发现数据与结果之间的规律，利用大数据池中捕捉到的变量进行外贸形势和商品行业走势预测，加强实时分析、关联分析和预测分析，提升统计工作的分析水平和预警预测能力。

海关统计分析目前仍局限于对已有数据的分析，即针对已经发生的进出口活动的事后分析，事前分析即预测性分析有待挖掘。海关统计分析需要加强预测性分析，及时发现经济运行中的苗头性、趋势性问题，增强统计分析的前瞻性、针对性、主动性，为进出口形势和进出口商品做好预测、预警，更好服务国家宏观经济调控和外贸发展。

8.3.3 细化海关统计指标，扩展海关统计的社会服务功能

海关统计部门应从专业角度出发，对海关系统内的各种指标加强"行业"管理，必要时可由海关总署加以规范，各种指标管理归口统计部门，各部门需要增设统计指标时，必须到统计部门备案，统计部门对指标的科学性、实用性、严密性等进行必要的论证，使统计指标发挥应有的作用。在分析研究进出口贸易时，就必须在研究其质的同时，研究其量的规律性。在定性分析的基础上，充分重视开展定量分析，应用数学的多变量分析方法，建立国际贸易经济数学模型，对进出口数据进行科学地分析处理。从而为对外经济的科学论证提供定性和定量的理论依据。

不断完善跨境电商的数据采集和编制工作。在编制总括性跨境电商进出口数据基础上编制细分数据，具体分为三个层次：第一层次，将传统贸易统计已有的分组（国内分地域、国外分国别和商品分类统计）运用到跨境电商统计上；第二层次，对跨境电商进出口按品分类，分为第三方平台和自有平台；第三层次，在采集跨境电商进出口货值

第 8 章　统筹发展与安全视角下海关统计治理现代化

数据基础上，进一步采集平台服务费数据（包括信息服务、交易服务、物流服务、支付服务、保险与信用服务等）。从中区分国内平台和国外平台的服务数据，而后者属于数字服务贸易。这是全新的工作，也是海关货物贸易数据编制职能之外的工作，但是这项工作对包括数字服务贸易在内的宽口径数字贸易具有重要的意义。它与货物出入境监管分离，需要另行设计采集途径。

扩展海关统计分析服务对象，开通社会的服务功能。海关统计分析在服务国家宏观决策和地方经济发展的同时，还应积极研发基于大数据分析的服务产品，加大海关统计分析服务微观企业的力度，通过分析预判经济形势、对国际贸易进行精准定位、服务我国企业开拓国际市场，让大数据辅助进出口企业的生产和营销决策，让社会分享海关统计分析成果。具体来讲，海关统计分析可以提供个性化的数据分析服务，实现从海关"端菜"到企业"点菜"的转变。通过大数据挖掘、分析和展示技术，由海关提供特定商品、特定国别的进出口量价走势预测和专业的进出口监测预警报告等个性化服务；跟踪不同进出口企业的信息查询需求，有针对性地进行相关领域数据及监测预警信息的推送服务，为企业及时准确把控市场信息、调整生产经营提供精准的信息支持，充分发挥海关统计分析应用大数据的社会价值。

延伸海关统计职能，满足新时代新要求，提高数据分析质量。首先，在进出境监管方面，运用信息技术和科技手段，对进出境货物、物品、运输工具进行定性、定量的分析，以提高海关严密监管、高效运作的水平。其次，在税收方面，通过设定科学的税收评估指标，对商品归类、审价、原产地、减免税等各项指标进行适时监控，实现税收应收尽收。再次，在打击走私违法犯罪方面，充分发挥监测和预警作用，加强数据分析的强度，以提高反走私预警和应变能力。最后，在加工贸易管理方面运用统计数据，对企业从备案到核销的各个环节做出分析，提出监管重点和风险，使稽查部门有的放矢地进行监管。

第 9 章 统筹发展与安全视角下进出境检验检疫安全治理现代化

9.1 统筹发展与安全视角下我国进出境检验检疫安全监管的现状与挑战

9.1.1 我国进出境检验检疫安全监管的现状

2018年4月20日，根据中央《深化党和国家机构改革方案》工作部署，出入境检验检疫管理职责和队伍正式划入海关。这是以习近平同志为核心的党中央着眼党和国家事业发展全局，适应新时代中国特色社会主义发展要求作出的重大决策部署，中国海关至此开启建设中国特色社会主义新海关的重要时期。

关检融合后，中国海关在原有监管、征税、缉私、统计职能活动的基础上，又增加了进出境卫生检疫、进出境动植物检疫、进出口商品检验、进出口食品化妆品监管等新职责。

9.1.1.1 进出境卫生检疫

统筹发展与安全视角下，进出境检验检疫是口岸安全的重要保障，是落实总体国家安全观的重要责任。2019年12月开始，新型冠状病毒疫情在全球大规模流行。新型传染病毒疫情，以及境外大量的高风险人员、货物、物品的输入，给海关工作带来了极大的挑战。为有效防控境外疫情输入传播，海关始终把人民生命安全和身体健康放在首位，抓紧抓实抓细全国口岸检疫各项措施，筑牢国门检疫防线。

2023年1月8日起，根据国务院联防联控机制工作部署和《中华人民共和国国境卫生检疫法》等法律法规规定，新型冠状病毒感染被调整为"乙类乙管"且不再纳入检疫传染病管理。为贯彻落实党中央、国务院决策部署，平稳有序实施新型冠状病毒感染"乙类乙管"，海关坚持人民至上、生命至上，坚持科学防治、精准施策，完善应对准备，持续保持应急处置能力，主动联系配合地方联防联控机制，依法依规、统一规范、严格

第9章 统筹发展与安全视角下进出境检验检疫安全治理现代化

实施、平稳有序落实口岸卫生检疫工作,并密切关注落实情况的跟踪检查和动态评估。

9.1.1.2 进出境动植物检疫

海关承担进出境动植物及其产品的检疫、监督管理工作,承担出入境转基因生物及其产品、生物物种资源的检疫工作,严防重大动植物疫情疫病传入和外来物种入侵。维护国门生物安全是党中央赋予海关的重要职责和光荣使命。海关在国境口岸的动植物检疫和卫生检疫工作是国家主权在国门生物安全领域的重要体现,是保障我国生物安全的第一道防线和屏障。

国门生物安全是指一个国家避免因管制性生物通过出入境口岸进出国境而产生危险的状态,以及维护这种安全的能力。新时代海关动植物检疫工作,始终坚持以总体国家安全观为统领,筑牢境外动植物疫情监测、国境口岸智慧检疫、重大疫情疫病监测预警、动植物检疫风险评估和检疫检查体系,筑牢"境外、口岸、境内"三道防线。2022年,海关严格把关检验检疫工作,防止重大动植物疫情传入和外来物种入侵,累计检出有害生物58万种次。

9.1.1.3 进出口商品检验

为保护人类健康和安全,保护动物或植物的生命和健康、保护环境、防止欺诈性行为、维护国家安全,海关承担着进口商品安全风险评估、风险预警和快速反应工作,承担着国家实行许可制度的进口商品验证工作,监督管理法定检验商品的数量、重量鉴定,并依据多边协议承担出口商品检验相关工作。近年来,海关持续完善进出口商品质量安全风险预警和快速反应监管体系建设,严把进出口商品质量安全检验关,对检验不合格的进口商品实施退运或销毁处理,对检验不合格的出口危险货物包装实施禁止出口处置,以实际行动维护关系国计民生的进出口商品质量安全,保障广大消费者合法权益。

9.1.1.4 进出口食品化妆品监管

食品安全关系到国民最基本的生存健康,是最基础的民生问题之一。为了保障进出口食品安全,保护人类、动植物生命和健康,全国海关在党中央、国务院的坚强领导下,认真贯彻落实习近平总书记关于食品安全工作的重要指示批示精神,始终把维护进出口食品安全放在重要位置,进出口食品安全工作总体稳定，持续向好发展。海关对进出口食品安全监管坚持安全第一、预防为主、全程控制、国际共治的原则，依法承担进口食品企业备案注册和进口食品、化妆品的检验、监督管理工作，组织实施风险分析和紧急预防措施工作，依据贸易协议承担进出口食品相关工作。2018年关检融合后，中国海关累计与31个国家或地区签订36项检验检疫议定书，明确了55种食品准入要求，确保源头安全。严厉处罚违法违规行为，退运或销毁来自64个国家或地区的1413批不合格食品化妆品，暂停17家涉事企业产品输华资格，撤销1家企业在华注册资格。[①]

为保证进出口化妆品的安全卫生质量，保护消费者身体健康，海关对列入海关实施检验检疫的进出境商品目录及有关国际条约、相关法律和行政法规规定由海关检验检疫的化妆品（包括成品和半成品）进行检验检疫和监督管理。海关对进出口化妆品安全实施风险预警与快速反应机制，根据进出口化妆品风险监测结果，在风险分类的基础上调整对进出口化妆品的检验检疫和监管措施，加强对重金属、致病菌等高风险项目的监控监测，及时消除安全风险隐患。据海关总署统计，2022年，全国海关退运、销毁不合格食品、化妆品2900批，查获各类违禁品120万件，毒品2.8吨。[②]

在新的职责承担上，中国海关全力维护国门安全，统筹发展和安全，坚决落实总体国家安全观，加强进出境检验检疫安全治理现代化，为推进中国式现代化贡献海关力量。

9.1.2 我国进出境检验检疫安全监管的挑战

9.1.2.1 庞大的贸易规模呼唤高质量的进出境检验检疫安全监管

2022年，中国外贸总值超过42万亿元，全国海关监管进出口货运量达到48亿吨，货轮、飞机、货车等运输工具1300万辆（驾、艘），监管跨境邮快件3.2亿件，这个规模是人类贸易史上前所未有的，因而对一个

---

① 海关总署：着力构建出口食品安全新型监管机制［J］．中国国门时报，2019（3）．

② 海关总署．国新办举行"权威部门话开局"系列主题新闻发布会介绍"守国门、促发展，为推进中国式现代化贡献海关力量"［EB/OL］．（2023-3-20）．http://www.customs.gov.cn/customs/xwfb34/302425/4903351/index.html．

第9章 统筹发展与安全视角下进出境检验检疫安全治理现代化

国家海关监管的压力也是前所未有的。①

庞大的贸易规模，艰巨的监管任务，呼唤高质量的进出境检验检疫安全监管；既要科学精准地做好口岸疫情防控，坚决筑牢口岸检疫防线，强化口岸公共卫生核心能力建设，又要创新深化海关检验检疫改革，创新应用无接触式检验检疫措施，提升通关便利化水平，切实提高海关检验检疫治理体系和治理能力。

9.1.2.2 口岸传统安全与非传统安全问题交织加速海关治理能力升级

海关出入境检验检疫工作直接关系着国民生命和人身安全、动植物生物安全、国民基本生活保障安全。关检融合后，中国海关在承担传统安全职能活动的基础上，面临更为复杂的非传统安全问题，并且口岸传统安全问题与非传统安全问题的交织给海关工作带来巨大挑战。

面对种类不断变异的传染病，海关要坚决筑牢口岸检疫防线，坚持"人、物、环境"同防，在严防各种传染病疫情输入的前提下保障跨境货物物流畅通，提高重大疫情早发现的能力。因此，海关要居安思危、未雨绸缪，加强对传染病疫情的监测和预警，抓紧智能化疫情防控装备的开发与应用，并且要迅速落实执行国家最新的疫情防控工作决策部署，落实海关疫情防控工作，保障出入境人员健康，确保口岸工作安全有序。

在新发展阶段，国内外环境深刻变化带来的新机遇、新挑战，使得我国必须要抓住新一轮的发展机遇，积极构建自身的竞争优势，重构更具活力的新发展格局。新发展格局构建中，质量是发展之基、立业之本和转型之要，进出口商品质量安全决定着我国进出口贸易的刚性发展，是实现我国进出口商品"优进优出"高质量发展新生态的重要内容。进出口商品质量安全事关人民群众的切身利益和对外贸易可持续发展，是实现质量强国的重要组成部分。海关要严守国门进出口商品质量安全底线，不断探索进出口商品质量安全检验的风险预警和快速反应机制建设，不断强化监测、评估、预警和处置等工作。

面对传统安全与非传统安全问题对我国外贸经济发展的冲击，为保障

---

① 海关总署. 国新办举行"权威部门话开局"系列主题新闻发布会介绍"守国门、促发展，为推进中国式现代化贡献海关力量"［EB/OL］.（2023-3-20）. http：//www.customs.gov.cn/customs/xwfb34/302425/4903351/index.html.

消费者的消费安全和进出口企业的健康发展,客观上加速了中国海关治理能力和治理水平全面提升。

9.1.2.3 多形态跨境流动驱动进出口检验检疫监管手段革新

随着经济全球化深入发展和对外开放不断扩大,人员跨境流动愈加频繁,进境动植物及其产品种类和来源地愈加广泛,传播渠道更为复杂,外界环境的不确定性不断增加,给国门生物安全保障工作带来严峻挑战。伴随着全球范围内疫病疫情多发频发,"人、物、环境"多形态的跨境流动,以及由此产生的多种疫情、病菌、外来物种出入境时刻侵扰着我国居民人身安全和生物安全。2020年,非洲猪瘟、高致病性禽流感、疯牛病、沙漠蝗、地中海实蝇、小麦矮腥黑穗病等重大动植物疫情疫病和外来入侵物种在海关动植物检疫工作中屡屡发现。未经检疫评估的动物很可能携带疫情疫病,未经检疫的植物及种苗很可能造成外来有害生物入侵,这都给我国生态安全造成潜在的威胁。据海关总署统计,"十三五"期间,我国截获植物有害生物8858种、360万次,其中检疫性有害生物520种、40.13万次。

另外,跨境电商作为国际贸易发展的一个新业态,近年来蓬勃发展升级,作为我国外贸发展的新动能,对全球国际贸易都产生了深远的影响。作为新兴贸易业态,跨境电商有别于传统的贸易方式和贸易特点,呈现出碎片化、海量化、信息化的特点。海关在跨境电商的监管过程中,查获类似枪爆物品、毒品、管制类精神药物、侵犯知识产权物品、"异宠"等多种违禁品,这些新情况都给海关监管工作提出了巨大的挑战。

考虑到海关进出口检验检疫工作具有专业性强、技术性强的突出特点,面临着复杂的人员、动植物疫情疫病和外来入侵物种传入,海关必须加快进行动植物检疫关键核心技术与方法的研发,提升检疫技术能力和水平,推动检疫监管的智能化。同时聚焦"安全卫生健康环保"要求,海关要将危及人民群众生命健康安全、环境保护安全等进口商品因素挡在国门之外,保障我国出口重点商品质量,强化监管方法和技术手段创新,创新智慧监管模式,探索推行"无感化"检验监管模式,促进外贸高质量发展。

第9章 统筹发展与安全视角下进出境检验检疫安全治理现代化

9.2 统筹发展与安全视角下我国口岸公共卫生安全治理的目标定位与路径

9.2.1 我国口岸公共卫生安全治理的目标定位

我国在国际通航的港口、机场以及陆地边境和国界江河的口岸设立国境卫生检疫机关。在统筹发展与安全视角下，我国口岸公共卫生安全治理肩负着国内和国际双重责任，通过实施传染病检疫、监测和卫生监督，防止传染病由国外传入或由国内传出，保护人体健康，维护国民人身安全。

我国口岸公共卫生安全治理的目标定位，可以总结提炼为以下三个方面。

9.2.1.1 以保护人民生命安全和人体健康为宗旨

保护人民生命安全和人体健康是中国口岸公共卫生安全治理的重中之重。始终坚持"人民至上、生命至上"，坚持人民主体地位，就必须坚持人民安全至上，切实保障国民的健康安全。

人民安全是总体国家安全观的宗旨。总体国家安全观，坚持以民为本、以人为本，这确立了社会各个领域各个层面国家安全工作的指导方针。中国特色国家安全道路的核心，就是以人民安全为宗旨。新冠疫情发生以来，海关坚守着维护口岸卫生检疫的重要职责，在坚持"外防输入、内防反弹"总策略下，严格按照国务院联防联控机制的部署要求，抓紧抓实抓细口岸疫情防控各项工作。

根据党中央关于做好新阶段疫情防控工作决策部署，海关充分认识到疫情防控的新阶段、新形势、新任务，以最坚决的态度、最迅速的行动、最果断的措施，落实落细海关系统各项疫情防控优化调整工作。在坚持以人民为中心，维护人民根本利益宗旨的指引下，稳妥有序优化调整出入境人员及交通工具卫生检疫、进口货物口岸疫情防控等措施，依法依规、统一规范，确保政策周密组织实施，平稳有序衔接，全力做好新阶段疫情防控工作，为保障人民生命和身体健康，为人民创造良好生存发展条件和安定生产生活环境。

9.2.1.2 保障国民生命安全是保障国家安全的重要基石

习近平总书记指出："人民安全是国家安全的基石。"保障人民生命安全已成为与国家经济安全、社会安全同等重要的国家安全体系建设的基础内容。

安全是人民的基本需要，没有人民安全，也难有国家安全，人民安全是国家安全的深层因素。国民生命安全权益得以保障，保障了人民生命权、健康权才有了国家安全发展的主体力量。

构建国家安全体系必须着眼落脚于人民安全，从各领域全方位来保障人民安全。在全球性新冠疫情突发的时刻，海关坚定的守护国门防线，维护我国口岸公共卫生安全，保障人民生命健康。在这次重大突发公共卫生事件中，反映出必须构建起强大的公共卫生体系，筑牢筑实口岸公共卫生防护网，才能切实维护人民健康安全。

在统筹发展与安全背景下，要全面提高人民生命安全保障能力，只有夯实了国家安全的群众基础，着眼于应对多样化的威胁与安全挑战，才能助推国家安全制度体系和国家安全能力的建设。

9.2.1.3 推动构建人类卫生健康共同体

在全球化时代，世界各国已成为休戚相关、密不可分的命运共同体。病毒无国籍，疫情无国界，面对来势汹汹的病毒，全人类必须构筑起抗击疫情的共同防线，编织一张覆盖全球的抗疫网。所以维护公共卫生安全绝不仅仅是一个国家，或是几个国家的责任，世界各国之间的利益是紧密团结在一起的。

公共卫生安全是人类面临的共同挑战，需要各国携手应对。基于人类命运共同体理念，各国应加强国际防疫合作，参与构建传染病跨洋联防体系，打造人类卫生健康共同体。各国口岸公共卫生部门应齐心协力应对挑战，开展全球性的协作与互助，以保护人民生命健康安全为价值基点，共建共存共享全球公共卫生治理机制，实现合作共赢，共同维护全球公共卫生安全。

9.2.2 我国口岸公共卫生安全治理的路径

9.2.2.1 建立口岸公共卫生智慧检疫监管模式

经济全球化加速国际货物、人员、运输工具的密集流动，为传染病跨国传输带来更便捷的途径。国际社会间流动性的加剧，彼此的相互依赖加剧了传染病防控的难度，在解决公共卫生问题时涉及复杂的社会、经济、

第9章 统筹发展与安全视角下进出境检验检疫安全治理现代化

环境等因素，为了更好地加强我国口岸公共卫生安全治理，中国海关应牵头完善口岸公共卫生治理体系，强化口岸公共卫生防控体系工程的建设，打造口岸公共卫生核心能力，实现口岸公共卫生安全的智慧监管。

构建完善的口岸公共卫生体系，中国海关可以建立健全多渠道疫情监测和多点触发的预警机制，推动实施智慧口岸精准检疫，筑牢"境外、口岸、境内"三道检疫防线。并且中国海关可牵头建设全球传染病疫情监测系统，构建对传染病风险评估的系统性模型，并设计建设全球传染病疫情实施查询平台。一方面，中国海关可以监控掌握到全球传染病疫情的实时境况数据信息；另一方面，也可以服务于广大进出口企业对全球疫情的动态实时查询，根据全球疫情实时调整企业的进出口活动业务。

海关将智慧监管模式嵌入卫生检疫工作，通过信息化手段筑牢卫生检疫防线，让口岸通关更加高效、安全。例如，部分口岸海关配置了"移动式口岸检疫方舱"，根据实际需求将检疫移动到码头泊位，进行入境人员的体温监测、流行病学调查和人员样本采集等工作，为提升检疫质量、安全防护提供坚实保障。同时，应用大数据、云计算等技术，用科技力量筑牢口岸检疫防线，在海关检疫业务现场，广泛应用人脸识别、智能测温、扫码登记等科技手段实施智慧防疫。探索"零接触"入境司机通关模式，实施电讯检疫作业模式，入境货运列车司机通过移动设备进行指尖申报，视频录证，并将申报信息发送至海关移动终端，海关工作人员在后台核验信息，快速放行，在不见面、零接触的情况下快速完成卫生检疫作业。

优化口岸公共卫生监督工作模式，中国海关可以加强口岸卫生检疫设施设备建设，创新口岸公共卫生制度，推动制定口岸核心能力建设强制性国家标准，开展国际卫生机场（海港、陆港）建设，探索建立重大疫情指定口岸和分级建设模式。

强化口岸公共卫生应急机制建设，完善海关日常应对公共卫生安全的应急响应指挥体系、工作机制和应对预案，建立现代化口岸突发公共卫生事件应急处置指挥体系，实施应急队伍"在岗—预备—储备"三级管理模式，完善应急物资储备制度。深化与口岸各部门联防联控常态化运作机制，推动实现联合调查、联合预警、联合管理、信息共享。

9.2.2.2 建设中国特色的口岸公共卫生应急联防体系

口岸公共卫生安全防控是一项复杂的工程，为了防止传染病由国外传

统筹发展与安全视角下海关治理现代化研究

入或由国内传出，海关实施国境卫生检疫，对传染病检疫、监测和卫生监督，对入境、出境的人员、交通工具、运输设备及可能传播检疫传染病的行李、货物、邮包等物品进行检疫。其中检疫对象涉及进出境人员、运输工具、货物、物品等各种复杂要素，而且各种要素之间的影响也相互交织，因此口岸公共卫生安全防控工作具有复杂性、不确定性、高难度性。

海关作为国境卫生检疫实施的国家行政机关，必须把握好传染病入境或出境的第一道关口，坚决遏制传染病通过口岸输入传出。海关要加强水运、陆运、空运等各口岸对传染病防控各环节措施的实施，围绕进出境旅客卫生检疫，进出境交通工具卫生检疫，货物、特殊物品及其他对象卫生检疫。其中，对进出境旅客的卫生检疫，严格围绕旅客现场检疫查验（提问监测、医学巡查、旅客健康申报等）、医学排查（流行病学调查、医学检查、快速检测）、疑似病例判定及处理、卫生处理等环节防控措施，排查进出境旅客的涉疫风险。

中国海关牵头口岸公共卫生安全风险的监测、评估、预警与处置，形成中国特色的口岸公共卫生安全联防联控体系，是国家公共卫生防控体系的重要组成部分。口岸公共卫生安全问题，涉及如交通运输部、民用航空局、海关总署、国家移民管理局、国家卫生健康委员会等口岸与非口岸部门，构建口岸公共卫生安全联防联控机制可以最大程度调动各部门力量，整合和优化公共卫生资源。

中国特色的口岸公共卫生安全联防联控体系，以"人民至上、生命至上"为根本理念，通过传染病信息收集与监测预警机制，形成跨部门"实时信息整合—风险动态评估—信息安全预警—应急事件处置"的闭环监控，筑牢安全防控体系。

中国海关可以联合多部门力量，搭建跨部门信息共享平台，借以多种渠道收集国内外传染病信息，建立检疫查验、疫病监测、卫生监督的实时信息数据库，及时进行信息互通共享，使口岸各部门信息沟通更加顺畅。同时，进一步研究构建口岸公共卫生风险评估体系，动态评估口岸公共卫生风险的高低，做好疫情监测预警，为制定及时合理的防控策略提供科学化决策依据。并可以将卫生监督信息的整理、最新传染病信息与突发事件的通报、预警信息的发布、应急处置方案形成一套相对稳定的标准化工作流程，使各部门职责分工清晰，快速整合优化公共卫生资源，高效应对口

第9章　统筹发展与安全视角下进出境检验检疫安全治理现代化

岸突发事件，最大程度将传染病疫情阻断和控制在口岸。

9.2.2.3　以跨国合作构建全球性传染病治理与预防机制

传染病的跨国传播，使主权国家意识到"国家和国际公共卫生之间的传统区分不再有效"。[①] 单个国家无法独立承担传染病跨国传播的责任，在全球化时代，下一个国家的公共卫生政策已经愈发呈现出"去国家化（Denationalized）"的特点。[②]

传染病治理的国际合作是一个融合了多主体、多领域、多层次的重大议题。[③] 想要达成多主体统一认识、统一目标、统一行动并不简单。因为主权国家可能出于自身利益，通过各种方式拒绝履行或不认真履行传染病治理的相关义务。而且有些国家因担心疫情情况通报会导致造成不良的经济和社会影响，选择瞒报信息，这都无形中提高了传染病治理国际合作的难度。另外，有些发展中国家基础设施较为落后，无法在国内建立起完备有效的传染病监测系统，其基础医疗水平、实验室研究能力都不足以支撑传染病防控工作，所以它们也成为在全球传染病综合防控链条上薄弱的一环。同时，提升世界各国的合作，提升全球传染病预防能力，设立跨国联合研究项目，加强国家之间的政策协调，制定更系统、更长期的预防能力建设规划。作为口岸防控部门，海关要加强与国际公共卫生部门在口岸疫情防控基础设施建设方面的合作，推动各国改变传统的国家公共卫生治理模式。同时建立丰富多样的国际合作方式，建立信息共享和信息预警的合作机制，履行口岸疫情通报义务，并可以不断深化国际实验室研发机构的深度研究，在防控政策协调、传染病研究、医疗基础设施建设等方面加强合作，以多元主体共同治理传染病问题，增强全球传染病应急体系的韧性。

在应对全球公共卫生危机中，世界各国是利益共同体，它超越国界，

[①] Gellert G A, Neumann A K, Gordon R S. The obsolescence of distinct domestic and international health sectors [J]. Journal of Public Health Policy, 1989, 10 (4): 421-424.

[②] Fiddler D P. Globalization, international law, and emerging infectious diseases [J]. Emerging infectious diseases, 1996, 2 (2): 77-84.

[③] 郎帅. 传染病治理国际合作：历史理路、现实审思与未来走向 [J]. 北京科技大学学报（社会科学版）2020, 5.

超越文化价值观念冲突,超越政治经济利益的权衡,世界各国共同的目标是保护人类生命健康安全。但必须承认的是,每个国家都存在不同的利益诉求,各国也存在体制与制度差异,需要在承认客观差别和对立冲突的基础上,寻求不同国家、不同区域的团结合作,才能共同抵抗人类社会面临的层出不穷的挑战和风险。

全球性传染病防控属于专业性强、难度大的问题,全球性传染病防控与治理的目的是实现全人类的健康与安全,人类命运共同体为全球传染病防控与治理提供了方向。在兼具开放性、包容性、合作性等特点的基础上,中国政府积极参与全球性传染病防控,拓展与国际组织的合作渠道,还可与各种非政府间组织、社会公共医疗机构的合作,使全球多元主体在病毒监测、病毒研究、疫苗研发和国际医疗援助方面通力协作,为全球公共卫生安全治理体系提供中国智慧。

9.3 统筹发展与安全视角下我国进出境动植物检疫安全治理的目标定位与路径

9.3.1 我国进出境动植物检疫安全治理的目标定位

9.3.1.1 保护国门生物安全和生态环境

我国是世界上生物多样性最丰富的国家之一,拥有所有陆地生态系统类型,高等植物35000多种,居世界第三位。[①] 1992年,我国成为世界上首先批准《生物多样性公约》的六个国家之一,并成立了中国生物多样性保护国家委员会,制定了《中国生物多样性保护行动计划》。但是由于我国生物物种资源管理法规制度尚不完善,造成我国生物物种和基因资源的大量流失。

经济全球化的发展,导致生物入侵者也随货物、人员和运输工具的跨境流动穿过一道又一道国境线。世界上许多国家都遭受过或正在遭受外来入侵生物的严重危害,中国作为全球贸易大国,也成为世界上遭受生物入侵最严重的国家之一。《2019中国生态环境状况公报》显示,中国外来入

[①] 哈尔滨海关12360热线. 保护生物多样性海关在行动 [EB/OL]. (2022-8-9). https://mp.weixin.qq.com/s/c9t1f9plyC4q8G61UFZVDA.

第9章 统筹发展与安全视角下进出境检验检疫安全治理现代化

侵物种已达660余种,在国际自然保护联盟公布的全球100种最具威胁的外来物种中,已入侵我国的有51种。

保护国门生物安全,是指海关通过在出入境口岸设置防线,对出入境货物、人员、运输工具等实施检疫查验,防止外来有害生物入侵,避免和减少对我国的生态系统、生物多样性、农林牧渔业生产以及人类健康造成危害,以海关为重心筑牢国门生物安全防线,织密生物安全防控网,打造坚实的"国门之盾"。

生物多样性是地球生命经过几十亿年发展进化的结果,是人类赖以生存和持续发展的物质基础,保护生物多样性就等于保护人类自身。国门生物安全是国家安全体系的重要组成部分,海关动植物检疫工作,坚持以总体国家安全观为统领,筑牢国门生物安全防护网,是国家主权在国门生物安全领域的重要体现,是国家维护国门生物安全的重要职责和手段,是实现国门生物安全的第一道防线和屏障,为实现高质量发展提供了坚实的安全保障。

9.3.1.2 保护农林牧渔业生产和人体健康

人类生存的基础依赖大自然中动植物的供养,动植物在人类社会生存和发展中起着至关重要的作用。动植物疫病疫情的传播类似人类的传染病一样,具有传染性强、扩散性快的特点,动植物疫病疫情一旦蔓延开来很难扑灭。动植物疫病疫情的爆发,不但会影响我国农林牧渔业的正常生产,而且会危及人类的生存健康,甚至会给国民经济发展带来不可设想的灾难性后果。

对于动植物疫病疫情,首要有效的防控方法是预防,防止其大规模流行,如果在动植物疫病疫情暴发流行之后再去控制,则需要花费相当长的时间和耗费巨大的人力、物力和财力才能加以消除,甚至付出惨重的代价。

坚定预防为主的动植物防疫措施,也是根据植物的种植、动物的养殖实际情况和动植物疫病流行的特点而提出的。例如,我国动物饲养特别是畜禽饲养以农户为主,生产分散,防疫基础薄弱,疫病种类多,蔓延范围广,老的疫病尚未得到有效控制,新的疫情又不断出现,不仅严重影响畜禽生产健康发展,造成巨大损失,而且直接危及人民身体健康,妨碍我国畜禽产品进入国际市场。而国外动植物物种与我国本土动植物物种天然属性不同，各自生存环境存在差异，国外动植物物种跨境流动输入我国境内，如果没有做好动植物疫病的安全防控，必然会给我国生物安全造成极大的危害，进而影响我国农林牧渔业的发展和人体健康。

9.3.1.3 保护我国对外贸易顺利且持续稳定发展

随着国际贸易的发展和贸易自由化程度的提高，各国实行的动植物检疫制度对贸易的影响越来越大，特别是某些国家为了保护本国农畜产品市场，利用非关税措施来阻止国外农畜产品进入本国市场，其中动植物检疫就成为一种隐蔽性很强的技术性壁垒措施。如此，各国贸易自由化主张与动植物检疫所引起的阻碍作用这对矛盾就日渐突出。

《关税与贸易总协定》和《技术性贸易壁垒协定》（TBT 协定）对动植物卫生检疫措施的约束力还不够，要求也不具体。为此，WTO 制定了针对动植物检疫的《卫生和植物卫生应用措施协定》（SPS 协定），它对动植物检疫提出了比《关税与贸易总协定》和 TBT 协定更为具体和严格的要求。

世界各国都极为重视保护本国农业生产，严防国外疫病传入，《中华人民共和国进出境动植物检疫法》按照国际统一的 SPS/TBT 协议建立有关的动植物检疫制度，采取有效措施，打破国外技术性贸易壁垒，更好地为改革开放和社会主义市场经济建设服务，促进对外贸易交流与合作。

在我国对外贸易发展史中，曾经出现过多次因动物疫情导致动物类及其产品出口被限制的情形，例如 2004 年 1 月 27 日至 3 月 1 日，我国对外公布国内发现禽流感病例后，共有 26 个国家和地区对我国所有地区禽类及其产品采取限制措施。因此，海关对动植物检疫安全治理要建立在进出境动植物检疫国际标准的基础上，也可以充分发挥技术性贸易措施的作用，积极应对国外技术性贸易壁垒，同时降低国外技术性贸易措施对中国出口产品的影响，助力国家高水平全面开放、推动贸易创新。

9.3.2 我国进出境动植物检疫安全治理的路径

9.3.2.1 强化出入境动植物检疫监管能力建设

海关动植物检疫肩负着防范动植物疫病疫情跨境传播和外来物种入侵，肩负着保护国家农林牧渔业生产安全、生态环境安全和人民群众生命健康安全，保障农产品安全进出口和服务外交外贸的重要职责。为了更好

第9章 统筹发展与安全视角下进出境检验检疫安全治理现代化

地履职尽责,海关以保护我国农林业生产安全和生态文明建设为出发点,努力构建国门生物安全立体防控体系,打造坚实的"国门之盾",为改革发展提供安全保障,为推进经济社会发展贡献海关力量。

海关要强化出入境动植物检疫监管能力建设,建立全国统一的国门生物安全防控体系。树立"全国一盘棋"的执法理念,抓住"境外、口岸、境内"三道防线,紧抓风险防控、过程监控、联防联控支撑体系,着力构建口岸外来有害生物内外一体防控网,努力达到"以防为主、御疫于外"的目的。并持续加强旅客携带物、寄递物等非贸渠道监管,防范外来物种入侵。

同时,海关要实施动植物检疫能力提升工程,加紧动植物检疫关键核心技术与方法研发,加快相关技术方法和限量标准制修订,提升检疫技术能力和水平,完善动植物检疫技术标准体系。并积极深度参与相关国际组织活动,参与国际技术交流,主动发出中国声音,进一步增强中国国际话语权和影响力。

海关动植物检疫工作坚决贯彻落实习近平总书记生态文明思想,坚决贯彻落实总体国家安全观,认真履职尽责,强化监管,优化服务。以国内和国际动植物检疫法规标准为准绳,以风险管理为抓手,以分类管理为手段,以科学技术为支撑,丰富完善风险评估、检疫准入、境外预检、风险监控、口岸查验、隔离检疫、风险预警和应急处置等一系列制度体系、技术体系和执行体系,有效防范重大动植物疫情疫病传入传出,保障国门生物安全,促进我国农产品进出口贸易的健康发展。

9.3.2.2 建立动植物疫情和外来入侵物种监测与预警机制

海关是国门生物安全的第一道防线,各口岸海关应结合地区实际,有针对性地开展口岸外来入侵物种普查等系列监测工作,加强信息搜集与整理,建立外来物种信息和口岸截获数据库。以此为基础,构建动植物疫情和外来入侵物种监测体系,设计构建动植物疫情和外来入侵物种风险级别判定指标体系及风险预警智能化判定模型。通过对获取的疫情监测数据进行动态统计与分析,以此设立科学的口岸查验比例和项目动态调整机制,及时预警并采取防控措施,筑牢国门生物安全屏障。

在建立动植物疫情和外来入侵物种监测与预警机制的手段上,各地海关也结合自身地区和情境特点,创新不同的监测与预警的方式。例如,部分海关以国外疫情形势、国门有害生物监测等为基础绘制地方口岸风险网络图，对重点敏感商品组织开展准入风险分析和疫病疫情风险研判。根据风险评估结果发布风险预警，完善应急处置流程，实施从易到难、从点到面的检疫监管措施，降低有害生物传入风险。

以动植物监测预警实施风险分类管理，优化完善现场检验检疫监管流程，针对口岸进口动植物产品现场查验、检疫处理、疫情监测、应急处置等环节，全面梳理各项防护要求，制定安全防护措施标准，全程有效跟踪、无缝衔接，实现全链条闭环安全有效。加强口岸货检、旅检基础设施建设，积极申请进口高风险商品指定监管场地资质，配备完善的现场检疫查验处理设备，并完善检疫处理、进境活动物、粮食、种苗等高风险业务监管系统，推进口岸初筛鉴定室建设，提高口岸初筛检查鉴定覆盖率和远程鉴定系统覆盖率。

9.3.2.3 推动国门生物安全社会共治与全球共治

海关应加强与科研院所、高等院校、行业企业在国门生物安全防控技术科研攻关、成果转化等方面的合作，推动防控技术创新升级。开展国门生物安全普法宣传，特别是以每年全民国家安全教育日为契机，在全社会营造"人人关注国门生物安全，人人守护国门生物安全"的良好社会共治氛围。运用"线上+线下"相结合的方式，持续加强对寄递企业、进境旅客的宣传教育，继续加强政策解读和宣传教育，曝光典型案件，不断提高社会公众自觉保护生物安全的意识。

海关在加强对动植物疫病疫情防控的同时，要积极与地方政府沟通联系，形成联防联控体系。借助专报、参加联席会议等措施主动融入地方部门，提升地方各级部门对国门生物安全的重视程度，联合成立重大动植物疫病防控工作小组，加强部门协作，明确职责，及时相互通报情况，联合开展应急演练和防控工作，全面提升口岸联防联控水平。

海关可参照国际标准，进一步主动健全动植物检疫法规技术标准体系，建立健全便利可控集约高效的检疫监管机制，加强与主要贸易国家的沟通对话，形成跨国的重大动植物疫情和外来入侵物种应急处置机制。对进出境动植物疫病疫情的风险评估、检疫准入、境外预检、现场检疫、实验室检测、检疫处理等管理制度和技术标准，可吸纳国际经验和做法，持续完善优化我国动植物检疫作业监管模式，实施更加安全便捷的动植物检

第9章 统筹发展与安全视角下进出境检验检疫安全治理现代化

疫措施。建立与"一带一路"共建国家（地区）、RCEP成员方动植物疫病疫情防控多双边合作机制，根据国际动植物疫病疫情最新情况，动态调整《中华人民共和国进境动物检疫疫病名录》、《中华人民共和国进境植物检疫性有害生物名录》、动植物产品检疫准入清单，及时收集发布国外检验检疫法律法规标准。建成主要贸易国家和地区动植物检疫要求数据库，构建全球动植物疫情和外来入侵物种信息平台，推动开展国际动植物疫情和外来入侵物种联合监测，推动开展跨国家动植物检疫人员技术交流培训，共同提升国家进出境动植物检疫安全治理能力。

9.4 统筹发展与安全视角下我国进出口商品检验监管治理的目标定位与路径

9.4.1 我国进出口商品检验监管治理的目标定位

9.4.1.1 保障进出口商品质量安全，建设质量强国

进出口商品质量安全事关国门安全，事关对外贸易可持续发展，事关人民群众生命健康，维护与保障进出口商品质量安全，是国家安全体系特别是非传统安全建设的重要组成部分。海关和市场监管部门是中国市场经济健康发展的两大"护卫"，也是保障和维护国内国际双循环的主力军，其中海关保障进出口商品质量安全，直接影响着中国"质量强国"的建设。

党的十八大以来，在以习近平同志为核心的党中央坚强领导下，我国质量事业实现跨越式发展，质量强国建设取得历史性成效。建设质量强国是推动高质量发展、促进我国经济由大向强转变的重要举措，是满足人民美好生活需要的重要途径。

质量是繁荣国际贸易、促进产业发展、增进民生福祉的关键要素。面对新形势新要求，必须把推动发展的立足点转到提高质量和效益上来，推动中国制造向中国创造转变、中国速度向中国质量转变、中国产品向中国品牌转变，坚定不移推进质量强国建设。

海关坚定贯彻国家战略决策部署，践行"以人民为中心"的发展理念，全面研判、评估口岸安全形势，把好进出口商品质量安全关。通过科学预防和有效控制进出口商品质量安全风险，加强全面质量管理、促进进

出口商品质量提升、增强人民群众获得感。

9.4.1.2 维护消费者权益和社会公共利益

海关作为行使进出口监督管理职权的行政机关，通过对进出口商品进行检验、开展知识产权海关保护等方式打击侵权行为，保障消费者合法权益。

海关应严把进出口商品检验监管，切实保护消费者权益和维护社会公共利益。海关积极构建以质量安全风险管理为主线的进出口商品质量安全监管机制，持续加强进口消费品质量安全检验监管，聚焦消费品"安全卫生健康环保"的要求，发挥进出口商品质量安全风险预警和快速反应监管体系作用，精准防控，严控风险，促进优质消费品进口，切实保护好消费者健康和安全。

海关通过加强风险监测、深化检验监管模式改革，不断提升现场检验以及实验室检测成效，加大进出口假冒伪劣商品打击力度，坚决把好进出口商品质量安全关，切实保障企业和消费者权益，不断为外贸经济高质量发展提供有力支撑。除了完成法定检验目录商品的检验监管，为进行进口商品质量安全监测监管，海关还要保质保量完成法定检验目录外的进出口商品抽查工作，防范和打击逃漏检的行为。一般抽查检验的重点是涉及安全、卫生、环境保护，国内外消费者投诉较多，退货数量较大，发生过较大质量事故以及国内外有新的特殊技术要求的进出口商品。

面对跨境电商"海淘"热，海关积极开展跨境电商进口消费品知识产权侵权情况监管，严厉打击侵权行为，加强法定检验以外婴童用品、纺织用品、食品接触产品、家电等进出口商品专项风险监测，严厉打击假冒伪劣等违法行为，全力保障质量安全。例如，家用电器是进口消费品中的重要品类，特别是各类外观和功能新颖的进口小电器备受青睐。海关将重点监管审核涉及CCC认证（中国强制性产品认证）证书、电源插头制式不合格、温升异常、电气安全结构不合格等情况，所以消费者选购家用电器时要重点查看CCC认证标识、能效标识等，关注产品的警示说明及使用条件等。针对检验检出的进口婴童用品、小家电、服装和一次性卫生用品等进口消费品不合格案例，相关商品将面临技术整改或退运销毁处置。例如，婴童用品涉及用品纤维含量、pH值、色牢度、绳带、有毒有害物质等的检验；婴童玩具检验将关注使用年龄、安全警示语、CCC标志、玩耍

第 9 章　统筹发展与安全视角下进出境检验检疫安全治理现代化

方式；文具类产品应关注标识、笔帽结构、安全警示语等。

海关强化重点商品检验监管，对进出口大宗资源性商品、危险货物、固体废物等商品的安全风险，制定风险应急处置预案，强化应急物资准备和演练，开展应急响应和联动协作，提高口岸风险应急处置能力。

9.4.1.3　保护进出口贸易方的合法权益和产业链稳定

海关作为行使进出口监督管理职权的国家行政机关，职责不仅仅是征税、打私，作为保护进出境商品知识产权的执法主体，海关通过对进出口商品进行检验，打击国际贸易中侵犯知识产权的不法行为，保护进出口贸易方的合法权益和产业链稳定。

1995 年 7 月 5 日《中华人民共和国知识产权海关保护条例》颁布，同年 10 月 1 日正式实施，至今知识产权海关保护已经走过近 30 年的历程。目前，我国海关已经建立起一套包括报关单证审核、进出口货物检验、对侵权货物的扣留和调查、对违法进出口企业进行处罚以及对侵权货物进行处置等环节在内的完善的知识产权执法制度。

2021 年，海关总署连续第 5 年部署开展全国海关知识产权保护"龙腾行动"，全国海关持续聚焦群众反映强烈、社会舆论关注、侵权假冒多发的重点商品，尤其对进出口关乎生命健康、威胁公众安全的侵权商品的行为实施重拳打击。2021 年全年，全国海关共扣留进出口侵权嫌疑货物 7.92 万批、7180.28 万件。[①] 在进口环节扣留侵权嫌疑货物 571 批、801.73 万件，进口环节查获侵权货物数量占比进一步提高。随着互联网新业态的发展，跨境电商渠道已逐步成为海关执法重点，针对侵权商品寄递口岸向全国分散的趋势，相关海关及时跟进监管，聚焦邮寄、快件等渠道，丰富执法手段，强化监管措施，提升知识产权保护效能。2021 年全年共查扣跨境电商侵权嫌疑货物 1.78 万批、199.57 万件，扣留批次和数量在非货运渠道商执法占比持续上升。海关不断优化商品质量检验监管，不断加强进出境环节侵权行为监管，企业知识产权保护意识显著增强，侵权货物数量明显减少，有效遏制商品侵权态势。

为了助力进出口企业产业链供应链稳定，全力保障外贸外资企业稳定

---

① 海关发布.2021 年中国海关知识产权保护状况［EB/OL］.（2022-4-22）.https：//mp.weixin.qq.com/s/7quJzVxpcmbhAPpyk5IJ5Q.

发展，海关对进出口商品检验的方式也在不断优化，例如，海关实施进出口商品检验采信制度。海关依法采信检验结果，作为合格评定的依据，免于对进出口商品实施抽样检测。海关实施进出口商品检验采信，引入社会检验检测资源优化进出口商品检验，激发了市场主体活力，提高了通关便利度，更好地服务外交外贸大局。新冠疫情发生后，为帮助进出口企业复工复产，各地海关积极创新优化进出口商品检验监管模式，如对急需进口成套设备采用"装运前检验+项目登记+安装后核查"的监管模式，分批到货的组装设备只需安装后一次验收核查即可，无须逐批实施现场检验；对企业复工复产急需的零部件和原材料，可凭企业提交的相关认证证书，免于抽样检测，保证物料及时投入生产；深入推进大宗资源商品业务改革、推动实施大宗散装危险化学品综合评定方式、创新不申请出具品质证书进口涉检矿产品品质检验监管方式等系列措施，全力保障外贸外资企业稳定发展，保障外贸产业链、供应链畅通运转。

9.4.2 我国进出口商品检验监管治理的路径

9.4.2.1 优化进出口商品检验监管模式

进出口商品质量安全事关人民群众切身利益、国门安全和对外贸易可持续发展，是实现质量强国的重要组成部分。随着中国国际贸易快速发展和市场经济逐步成熟，企业自主创新能力不断提升、贸易方式深刻变革，海关要优化进出口商品检验监管模式，构建"便捷高效"的进出口商品检验监管模式。

贸易量的剧增使得检验监管力量应得到相应提升。海关对进出口商品检验，无论实施批批检验、抽批检验、过程检验还是分类管理、电子监管、假定合格等，本质上仍是遵循先检后放的监管思路。

为了优化进出口商品检验监管模式，海关可进一步加强提升进出口商品检验监管基础能力和基础设施建设。

优化商品质量安全风险管理信息化系统功能，全面汇聚商品质量安全检验监管信息，建成覆盖"安全、卫生、健康、环保"要素的国家技术规范强制性要求项目数据库。坚持风险评估前置原则，依据企业质量信用等级、商品质量状况评价和质量安全风险监测与评估结果，建立基于进口商品质量安全风险等级、科学运用多种合格评定模式的进口商品检验监管工

第9章 统筹发展与安全视角下进出境检验检疫安全治理现代化

作机制。对一般风险商品，优化监管流程，完善强制性产品认证入境验证监管制度，对已取得质量安全准入资质的进口医疗器械、特种设备、强制性认证产品等实施"大验证"监管制度，落实"双随机、一公开"监管要求，做好法定检验目录外商品监督抽查，强化抽查信息公示和结果公开。对存在安全隐患和假冒伪劣风险的商品，实施有效的监管介入，综合运用抽查、检验、验证、采信与合格保证等多种合格评定方式，实施差异化监管。深化进口大宗商品、危险化学品、机电产品检验监管模式改革，强化危险货物及其包装检验监管岗位资质管理，提升危险货物及其包装检验监管能力，强化进口再生资源等重点敏感商品检验监管。

9.4.2.2 完善进出口商品检验第三方采信管理

随着我国工业品总体质量水平的提高和出口工业品规模的持续扩大，高新技术产品层出不穷，产业中新工艺升级换代更新频繁，直接缩短了产品更新换代周期。

在业务量大、人力不足等状况下，如果可以将商品检验转移给第三方专业机构或推向市场，借助社会力量，会促使海关更加高效监管，助推进出口贸易便利化。而且对消费者来说，也能够获得更多样化的进口商品，满足国内日益多样的消费需求。

为此，2022年9月海关总署公布《中华人民共和国海关进出口商品检验采信管理办法》，明确海关在进出口商品检验中依法实施采信工作，采信第三方检验机构的检验结果，以及对采信机构进行监督管理。海关总署根据进出口商品质量安全风险评估结果，确定并公布可实施采信的商品范围及其具体采信要求，并实施动态调整。对进出口商品的采信要求包括：采信商品名称及商品编号、适用的技术规范、检验项目、检验方法、抽样方案、抽验报告有效期以及其他与进出口商品质量安全有关的要求。

参考国际通行做法，充分发挥社会力量承担政府部门的技术性工作，在发达国家已经比较普遍。因此，中国海关要构建符合国际通行规则的进出口商品检验检疫监管体系，将进出口商品检验监管让位于市场，实现检验监管模式逐步完成微观到宏观的重点转移，让市场参与到进出口商品检验中。这既是外贸经济发展的必然趋势，也是当前实施的高效而低耗商品检验监管的发展趋势要求。

当市场上专业的第三方商品检验检测机构参与到进出口商品检验中，

海关可以实现简政放权、优化服务的目标，以"检验机构的选择权下放给企业"达到"放"的目的，以"高效的通关管理，便捷化的通关流程更好地服务企业"达到"服"的任务，而将管理的重心聚焦于高风险货物、环节、企业，锁定"管"的目标，从而更好地落实海关"放管服"改革。最直接的结果，从海关方面来说，提升了进出口商品检验监管的效能，优化检验检测资源配置应用，提升海关治理能力；从企业方面来说，降低了企业合规成本，保障了通关便利，企业所持检验结果在全国通用，检验报告在有效期内重复使用，企业进出口相同规格型号货物不必重复进行抽样检验。

海关要持续加强对采信机构的监督，对采信机构的检验能力进行验证，依法查阅或要求采信机构报送有关材料，开展实地检查或专项调查。强化事中事后监管、追责和违规信息披露，完善市场退出机制，维护公平公正、富有活力的检验检测市场秩序。随着第三方采信制度的广泛应用，海关对第三方采信的实施范围和项目可以逐步扩大，海关可以进一步探索与第三方采信机构的联系合作，共同服务我国进出口商品的高质量发展。

9.4.2.3 建立共治的进出口商品监测预警信息平台

海关进出口商品检验工作连接国内国际两个市场，在保障人民群众切身利益、维护国门安全、保护生态环境、服务外交外贸大局等方面具有重要作用。聚焦"安全、卫生、健康、环保"的原则，海关落实"管得住、放得开、效率高、成本低"的理念，该管的坚决关注，该放的坚决放开，有力促进外贸稳定健康增长。

在统筹发展与安全视角下，海关可以持续完善进出口商品质量安全风险预警监管体系建设，以坚守进出口商品质量安全底线、营造安全消费环境、探索科学高效监管机制、促进跨境贸易便利化为目标，构建起"防、护、引"三位一体的进出口商品质量安全风险预警新模式，为不断提升进出口商品质量安全治理能力和海关风险防控能力注入新动能。

为了完善进出口商品质量安全风险预警监管体系建设，海关可以牵头建立全国进出口商品数据集成的风险信息平台，充分利用风险管理前沿技术和现代科技手段，畅通进出口商品风险信息交流共享渠道，科学研判进出口商品质量安全风险，推动"互联网+监管"的进出口商品智慧监管。

提高海关进出口商品检验监管效率和效果的关键在于做好预防工作，

第 9 章 统筹发展与安全视角下进出境检验检疫安全治理现代化

而预防取决于海关是否建立了有效的进出口商品预警监测机制。坚持预防为主，防控结合，始终把质量安全风险预防工作放在重要位置，积极实施风险监测、预警前置和教育辅导等措施，构建递进式、立体化预防体系，实现质量安全风险早发现、早研判、早预警、早处置，有效预防、系统应对。

除了做好进出口商品风险信息的预警监测，海关还可以发挥国际贸易"单一窗口"作用，采集和共享进出口商品相关数据。加强口岸安全联合防控，拓宽风险信息采集渠道，推动进出口商品质量安全风险信息平台与口岸风险布控中心对接，构建全国一体化的风险监测数据共享与交换机制。以信息互换、监管互认、执法互助，健全部门间执法协作机制，鼓励社会力量广泛参与，加强国际合作与交流，提升联防联控水平，实现社会共同治理和共享发展。

除此之外，海关可以推动跨部门、跨区域、跨行业的商品信息通报协作，准确掌握商品设计和制造中的不安全因素，加快实现与商品相关的伤害报告、食源性疾病、交通事故、火灾事故等信息的共享。加强内外贸结合商品市场、电子商务、边境贸易等重点领域和"一带一路"共建国家（地区）、新兴市场等重点区域的假冒伪劣商品信息搜集工作，加强国际交流，开展双边、多边质量安全信息通报、调查合作。

9.5 统筹发展与安全视角下我国进出口食品化妆品安全治理的目标定位与路径

9.5.1 我国进出口食品化妆品安全治理的目标定位

9.5.1.1 为民生保障提供高质量供给

食品安全是永恒的课题，由于国家发展程度的不同，不同国家的民众对食品安全的关注点不同，不是国外的食品就安全，也不可能存在有绝对"零风险"和绝对安全的食品。如何降低风险，确保进出口食品化妆品安全，是统筹发展与安全视角下海关工作的重要挑战。食品安全不仅仅关乎百姓健康和生命安全，也关乎社会稳定。

考虑到进出口食品化妆品的需求量大、品种多且杂、链条长、渠道丰富，传统安全风险与非传统安全风险交织，而且是关系着民生保障的重要话题，所以受到各种社会媒体的关注。例如，针对食品供应链来说，我国食品进口的原料生产、成品加工、货物运输等环节分布在全球180多个国家和地区，供应链渗透了不同国家食品安全保障体系、技术法规和从业人员食品安全素质参差不齐的问题，因此如何评估风险、明确管控重点、加强政府与企业责任配置、实现境内外多环节多方合作预防与控制风险，本身就是一件难度大、任务重、专业性强的系统工程。而且随着跨境电商等新兴业态不断涌现，进出口食品化妆品贸易量剧增，进出口贸易渠道方式也更加多样化，海关监管责任更大，监管任务更加艰巨，贸易安全与贸易便利的矛盾始终存在，海关也面临着更加严峻的挑战。2022年，全国海关退运、销毁不合格食品、化妆品2900批，查获各类违禁品120万件，毒品2.8吨。贸易规模大、贸易形态多、监管要求高、安全压力大，如何做到"管得住、放得开、通得快"是海关监管面临的主要挑战，为了给民生保障提供高质量供给，海关必须严把进出口食品化妆品安全质量关。

9.5.1.2 规范进出口食品化妆品生产经营秩序

海关强化进出口食品化妆品监管工作，用"最严谨的标准、最严格的监管、最严厉的处罚、最严肃的问责"确保食品化妆品安全，守住进出口食品化妆品安全底线，不断提升服务水平。

海关对进出口食品化妆品安全风险分级分类管理，并对进出口企业的生产者资质、生产环境条件、生产过程控制、检验查验、不合格产品退回召回等全流程进行监督管理。

食品化妆品的进出口，存在流动性大的特征，必须强化源头管理，通过严格的市场准入，防止不合理的产品流入市场。强化进出口食品化妆品企业诚信合法经营，对企业加强相关法律法规制度宣传，以法律制度约束倒逼企业落实好安全主体责任。作为生产经营单位要依法履行安全主体责任，企业要保证必要的安全生产投入，建立健全质量安全管理体系，严格落实企业进货查验、规范生产、出厂检验等安全生产流程，不断改善改进安全保障条件。而且要严格落实安全事故报告制度，向社会公布安全信息必须准确、真实、及时，企业主要负责人以及从业人员要加强有关进出口食品化妆品安全生产的法律制度规范。

海关应对企业及时跟进指导，有针对性帮扶企业提升自检自控能力水平，打开国外市场。同时，海关监管重点应向源头和生产过程前移，强化

第9章 统筹发展与安全视角下进出境检验检疫安全治理现代化

对企业投产前、生产过程相关原料检验监测,加强对微生物、污染物、禁限物质等指标检测,帮扶企业落实安全生产和质量保障措施,确保产品质量安全。

海关在后续监管时,可以加强对食品化妆品的专项稽核查,结合企业备案资料、信息、进口食品进口商和进口化妆品收货人进口信息开展严格检查监管,重点核查企业进口食品化妆品标签、进口记录、销售记录及相关制度的建立执行情况,监管企业进口食品化妆品后续流向,促进企业依法如实健全溯源体系,保证进口食品化妆品全链条监管。

9.5.1.3 构建质量安全绿色生态的中国特色工业

民以食为天,食以安为先。食品安全关乎每个人的身体健康和生命安全,关系到社会的和谐稳定与经济健康发展,关系到政府和国家形象,是一个遍及全球的公共卫生问题。同时,食品安全也成为衡量人民生活质量、社会管理水平和国家法治建设的一个重要方面。因此,提高食品安全水平已成为我国迫切需要解决的重大现实问题,只有进一步加强法治建设,建立健全食品安全相关法律法规,并强化监管体系,并在实践过程中不断予以完善,才能逐步建立起一套完整、有效的中国食品安全监管体系。

"十四五"期间,海关将主动服务构建以国内大循环为主体、国内国际双循环相互促进的新发展格局,促进内需和外需、进口和出口协调发展,以国际循环提升国内大循环的效率和水平,推动我国形成参与国际经济合作和竞争新优势。海关积极支持优质产品进口,加强对外农业产业链供应链建设,增加国内紧缺和满足消费升级需求的重点农产品进口,促进供给多元化。鼓励优质消费品进口,积极吸引海外中高端消费回流。通过优化口岸开放布局、支持优势食品农产品出口等,推动实现巩固拓展脱贫攻坚成果同乡村振兴有效衔接。

通过促进内需和外需、进口和出口协调发展,以国际循环提升国内大循环的效率和水平,海关将持续推动形成我国参与国际经济合作和竞争新优势,加强中国食品化妆品安全技术标准的国际交流与合作,鼓励和支持跨国交流培训。

9.5.2 我国进出口食品化妆品安全治理的路径

9.5.2.1 健全进出口食品化妆品安全制度规范

随着食品化妆品生产技术的不断更新换代，新的食品化妆品品类也在不断升级。为了更好地对进出口食品化妆品进行检验检疫监管，海关应该加强对食品化妆品检验检疫新技术的开发，加强食品化妆品检验检疫标准的制定和修订，不断梳理进出口食品化妆品的检验检疫管理法律依据、标准及检验检疫要求，对标国际上其他国家和地区有关食品化妆品检验检疫的标准，修改、更新、调整形成我国最新的法规和制度、规范和标准。而加强进出口食品化妆品的规章和制度建设，是海关完成检验检疫工作的重要基础。

通过加强法规制度建设，促进进出口食品化妆品的管理工作规范化、制度化，以法规制度建设，促进进出口食品化妆品检验检疫工作的规范化和标准化。为了加强对进出口食品化妆品检验检疫业务流程的管理，增加食品化妆品检验检疫工作的可操作性，规范全国海关对进出口食品化妆品的检验检疫工作，海关可以进一步细化进出口食品化妆品检验检疫工作手册，将进出口食品检验检疫关键环节控制要求明确，严格对重点需要关注的食品化妆品类别的质量进行把控。

同时，要加大对进出口食品化妆品法律法规宣传力度，通过宣讲法律法规、口岸监督管理规定和典型案例分享，一方面，让进出口企业知晓相关食品化妆品领域的最新法律法规制度规定，掌握中国与国际最新的标准规范，从而有针对性地落实到企业的经营管理中；另一方面，通过执法宣传，让企业明确落实食品化妆品安全主体责任是企业的法定义务。针对质量管理不够完善，专业素质偏低的中小企业，可以为进出口企业之间搭建交流的学习平台，推选优良的企业作为进出口示范企业，引导企业自我提升。对不正确履行主体责任、故意违法的企业加大处罚力度，将海关行政执法与公安刑事司法衔接，增强执法权威性，推动企业自觉守法。

9.5.2.2 优化进出口食品化妆品安全监管机制

关检融合后，海关对出口食品化妆品的监管工作遵循依法监管、风险管控、分段负责、分工协作、权责一致及优化服务的原则，对出口食品化妆品的监管模式实施分段管理。在海关内部监管部门中涉及企业管理部

第 9 章　统筹发展与安全视角下进出境检验检疫安全治理现代化

门、监管查验部门、稽查核查部门和综合业务部门。其中，企业管理部门负责出口食品生产企业及出口食品原料种植场、养殖场的备案和信用管理；监管查验部门负责出口食品检疫、检验、取样、送样及结果评定等检验检疫监管工作；稽查核查部门负责出口食品企业和备案基地的后续监管及境外不合格通报的核查工作。这种监管模式，推动了事前、事中、事后监管链条与食品原料种植、生产加工、通关流程和后续监管相互契合。这种监管模式明确了各环节间的信息交流、业务对接、质量管理和权力监督，职责和责任更加明确，避免了"真空"和交叉重复，加强了对全流程各环节的管控力度。海关不断完善内控建设，确保我国进出口食品化妆品监管机制运转高效顺畅，严防监管链条断裂、监管措施落空。

为了更好适应我国经济发展新常态，海关对进出口食品化妆品贸易监管的理念应持续调整，以"由企及物"的监管理念，强化企业对进出口食品化妆品安全监管的主体责任。由此，海关在监管过程中突出企业在通关历史记录优劣的差异、诚信程度高低的差异、以及企业在质量安全管理水平高低的差异，并将这种差异性带入到对不同企业的食品化妆品进出口活动的差异化管理中，落实诚信守法便利，失信违法惩戒，才能更好地强化企业落实主体责任的积极性和主动性。

对于进口食品的监管，海关可以进一步搭建覆盖进口食品全过程的治理体系，严格实行进口前严格准入、进口时严格检验检疫、进口后严格后续监管的"三段管理模式"。严格执行海关总署进口食品准入规则，综合运用境外食品安全体系评估审查、境外生产企业注册、进口商备案、合格保证、证书审核比对等系列合格评定活动。严格执行海关总署进口食品监督抽检和风险监测计划，对进口食品开展抽批现场查验、抽样送检等，并与海关实验室密切对接，确保检得出、检得准、检得快，发现农药残留、兽药残留、重金属、污染物等项目不合格的，坚决退运。

同时，海关可以进一步加强口岸食品化妆品信息化管理，建立囊括更多市场监管主体、消费者、社会监管力量共同参与的信息共享平台，实现进出口食品化妆品相关的企业商业活动、经营状况、质量品质等数据的全面整合，信息互联互通，如此以海关为中心形成对进出口食品化妆品的全方位监管，构筑监管合力。

考虑到由于跨国贸易中进出口食品化妆品的相关法律制度和规则标准

在不断更新修订，海关可以针对从事进出口食品化妆品的检验检疫人员进行相关法律制度的培训，深化对相关法律条文、标准的理解。以此避免在现场执法过程中，常出现由于海关执法人员对相关法律、法规、标准的理解和认识不统一，导致海关执法的尺度未能同步统一的情况出现。

各海关也可以结合各地方实际情况，创新优化进出口食品化妆品安全监管模式。例如，为保障民生供应的鲜活易腐农食产品等开辟农食产品通关"绿色查验通道"，并提前预判风险等级，为进口企业提供"提前申报、预约通关、随到随报"通关服务套餐，科学制定现场查验等检疫检验监管措施。同时大力推广入境检验检疫电子证书，努力实现相关民生物资当天清关、当天出证。加强对进境食品原料后续监管，指导贸易商和加工厂及早办理检疫审批许可证；采取预约查验、随报随检等方式，提高通关效率。全面加强出口食品源头管控，规范出口食品原料种植/养殖场和生产企业备案，组织开展海关出口食品相关培训，帮助企业优化管理制度，提高质量安全水平。

9.5.2.3　建设进出口食品化妆品安全智慧监管平台

提升进出口食品化妆品安全治理能力，要抓紧推进治理的信息化、互联化、智能化，实施"互联网+进出口食品化妆品"安全治理，以信息化技术和大数据，提高海关综合治理能力。当前比较突出的矛盾是，进出口食品化妆品安全监管监测的数据资源虽然丰富，但不同信息系统之间的数据资源共享并未达到互联互通，信息碎片化，消费者各方及时获取查询信息的途径还不够广泛和权威，信息孤岛的现象和僵尸数据的问题需要解决。为了加强进出口食品化妆品的安全监管，必须充分利用云计算、大数据、物联网、移动互联网等技术，加强进出口食品化妆品安全智慧监管的顶层设计和统筹规划，建设进出口食品化妆品安全智慧监管平台。通过构建进出口食品化妆品安全数据库，开展进出口食品化妆品安全年度监督抽检和风险监测计划，优化风险预警机制，提升危机事件的应急指挥和决策处置能力。

以有关进出口食品化妆品的风险信息收集、评估为重要手段，建立风险监测数据实时共享机制，充分发挥监测数据在海关监管中的风险预警作用，将风险评估结果及时通过智慧监管平台发布预警通报。在进出口食品化妆品智慧监管平台上，可以实现食品化妆品的准入许可、检验监测、风

第9章 统筹发展与安全视角下进出境检验检疫安全治理现代化

险预警、追溯召回等系统信息的互联互通，破除信息孤岛，将海关总署与各地海关检验监管的信息共享，提升进出口食品化妆品安全监管的科学化、智能化、精准化和一体化水平。例如，欧盟食品和饲料类快速预警系统（RASFF）就是一个权威、统一的信息收集评估和反馈发布平台，监管部门和消费者都能及时从中获取信息，通过增强监管的针对性、有效性，增强了消费者对政府的信心。对于进出口食品化妆品不良企业、不良记录的信息，也可以实现在网络平台上更新发布。

为了保障消费者和社会公共的权益，探索建立进出口食品化妆品安全追溯平台，例如，建立类似跨境的婴幼儿配方乳粉、红酒、保健食品、化妆品等重点产品的电子溯源平台，方便消费者和公众查询和维权，海关监管工作也从单向宣传向风险信息共享转变，通过汇集多方信息提高信息交流的成效，提升政府监管信息的利用率，促进信息公开、政务公开，提高海关执法公信力和透明度，也保障了社会公众获取相关信息的合法权益。

9.5.2.4 构建进出口食品化妆品安全多元共治格局

进出口食品化妆品安全多元共治格局的形成依赖多个主体的共同参与，各个利益相关方各负其责，共同参与到进出口食品化妆品安全治理中。对于出口国（地区）而言，可以实现以更高的出口食品化妆品产品品质，增强本国产品的国际竞争力，赢得消费者信任，进而获得更多国际市场份额和经济利益；对进口国（地区）而言，可以获得优质的食品化妆品品类，保护本国（地区）消费者的健康和多元化产品需求；对于生产经营者而言，可以降低因产品违规带来的巨额损失，并且可以享受便利通关带来的红利；对于消费者而言，则可以获得更多优质、安全的产品。所以构建多元共治格局，可以最大化各方的利益，实现多方共赢。

海关应贯彻"预防为主、风险管理、全程控制、社会共治"的理念，严格进出口食品化妆品的准入、质量安全评估、口岸检验放行、产品追溯和召回等环节的规范化管理。完善基于风险管理的进出口食品化妆品检验监管模式，提高监管效能，为了更好地实现以风险管理为驱动的进出口食品化妆品安全监管，海关要持续加强信息化建设，加强信息化技术和手段的应用，整合完善风险预警、分级分类管理、失信企业管理、溯源管理，实现风险信息与业务流程的有机衔接，实施数据互通、信息共享，提高监管的有效性。

在进出口环节出现食品化妆品安全危机的事件,根源主要在于企业主体责任的意识与能力不足。因此,传统上以产品为监管重点的检验监管模式,应转为以企业为监管重点的模式,通过对进出口食品化妆品经营企业的监管,将监管链条延伸到产品的生产加工及储运,实现安全管理责任的层层落实,口岸的检验环节可作为海关验核企业安全控制措施的手段,以及海关检验检疫调整监管措施的依据。

消费者既是进出口食品化妆品的使用者,又是进出口食品化妆品的监管者。海关可以秉持互动、及时、公开透明的原则加强同消费者之间的交流并建立消费者投诉维权平台和渠道,鼓励消费者发现问题之后及时举报,以便海关监管部门加强监督检查和风险监测,惩治违法违规的经营商,推动社会共治的良好氛围。同时一旦发现可能存在产品质量安全问题,海关应及时进行处置和召回,实现全流程监控。

为了加强进出口食品化妆品的国际共治,海关可以充分利用联合国粮食及农业组织(FAO)、WTO、国际食品法典委员会(CAC)、世界动物卫生组织(WOAH)、APEC等国际多双边机制,将进出口食品化妆品国际共治纳入多边安全治理体系,通过国与国之间通关管理体系的衔接和配合,实现管理制度、管理流程、管理作业上的有机协调,深化进出口食品化妆品安全跨境检查执法协作和官方监管结果互认,形成国际共治的优势。

第10章 统筹发展与安全视角下海关与企业伙伴关系[①]治理现代化

10.1 我国海关与企业伙伴关系的现状

10.1.1 海关与企业伙伴关系建立的背景

WCO积极推动全球供应链安全与便利化发展,加强成员海关的现代化建设,倡导以客户导向为价值理念,建立"海关与商界之间的伙伴关系"。在全球化的趋势下,我国本土企业深度融入世界产业价值链和供应链,我国海关需要适应国际海关发展大趋势。

为了推进贸易安全与便利化,WCO开始引入风险管理,倡导海关与商界之间的伙伴关系。1999年WCO修订《京都公约》时将风险管理纳入"京都公约海关监管职能",开始提及海关与商界之间伙伴关系的描述。2003年6月,WCO进一步先后制定、发布了《风险管理指南》(*Risk Management Guide*)、《标准化风险评估》(*Standardized Risk Assessment*)等一揽子文件,提出了海关风险指标体系、风险评估的方法技术,全面系统地确立了海关风险管理的研究框架结构,为各成员方海关实施风险管理提供了重要参考。海关风险管理所要解决的关键问题就是海关如何进行管理激励机制设计以促进海关与商界之间的伙伴关系。2005年6月,WCO通过的《标准框架》明确提出海关监管应引入风险管理理念,并再次强调"海关与商界之间的伙伴关系"是全球供应链安全与便利的支柱之一,其核心在于倡导守法便利并建立国际化的企业信用认证体系——AEO制度。2006年,WCO批准通过了《AEO实施指南》,细化完善了一整套关于AEO资格、安全措施、评估认证、相互承认等有关标准和程序,与《标准框架》同步推进实施,AEO计划基本形成。2008年,《21世纪海关》指出,应与值得信任的经营者建立战略伙伴关系。

[①] 本章指企业管理与稽查。

在《标准框架》下，世界范围内出现了4种海关与企业的合作关系：一是欧盟建立的海关与企业守法便利的合作伙伴关系（Compact模式）；二是新加坡实行的保障贸易安全的合作伙伴关系计划（STP）；三是新西兰的保障出口安全的合作伙伴关系（SEP）；四是美国的海关—商界反恐伙伴计划（C-TPAT），同时美国还实行了贸易安全智慧航线、集装箱安全倡议（CSI）、自动甄别系统（ATS）、特大型港口合作计划等涉及物流监控和贸易安全的国际海关合作项目。中国海关在2008年修订的《中华人民共和国海关企业分类管理办法》中正式引入AEO制度，也一直在积极推进中国海关AEO制度建设与AEO国际互认。

10.1.2 海关与企业伙伴关系的概念与内涵

海关与企业伙伴关系，是建立在海关与企业相互信任的基础上，双方共担风险、共享利益而建立的一种政企关系。海关与企业伙伴关系的建立对双方来说，都能创造更高的收益，一方面可以优化海关监督管理活动过程，另一方面进出口企业也可以节约通关时间，获得更高的经济效益。从某种程度上说，海关与企业伙伴关系是海关与企业双方为实现共同目标和共同利益，以独立的组织身份而构建的合作关系，是为获取特定的目标和利益而形成的一种协同关系。

因此，海关与企业伙伴关系内涵包括以下三个方面：

其一，海关与企业伙伴关系是海关与企业在特定时间内建立的信息和利益共享、风险共担的伙伴关系；

其二，海关与企业伙伴关系是为了特定的目标和利益而形成的一种特殊的政府与企业关系，建立合作伙伴关系的本质是为了增强相互交流、实现信息共享、共担利益与风险。

其三，海关与企业伙伴关系是海关与企业双方达成的承诺和契约，从本质上来说，海关与企业伙伴关系必须建立在合作和信任之上。合作与信任是海关与企业伙伴关系联结的纽带，伙伴关系正是在关系信任基础之上而产生的合作。

10.1.3 海关与企业伙伴关系建立的基础

海关与企业伙伴关系建立在信任基础上，但信任的生成不是一蹴而就

第10章　统筹发展与安全视角下海关与企业伙伴关系治理现代化

的，信任的形成可能是建立在双方历史行为轨迹综合判断的基础上，也可能是通过合同契约而形成双方合作意愿的达成。

海关与企业伙伴关系基于一种双向的信任，安德森（Anderson，1987）将信任定义为一种意愿，维兹（Weitz，1989）认为信任是一种信仰与依赖，墨尔曼（Moorman，1992）认为信任是依赖于可信任交易伙伴的意愿，斯克尔和欧赞（Schurr，Ozanne，1985）认为信任是一种承诺信仰。海关与企业伙伴关系的建立基础来源于信任，也包括海关与企业关系存在多种可能的情形：

1. 海关与企业伙伴关系的建立基础来源于信任，而信任又基于双方都是可信赖的主体，如此伙伴之间的承诺才是可靠的，而且合作伙伴也将履行其在关系交往中的承诺。

2. 海关与企业伙伴关系的建立包含对未来的不确定性。相互信任是合作各方在不确定的未来下表现出的彼此间的信赖。

3. 海关与企业伙伴关系中蕴涵着脆弱性，从不可信任行为中产生的潜在损失程度远大于预期从可信任行为中获得收益程度。双方关系中一旦出现不诚信的行为，其带来的损失甚至将超过信赖时所带来的收益。

4. 海关与企业伙伴关系产生的绩效受到关系双方行动的影响。合作共赢是海关与企业伙伴关系达成的理想局面，但是这种局面的形成需要双方共同来维系。

10.1.4　海关与企业伙伴关系特征

海关与企业伙伴关系是海关与企业双方为实现共同目标和共同利益，以独立的组织身份而构建的合作关系，是为获取特定的目标和利益而形成的一种协同关系。

因此，海关与企业的伙伴关系不同于商业组织之间的伙伴关系，也不同于不同政府部门间的合作关系，它是两种属性不同的组织之间而形成的一种关系类型：海关是政府部门，企业是经济组织，海关与企业伙伴关系事实上是一种特殊的政企关系，为了达成双方共同的价值追求。

相对于传统的政企关系，海关与企业的伙伴关系有以下特征（见表10-1）。

表 10-1　海关与企业伙伴关系的特征

	传统海关与企业关系	海关与企业伙伴关系
关系属性	管理者与被管理者关系	合作伙伴关系
信息沟通	单向沟通	双向沟通
关系博弈	零和博弈	双赢博弈
关系稳定性	复杂多变	简单稳定
关系开放性	封闭	开放
关系持久性	短期的、间断的	长期的、持续的

根据表10-1，海关与企业伙伴关系主要表现为，海关与企业之间不是简单的管理者与被管理者之间的关系，而是建立在信任基础上的有共同价值追求、共担风险的合作伙伴关系。伙伴关系是两方共同参与构成的，单个主体不会产生伙伴关系，伙伴关系主体需要同时扮演着主动和被动的两种角色。

在伙伴关系下，海关与企业伙伴关系体现的是双向沟通与连接，企业相较于以前拥有更多的话语权，而且也开始参与到政府的决策中，为政府决策建言献策，同时可以为争取自己的权益发声。

而且，在伙伴关系之下，海关和企业之间是一种合作共赢关系，在传统关系模式中体现的是一种零和博弈思维，海关更多的是以监督管理者的姿态来处理与进出口企业之间的关系，在进出口通关环节中更多的是监督防范企业的走私违规、偷逃税款等违法行为。而在伙伴关系中，由于双方都同时扮演主动和被动的角色，伙伴关系联结的强度无法简单地用定量程度来衡量，当一方没有兑现当初的承诺，或一方对伙伴关系的维系付出远小于另一方时，就会出现双方关系的不平衡。但如果用坚持合作共赢的思路进行关系联结，则能够使双方的合作价值的持续涌现。

同时，传统的海关与企业关系是复杂多变的，这表现为进出口企业数量众多，企业的行为表现参差不齐，行为轨迹也各有不同，面对各种情境，海关与企业很难形成稳定的关系模式。倘若海关与企业以信任为基础构建伙伴关系后，在关系处理时就变得简单，而且也可以长期维系这种关系，双方之间可以以一种更为开放的关系联结方式，实现海关与企业保持长期的、持久的关系。

10.1.5　海关与企业伙伴关系建立的原则①

10.1.5.1　平等原则

传统行政管理学和行政法学理论强调行政主导,认为管理者与被管理者的地位是不平等的,而社会契约平等原则的前提就是承认管理双方实际法律地位的相对平等性。当然不可否认,行政主体代表国家执法,行政主导不可缺少,在实施行政行为时具有单方意志性、效力先定性和强制性。法律地位的平等不仅是法人人格的平等,同时必须体现双方权利和义务的平等。从意义上说,平等原则有利于明确海关管理主体的定位,由海关自身延伸到管理相对人,进一步确立管理双方法律地位的平等性,维护进出境贸易安全与便利的责任由海关与管理相对人共同承担。

10.1.5.2　自愿原则

"一切契约是在具有平等权利当事人之间达成的自由协议",双方当事人平等协商且意思表示一致才为有效,即双方的合意,这正体现出自愿性原则。缺乏管理相对人的主动合作的自觉精神,管理必然陷于困境。如果运用自愿原则于海关管理中,将能调动被管理者的主动性和积极性,从而有利于促进管理效果的优化。这样,在监督企业执法海关政策法规的同时,需要我们更多地运用担保、合作备忘录等契约化管理方法,来约定海关与企业双方承担义务,明确进出境活动中各自的责任,形成管理者与被管理者合作互动的公共关系。建立现代海关制度,必须引导和促进企业守法自律,这要成为海关管理的重要任务之一。此外,海关在处理与其他有关部门的关系时,由于相互间没有上下级的行政关系,因此在业务工作中更需要采用契约化方式来协同合作。

10.1.5.3　互利原则

一切契约合意成立并得以遵守和执行,都是当事人双方利益的实现,

---

①　在现代经济社会生活中,社会契约主要体现为平等、自愿、互利、信用原则,已经渗透到社会的政治、文化以及生活领域的各个方面,成为管理激励机制的基石。在此,参考南昌海关孙亚菲(2000)在《浅谈社会契约原则在海关管理中的运用》一文中,结合社会契约原则与海关管理提出的一些观点(孙亚菲.浅谈社会契约原则在海关管理中的运用[J].江西社会科学.2000年第5期:84-85)。

即其互利性，由此成为契约运行的原动力。引申来说，海关管理的结果应带来国家和管理相对人双方利益的实现。就管理相对人而言，利益不仅要体现在宏观层面的"进出境贸易安全"上，更应该体现在微观层面现实可见的通关效率提高、通关手续便利、企业贸易成本降低等领域。由于海关管理以程序性管理为主，宏观与微观利益把握不好时，常常以企业增加贸易成本、损失贸易效率为代价。一方面，海关要努力减少对进出口货物流的阻滞，提高贸易效率；另一方面，海关为企业的货物通关提供便利后，又要独自承担管理失控的风险，这也是有悖于互利的原则。因此，海关通过一定的方式，要求企业共同承担维护货物进出境安全的责任，分担海关管理失控的风险，采用契约管理的手段规定海关与企业之间在进出境活动中各自的权利、义务以及所承担的风险既是可行的，也是必需的。"诚信守法便利，失信违法惩戒"，按照 AEO 制度将企业分为高级认证企业、常规企业、失信企业，使守法认证企业得到"通关便利"及其他更大的实惠和利益，以便更有效地激励海关管理机制的正常运行。

10.1.5.4 信用原则

契约双方当事人权利和义务的一致性、履约的自觉性和违约后果的严重性，隐含的信用原则，构成现代社会法制体系的基本精神，违约即违法。部分海关行政管理相对人的守法自律意识淡薄，在这种执法环境下，海关简化手续、方便进出的同时，也面临管理失控的重大风险。为此，海关在制定法律法规以及对与企业契约的管理约束中，要加大对违规违约责任的追究力度，对违反海关法规、发生走私违法行为的企业，要给予有力的惩治，而海关自身也要进一步提高依法行政的自觉性、执法的统一性，严格依法办事，规范操作。海关管理的双方都能做到守法自律，"进出境贸易的安全与便利"将会得到有力的保障。

10.2 统筹发展与安全视角下我国海关与企业伙伴关系治理的目标定位

10.2.1 保障贸易便利与贸易安全

海关与进出口企业作为国内国际双循环发展的交汇枢纽，海关与企业伙伴关系的搭建是保障国际贸易安全与便利的重要力量，基于海关与企

第 10 章　统筹发展与安全视角下海关与企业伙伴关系治理现代化

伙伴关系，海关可以优化监管模式，简化报关手续，提高货物通关效率，减少货物通关时间，促进国际贸易便利。在国际贸易中进出口货物的供应链是由许多企业和部门共同构成的，涉及的主体类型包括生产商、进出口商、报关行、货运代理、港口、机场、仓库、分销商等参与方，参与整个国际货物贸易运输的各方，都可能成为影响国际供应链安全薄弱的一环。如果国际供应链上所有参与者都能通过海关 AEO 认证，与海关建立伙伴关系，则都可以享受海关便利措施，这意味着全供应链可以最大化贸易便利措施。但海关与企业建立伙伴关系之前，是需要充分对进出口企业进行认证审核，这其中要全方位对进出口企业进行认证评估，只有建立在守法合规经营且达到海关 AEO 企业标准之后，企业才能获得更高效的通关便利措施。

在中国海关注册登记和备案的企业，包括进出口货物收发货人、报关企业、物流运输企业、跨境电商平台企业、进出境快件运营人，外贸综合服务平台等企业贸易类型，都可以公平平等地享受与海关建立伙伴关系的权利。海关通过合理的制度设计，鼓励和培育优质的伙伴企业，充分提高我国企业对外贸易的便利性和竞争活力。

10.2.2　推进进出口企业自律合规管理

海关与企业伙伴关系是建立在彼此信任的基础上。信任的前提是进出口企业遵守海关法律法规，如此，海关就可以在一定程度上将对进出口企业的监督管理权下放给进出口企业，由进出口企业进行自我监督管理，海关因此也可以提升执法监管效能。

为了进一步落实国家"放管服"改革，让更多守法诚信企业享受通关便利，以规范进出口企业自律管理为导向，海关与企业伙伴关系的建立，可以实现企业由"被动接受管理"向"主动自我约束管理"的转变。例如，海关对进出口企业实施主动披露制度，是海关给予进出口企业容错纠错的空间，它激发了守法诚信企业主动自查自纠、自我披露的意愿。主动披露制度，是进出口企业、单位自查发现其进出口活动存在少缴、漏缴税款或者违反海关监管规定的情况，其主动向海关书面报告并接受海关处理，经海关认定后可依法予以从轻、减轻或不予行政处罚的制度。

主动披露制度鼓励企业主动向海关报告存在少缴、漏缴税款或其他违反海关监管规定的情况，是一种海关为守法企业提供主动纠错机会的机制，减少企业方因疏忽而造成影响企业信用状况的情形，以及受到海关行政处罚的情形出现，这对充分发挥企业市场主体作用，引导企业守法自律，实现海关"管精、管少、管好"要求，提升海关整体监管效能，具有重要的意义。

海关实施主动披露制度是落实简政放权、优化事后监管的重要举措，海关以"守法容错"和"宽严相济"的执法理念，显著提升了企业配合海关执法、主动消除违法行为的积极性，如此企业守法合规自律意识不断增强，诚信企业可以享受更多的制度红利，海关也可提高执法监管效能，海关与企业伙伴关系也得以巩固加强。

10.2.3 创设国际一流的口岸营商环境

海关从制度创新入手，为帮助进出口企业降成本、减负担，不断调整创新海关对进出口企业的监管政策、监管模式、监管制度设计，保障进出口企业在海关的创新成果中享受真正的红利。

全国海关积极优化通关作业流程，一方面持续推进"两步申报""提前申报"改革，为企业提供更多适合不同业务特点的通关申报模式。2022年前11个月，全国海关"两步申报"应用率达20.02%，进出口"提前申报"应用率分别达到34.51%、48.9%。[①] 另一方面，海关总署会同国家发展和改革委员会、商务部成功实施进口关税配额联网核查试点，推动自2023年1月1日起全面实施进口关税配额联网核查和无纸化通关。优化通关作业流程给进出口企业带来更为畅通的出入境通道，给企业带来实际的便利和获得感。

海关坚持在有效保障国门安全的前提下，最大限度地保障自由化便利化，例如，进一步压缩进口征税目录和禁止限制类清单，根据清单实施管理，落实禁限清单外货物、物品自由进出，征税目录外商品免征关税的要求。同时，海关积极推进与其他政府监管部门在监管标准、风险规则、信用管理、行政执法、信息数据等方面形成更高水平的衔接互联和协同合

---

① 海关总署．保畅通，打造一流口岸营商环境［EB/OL］．（2023-01-05）．http://beijing.customs.gov.cn/customs/xwfb34/302425/4769864/index.html.

第10章 统筹发展与安全视角下海关与企业伙伴关系治理现代化

作,在保障进出境活动"自由"的同时实现海关的"精准"监管。

在监管重心上,海关将口岸公共卫生安全、国门生物安全、食品安全、产品质量安全管控放在国门"一线"环节;将税收及贸易管制方面的监管延伸至"二线"环节,旨在最大限度地减少对进出口企业正常经济活动秩序的干预,服务于进出口企业对外经济贸易发展,推动外贸保稳提质,大力构建法治化、国际一流的口岸营商环境。

10.3 统筹发展与安全视角下我国海关与企业伙伴关系治理的挑战

10.3.1 我国海关与企业伙伴关系建立的风险

10.3.1.1 海关与企业间存在信息不对称风险

海关与企业间伙伴关系的建立基于海关与企业间的信任,而信任又基于双边信息的共享。进出口企业作为独立的利益主体,获取经济利润的方式属于商业秘密,这也导致其不可能将其所有信息都完全共享;而海关作为进出境的监督管理机关,为了保护国家主权和经济利益安全,也不可能将其所有信息都完全共享给企业。这其中存在的信息不对称风险会影响到海关与企业间的伙伴关系稳定性和持续性。

10.3.1.2 海关与企业组织目标存在冲突风险

企业作为市场主体,其目标是追逐经济利润,而海关作为进出境监管机关,其目标是维持国家贸易安全与便利,合作伙伴关系的基础是双方达成共识,实现双方都能在伙伴关系的建立中获取自身利益的最大化,实现自身目标。

海关管理的基本属性是双重的,是政治性与非政治性的统一。政治性是指海关管理与生产关系和社会制度相联系的属性。非政治性即通常意义上的社会与公共服务属性,是指海关管理与生产力和社会化大生产相联系的属性。

海关管理集政治属性和社会与公共服务属性于一身,如何界定其执法行为与服务行为,关键要看不同时期各自对应的目标、目标体现的职能形式及其实现机制。理论意义上而言,一个国家海关管理的目标、体现的职能形式与实现机制应该是一个完整系统。一般地,双重属性不会出现割裂现象，二者目标不会完全背离。当然，一个时期内，在海关管理的根本目标相对稳定的情况下，其目标侧重点可能会随着经济社会发展的需求而发生一定的变化，目标所体现的职能形式与实现机制也需要做出相应的调整。

《中华人民共和国海关法》规定，海关主要有征税、监管、缉私与统计四项基本职能。近些年来，随着全球经济一体化和国际形势的发展，海关反恐、知识产权保护、社会安全管理、生态与环境保护等拓展性职能也日趋重要。在不同国家的不同发展时期，海关管理目标所体现的职能形式有的是从政治属性延伸而来（如缉私、缉毒等），有的主要是从社会与公共服务属性延伸而来（如知识产权保护等），各自的实现机制也与其对应的职能一致；而大多的职能形式是从政治属性和社会与公共服务属性的综合延伸而来，当然其实现机制一般也是两者并行不悖。

10.3.1.3 外界环境与政策不确定性的风险

政策的变动以及国家宏观经济调控手段的变化都会影响海关与企业伙伴关系的稳定性。例如，国家由于宏观经济调控等方面的原因会不断调整经济政策，对于符合国家或地区鼓励扶持的产业和企业会予以支持，优先给予更多的保障措施；而对于国家不鼓励的产业和项目，会受到相关政策的限制。

另外，海关作为政府部门，主管国家进出境活动的监管，主管部门自身也会因分管部门的调整、管理者的变迁、管理政策的变化，影响海关与企业伙伴关系。

进出口企业作为微观经济主体，在残酷的市场经济中，无法跳脱对经济利益的追逐，无法摆脱"利己"的价值导向，而微观经济主体在价值利益追求过程中的价值取向如果与政府所代表的公共利益之间发生冲突，部分企业会为了追逐自身利益而损害公共利益和社会福利。

所以，环境的不确定性、政策的不确定性等不确定性因素的存在，都会造成海关与企业伙伴关系建立的潜在风险。

第 10 章　统筹发展与安全视角下海关与企业伙伴关系治理现代化

10.3.2　海关与企业伙伴关系建立的影响因素分析

10.3.2.1　历史合作经验

海关与企业伙伴间的历史合作经验是确定合作伙伴是否值得信任的关键因素。以往的合作经历可以提高合作双方的认知程度、提高合作关系建立的可能性。当双方合作时间越长，对对方了解就越多，因此对其行为预期和行为判断也就越准确，如此双方合作的风险也就越小；当双方在合作过程中获得的利益回报越高，对合作伙伴的满意程度就越高，也就加速了合作关系的稳定持续发展。

10.3.2.2　企业经营基础和声誉

企业的规模大小和经营基础也是影响海关与企业伙伴关系的重要因素，在海关筛选其合作伙伴企业的时候，不仅要综合评判企业的经营状况，通过评估进出口企业的内部控制、财务状况、守法规范、贸易安全等来判断其综合经营状况和基础，而且也会关注进出口企业的社会声誉，如果企业的声誉很好，海关与其建立伙伴信任关系就比较容易。对进出口企业来说，企业声誉本来就是一项非常重要的无形资产，其形成是长期积累的成果，企业自身也会重视维护自身声誉。

10.3.2.3　机会主义行为

海关与企业伙伴关系维系的基础是双方信任，但是在合作关系中仍存在潜在的机会主义行为，其发生不可以避免，而且一旦发生，会对伙伴关系产生破坏性影响，这种破坏性影响会加剧伙伴关系的急速瓦解，从而破坏原有伙伴间信任关系的基础，影响伙伴关系的维系。

10.3.3　海关与企业伙伴关系治理的困境

海关与企业伙伴关系形成的基础是相互信任，从海关与企业双边整体利益出发，只有控制合作伙伴关系的机会主义成本以及提高合作伙伴的预期收益才能促进伙伴关系的稳定。但是海关与企业伙伴关系的维系并不是短期的、一劳永逸的，关系的建立和维持并不容易，存在着如下困境。

10.3.3.1　海关与企业伙伴关系的动态演变

海关与进出口企业都处在复杂多变的国内国际市场环境中，外界环境的复杂性与多变性对海关与进出口企业提出新的要求，组织双方本身面临着不确定性的挑战，在外界环境的催化和促动下，也势必对海关与进出口企业的伙伴关系产生很大的影响。所以，海关与进出口企业伙伴关系可以说是海关与进出口企业在一段时间内因彼此信任而生成的一种关系契约，但是这种关系契约在外界环境的动态变迁中，会不断发生演化，受到不确定性的挑战和影响。

10.3.3.2　海关与企业伙伴关系的信任度难以速成

海关与企业伙伴关系的形成是基于双方对彼此既往行为总结判断，而且要综合判断双方关系合作收益的预期，假若对对方历史行为轨迹存有质疑，或是经判断双方关系合作预期收益较小，则不利于海关与进出口企业伙伴关系的形成。而且海关主动寻求与进出口企业建立伙伴关系，和进出口企业主动寻求与海关建立伙伴关系的难度系数是不同的。海关所面向的进出口企业的类型是多种多样的，而且数量众多，海关主动寻求与进出口企业建立伙伴关系，是一对多的关系建立；而进出口企业主动寻求与海关建立伙伴关系是多对一的关系建立，本质上是不同的，信任度的达成必然要经历一定时期的考验，需要通过全方位评估对方行为并综合判断合作预期收益，进而生成的信任。

10.3.3.3　海关与企业的文化背景和理念差异大

文化背景和理念对海关与企业合作伙伴关系的建立和发展至关重要，海关是政府行政机关，进出口企业是经济组织，它们追求的组织目标和理念是截然不同的，在合作过程中可能出现文化理念方面的冲突，从而影响到海关与企业合作伙伴关系的稳定发展。

10.3.3.4　海关与企业关系地位存在不对等性

海关与企业伙伴关系从理论上说，双方在地位上应该是平等的，但是现实中实现绝对的平等是不太现实的，在伙伴关系形成中，相对而言，海关在关系中更加占主导地位，企业占弱势地位，海关决定了伙伴关系的发展走向。在海关与企业伙伴关系中，海关与企业是否可以获得同等收益和更多的价值，是海关与企业伙伴关系持续稳定健康发展的难题。

第 10 章 统筹发展与安全视角下海关与企业伙伴关系治理现代化

10.4 统筹发展与安全视角下我国海关与企业伙伴关系治理的机制

10.4.1 海关与企业伙伴关系培育机制

海关与企业伙伴关系不是短时间可以建立的，如果双方关系基础良好，还可能实现在短期内建立海关与企业的伙伴关系。但假若双方并没有较好的关系基础，要构建伙伴关系显然需要一定的时间培育。

关系培育的益处在于让更多符合条件的进出口企业与海关构建伙伴企业，如此可以享受到各部门联合激励的红利，确保供应链安全规则得到遵守，达成安全、合规和可信的愿景。建设社会信用体系的有关政策，海关信用管理制度，海关参与的联合激励、联合惩戒的有关文件，我国已签署实施的 AEO 国际互认安排、优惠措施等，都是海关培育与企业伙伴关系所依赖的制度文件。

根据中国海关开展国际 AEO 互认合作实践经验，AEO 是海关与企业伙伴关系实现的重要成果。中国海关给予 AEO 企业非常多的通关便利措施，例如，一方面，"非常时期优先通关"这一便利措施成为企业应对疫情影响的有效手段，越来越多的 AEO 企业享受到高级认证的联合激励政策红利，这也让企业更加认识到 AEO 认证的重要性；另一方面，疫情期间对于防疫物资而言，海关总署严把安全关、质量关，多次发布公告加强监管，在及时遏制不良势头、规范市场秩序的同时帮助进出口企业解难纾困，打通进出口环节的堵点，加强安全标准的执行和企业合规经营的引导，维护外贸秩序稳定。

同时海关与其他政府部门以及与国际海关的合作，都为海关与企业伙伴关系培育提供了良好的基础。

10.4.2 海关与企业伙伴关系激励约束机制

激励约束，是激励约束主体根据组织目标、人的行为规律，通过各种方式激发人的动力，使人有一股内在的动力和要求，迸发出积极性、主动性和创造性，同时规范人的行为，朝着激励主体所期望的目标前进的过程。激励约束，一般包括 5 个基本要素，即激励约束主体、客体、方法、

统筹发展与安全视角下海关治理现代化研究

目标和环境条件,是解决谁去激励约束、对谁激励约束、怎样激励约束、向什么方向激励约束以及在什么条件下进行激励约束的问题。正确把握激励约束的5个要素,对建立有效的激励约束机制至关重要。

激励约束的目标,是指激励约束主体在一段时间内,对激励约束客体的行为所达到某种结果的期望。实现目标需要有激励约束机制保障,而激励约束机制是在一定环境条件下形成、发挥作用的,环境条件主要包括内部环境与外部环境。激励约束方式多种多样,激励主要有物质激励和精神激励,细分为很多不同的类型,而约束方式主要包括企业内部约束、市场约束、法律约束、银行约束等。激励与约束有着不同的功能,两者又相辅相成,缺一不可。实际执行时要视具体情况来分析,在偏重激励或者约束之间做出合理适当的选择,只有二者结合起来,才能使主体与客体利益一致,实现激励相容。

海关与国家相关部委实施的联合激励与联合惩戒措施需覆盖进出口各领域。联合激励与联合惩戒实施细则,内容丰富且针对性更强,操作流程足够清晰,保证措施"可行性""落地性",进一步形成"全面融入,务实推进,联合激励,协同治理"的长效机制。

在配套的激励措施方面,可以从物质、发展、管理几个维度对AEO高级认证企业进行支持。首先,一些省市出台了对AEO高级认证企业的补贴,例如,广州市南沙区对新注册或首次通过AEO高级认证的企业,一次性奖励20万元;对已获得AEO高级认证复审后再次获得认证的企业,一次性奖励10万元。这样的政策利好可以逐步推广到全国,提升AEO高级认证企业的"获得感"。其次,提升业务门槛,海关明确规定"经核准出口商"必须是AEO企业,企业想成为具备开具原产地声明的企业,享受RCEP等协定的贸易便利,其硬性门槛是必须成为AEO高级认证企业。再次,金融部门授信融资、工程招标更多地考虑AEO高级认证企业,提高了AEO高级认证企业的社会地位。这一系列红利能够给AEO高级认证企业带来深远的影响。

在配套的惩戒措施方面,持续加强跨部门的信用信息共享与信息互换,保证所有信用不良企业都纳入高风险名单;相关信息可以及时传送到税收征管中心和风险防控中心,实施重点审核、实货查验与验估工作;各部门每月将执行情况反馈给海关总署和国家发展和改革委员会,让失信企

第 10 章　统筹发展与安全视角下海关与企业伙伴关系治理现代化

业业务开展寸步难行，提高跨部门监管合作的实效性。

10.4.3　海关与企业伙伴关系评估机制

海关与企业伙伴关系建立后，需要动态地监控伙伴关系的状态，通过伙伴关系定期或不定期的评估来甄别海关与企业伙伴关系所处的状态，并且需要根据不同的评估结果采用不同的合作关系修正策略。

在对海关与企业伙伴关系进行评估时，除了以海关为主导实施关系的评估、关系的诊断外，进出口企业实质上也会定期评估在伙伴关系维系中其所要付出的代价和获得的收益，如果感到自身付出的代价成本远高于其能够在伙伴关系中所获得的收益时，那么进出口企业将对是否要以及是否持续要与海关建立伙伴关系持保留意见。

伙伴关系诊断的内容基于两个重要方面，一是综合评估在伙伴关系达成中双方既往的行为表现，二是综合评估在伙伴关系中双方预期的收益实现与付出成本所占的比重。这种诊断评估可以对双方伙伴关系进行再审视，对伙伴关系建立的科学性和合理性进行再审核。

在关系诊断中，海关会对进出口企业的经营管理能力综合判断，包括围绕进出口企业的内部控制、财务状况、守法规范、贸易安全等企业运营情况进行综合评估，通过定期或不定期地复核进出口企业在进出口环节和企业经营管理环节的数据、材料、记录，加强对进出口企业的了解。同时，通过评估在进出口环节海关监管的流程效率，可以进行监管环节流程的再设计与再优化，进而通过贸易便利化措施实施提升进出口企业的获得感，持续改进海关与进出口企业的伙伴关系质量。

而进出口企业在关系评估中也会综合评估海关既往的监管行为，对伙伴关系达成中海关预期承诺的内容，例如，对通关便利化措施等进行综合评估判断，如果海关承诺的通关便利化措施没有落实或者没有能够有效落实，则进出口企业可能会对伙伴关系的维系失去动力。如果海关预期承诺的通关便利化措施实施的效果超出进出口企业的预想，或者进出口企业与海关进行关系维系时所要付出的代价远小于与海关建立伙伴关系中获得的收益，那自然进出口企业在全面诊断评估与海关的关系建立时，会有强烈的意愿构建关系。

10.4.4 海关与企业伙伴关系修正机制

在对海关与企业伙伴关系进行评估后,如果根据伙伴关系状态评估结果,可以通过多种交互沟通平台,综合采用正式沟通、非正式沟通等多种信息协商沟通方式,根据海关与企业伙伴关系评估情况进行关系修正。

在关系修正阶段所采取的策略包括改进海关所能提供的通关激励措施、修正合作伙伴不合理的收益、修正海关与企业伙伴关系的内容与层次等。

关系修正机制,主要的任务是在伙伴关系评估的基础上,完成对海关与企业伙伴关系不合理内容的修正。通过加强双方信息协商沟通,有助于海关与企业伙伴关系间的相互了解,进而可以更好地稳固合作伙伴间的信任关系,也能通过协商沟通制定相互之间的长期合作战略。

凭借关系评估机制,海关与企业都可以对这段合作关系进行再审视,清楚认识合作伙伴关系的发展前景,对客观综合能力和表现较差的合作伙伴可以在关系修正机制中选择终止与其合作;对客观综合能力和表现良好的合作伙伴可以在关系修正机制中进一步深化双方的合作范围和内容,对合作伙伴关系维系中不合理的事项或是值得商讨的合作内容进行修正。

10.5 统筹发展与安全视角下我国海关与企业伙伴关系治理的路径

10.5.1 以信用的理念引导企业守法合规

海关与企业通过建立合作伙伴关系,在信任的前提下消除彼此对立情绪,海关可以实现监管效果与监管效率的兼顾,企业也由此获得了便利通畅的进出口环境,海关与企业实现双赢,如此也最大限度消除了行政权力设租的空间和机会。

企业守法合规目标的达成,除了企业自我严格自律管理外,海关也要从意识上引导企业树立守法合规的思想,同时在进出口监管领域,要建立健全海关对企业的信用管理制度,继续探索新的便利化领域,例如启运前申报、集中报关、通关时无须查验实物等,如此构建良好的营商环境。通过信用管理制度导向,转变政府职能,构建法治、透明、公平的"亲"

第10章 统筹发展与安全视角下海关与企业伙伴关系治理现代化

"清"的政商关系。在进出口环节，海关按照企业的信用等级实施差别化的管理措施，落实对高信用企业的守法激励，对失信企业的违法惩戒。如此，企业遵守海关法律法规，以守法合规享受通关便利措施，可以节约通关时间和成本。海关也可以节约行政管理成本，将有限的监管资源投放到必需的监管环节中去。

当海关对企业的信用管理制度及实施日趋健全后，会吸引更多的企业主动申请成为海关的AEO高级认证企业，在为企业赢得优质声誉的同时，也提升了企业参与市场的竞争力。而且，对企业来说，通过对照海关高级认证企业标准约束企业内部管理控制，规范企业进出口活动，也有助于提升企业的管理层次和水平。

10.5.2 智慧海关建设助力智慧化监管与服务

为了实现对企业的精准查验监管与服务，可借助情报信息资料的收集，还可在对企业进出口活动行动轨迹综合分析研判的基础上给企业画像。

不断提升海关查验监管的技术水平，在先进的查验设备和查验技术的辅助下，不仅可以降低人工查验的比例，节省人力和物力，而且可以实现人工的远程查验和智能化的电子查验，在提升海关监管效能的同时，也可以营造良好的通关环境，服务进出口企业的通关活动，具体表现为可以利用好"制度+科技"优势、跨部门信息共享平台、国家企业信用信息平台，以及海关自身的信息化系统，实现智慧化监管与服务。

利用好"制度+科技"优势。建立"信用单兵+数据信息库"和"认证+区块链"网络，基于系统大数据应用，整合企业管理数据。积极鼓励与供应链安全相关的技术应用到海关管理流程中，明确不同类型的AEO高级认证企业所享受的便利化措施，鼓励整个供应链所有符合条件的企业主动申请AEO高级认证，以此构建全链条信用管理机制，串联起完整的海关监管网络。

利用好跨部门之间的信息共享平台。一方面，海关一旦排查到企业违法违规行为，应该当天上传内部系统，并通过海关总署官网、中国海关企业进出口信用信息公示平台、掌上海关微信小程序等渠道向全社会公示，做到及时更新、及时通报。另一方面，统一各业务部门数据来源，提升数据分析的有效性与严谨性。

利用好国家企业信用信息平台。海关可以充分借助企业信用信息公示系统，如"天眼查""企查查"，高级认证企业的外部口碑信誉、财务状况、经营情况进行收集、汇总、分析，构建数据共享、跨部门协同的格局，以便能够及时获取企业完整信息，最大程度涵盖供应链上中下游各环节数据，达成企业信息与各业务部门信息动态联通。

确保企业管理信息录入工作规范性，对AEO基本信息的质量把控上做到高标准、严要求。我国海关可以学习国外海关的先进经验，开发AEO网上申请系统、AEO企业自我评估系统，建立AEO共享数据库等，将全国海关的稽查监管和AEO认证统一到一个系统中，共享企业的数据信息。此外，还可以设计综合评估系统，将海关人员人工录入的稽查信息与自动采集的多部门联合数据相结合，对企业整体情况自动打分评级，充分保障AEO制度在事前、事中、事后管理的实用性。

10.5.3 以弹性的容错机制加强企业自律管理

海关稽查工作是进出口通关的后续监管环节，需要以更为有效的方式实现与进出口企业的链接，以达到较好的工作成效。一旦海关与企业形成了较为良好的互动模式，以一种弹性的、开放的、包容的方式与进出口企业进行链接，这意味着企业拥有了更多的主动权，通过自律管理与主动披露的方式加强自身守法合规的能力建设，海关也将这种管理的权力转移给了企业。进出口企业可以对照海关相关法律法规规范内部经营管理活动，如果发现自身存在违规或拖欠税款的行为，可以主动向海关提出，而且金额在一定范围内不会影响进出口企业在海关的信用状况。企业既规范了自身的经营，又可以免除海关处罚，同时海关也达成了监管目的。

10.5.4 吸纳第三方机构参与海关与企业关系治理

海关通过吸引外部有实力的中介机构参与到企业信用认证的管理活动中，既可以简化手续、规范流程、提高服务水平和通关效率，又可以做好风险防范工作；既可以让守法企业得到更好的生存环境，又可以更好地压制不法企业的活动空间，促进企业遵纪守法，营造井然有序、公平竞争的市场风气；既可以在稳定高效的情况下促进国内中介机构的蓬勃发展，进

第10章 统筹发展与安全视角下海关与企业伙伴关系治理现代化

而扩大国际影响力，拓宽国际贸易渠道和途径，又能将权力进行重新规划并投入市场中进行自我管理，增强社会与市场的活力。

海关总署自2006年以来，在上海、北京、广州和南京等地方海关开展了试点项目，引入注册会计师事务所等中介机构协助海关进行保税核查，在试点地区取得明显成效。《中华人民共和国海关保税核查办法》第十九条明确规定：被核查人提供具备相关资质和能力的专业机构出具的审计报告，并经海关审核认定的，海关可以对被核查人免于实施保税核查；海关认为必要时，可以委托专业机构作出专业结论。委托中介机构协助海关进行保税核查工作的做法符合国务院关于"建立政府采购行业协会服务制度"（国办发〔2007〕36号）的精神，这有利于加强税收征管，也有利于海关充分利用现有资源，有效监管保税行为。

在其他一些专业领域，海关还采用委托社会中介机构的形式来解决海关专业能力薄弱和资源不足的问题。例如，海关委托社会中介机构对进出境货物的属性、组成成分、结构、含量、质量和规格等进行检查和分析。在依据相关法律法规、国家标准和行业标准等作出评价的活动中，除天津、大连、上海、广州、青岛、重庆6个海关化验中心需要承担起相应的职能以外，经海关总署审批，部分"中国合格评定国家认可委员会"或相关行业认可、认证的化验机构，在授权范围内，承担进出货物的检测行为，并出具合法有效的鉴定结论。该项海关委托中介机构的新型化验制度，有效缓解了海关化验中心偏少、区域无法覆盖全国，并且部分化验项目无法在一个中心完成的困难，从而有效保证了海关进出口的监管职能。

为了能够顺利开展工作，海关总署应出台工作的相关规定，确保引入的中介机构能够有效、有序、规范的完成自己的工作要求。工作的相关规定目的是防控风险，重点是确保工作质量，原则是便于操作。同时在拟定具体的规章制度时，应充分考虑以下因素的影响，确保不会妨碍工作进程：一是明确选择的社会中介机构审计结果的法律效力以及在法律上的地位；二是给予社会中介机构一定量的询问、查阅和复制权，确保其工作能够有效开展；三是合理划分海关和社会中介机构双方的权利和义务，明确各自权责；四是明确什么时间、什么情况需要对社会中介机构的进行追责；五是澄清引入的适用范围和情况，以及具体组织实施的程序；六是建立社会中介机构引入、退出的进出机制，具体的操作办法，明确对社会中介机构的监督方式和管理办法等。

在具体的实施过程中，首先，应研究建立海关引入第三方中介机构的完备机制，防止企业与社会中介机构互相勾结，防范执法风险；其次，要建立科学的社会中介机构选择制度，确保选择过程的公平、公开、公正，预防廉政风险；再次，科学地对酬劳支付进行规范，在海关外包业务的情形下，参考海关其他领域或者其他行政部门的费用标准，建立各直属关统一的费用支付标准，同时加强对社会中介机构工作时间的审查，防范财务、业务等方面相关的风险。

海关要对社会中介机构的认证结果进行复核，在确认无误后，即对该企业的信用认证等级做出评价。如果发现第三方中介机构的评定结果与海关自己的评价结果相差较大，海关应按照规定程序重新进行审查，同时对企业与中介机构进行认证或选择，进而保证认证结果的真实可靠性和决定的合法性。

第 11 章 统筹发展与安全视角下海关特殊监管区域发展与治理现代化

新时代，我国面临更严峻的国门安全形势，海关特殊监管区域作为我国深化改革、扩大开放和推进现代化建设的重要抓手，只有坚持统筹安全与发展，促进海关特殊监管区域高质量发展和高水平安全的良性互动与动态平衡，才能真正实现我国海关特殊监管区域发展治理现代化，并在牢固推进中国式现代化中展现新担当和新作为。因此在日益复杂的国际环境背景下，运用统筹发展与安全视角来分析和研究海关特殊监管区域发展治理现代化问题，对更进一步推进中国式现代化建设和形成更大范围、更宽领域和更深层次的对外开放具有重要意义。本章将基于统筹发展与安全视角，分析我国海关特殊监管区域的演化历程和发展现状，以及探索并实现海关特殊监管区域现代化治理的目标和实施路径。

11.1 我国海关特殊监管区域的现状与挑战

随着经济一体化进程的不断加深，以及全球不平等问题的日益突出，我国贸易环境面临着多重挑战，现有对外体系改革任务艰巨。因为海关特殊监管区域作为中国开放型经济和对外贸易制度创新的重要平台[①]，处于国内市场与世界市场交汇点，所以统筹其安全和发展，推进其治理现代化的任务刻不容缓。

党的十八大以来，以习近平同志为核心的党中央提出了一系列关于统筹发展和安全的重要论断，充分体现了以习近平同志为核心的党中央对统筹发展和安全的高度重视。《"十四五"海关发展规划》明确提出，发挥海关特殊监管区域政策功能优势和自由贸易试验区改革创新、扩大开放、先行先试的体制机制优势，推动海关特殊监管区域与自由贸易试验区统筹发展。我国海关特殊监管区域治理现代化同样离不开统筹安全与发展两个方

---

① 施建军，夏传信，赵青霞，等. 中国开放型经济面临的挑战与创新[J]. 管理世界，2018，34（12）：13-18.

面，只有实现我国海关特殊监管区域高质量发展和高水平安全的良性互动，推动高质量发展和高水平安全动态平衡，才能真正实现我国海关特殊监管区域发展治理现代化。

随着我国依法治国的不断推进，海关特殊监管区域逐渐完善自身的法制管理体系，在建立层级分明的海关特殊监管区域相关法律体系的同时，其政策的透明度和法制化程度也大大提高，这些变化使我国海关能够充分发挥法律的优势，积极面对国际贸易的结构性变化。随着我国改革开放进程的不断推进，我国的海关特殊监管区域逐步同世界接轨，以高水平开放参与到全球经济贸易规则重塑进程中。另外，中国海关特殊监管区域的发展不断扩大了我国与国际贸易组织的交流合作，同时促进多方安全性出口管制体系的构建完善，为国际经济发展和安全维护做出了重要贡献。

我国全面对外开放格局对海关特殊监管区提出了新的需求。作为新发展格局下我国对外开放的重要载体，如何在统筹安全与发展的视角下实现海关特殊监管区域的治理体系现代化备受关注，因此海关特殊监管区域该如何适应新的发展局势，如何进行改革和创新，在这一过程下的目标定位和路径亟须讨论。

11.1.1 海关特殊监管区域的现状分析

11.1.1.1 海关特殊监管区域的发展历程

海关特殊监管区域作为我国特定经济功能区域的重要组成部分，被赋予承接国际产业转移、连接国际国内两个市场的特殊功能和政策，在稳外贸、稳外资、稳就业、促进经济高水平开放高质量发展方面做出了突出贡献。在海关特殊监管区域发展历程中，其对外发展格局一直随国内外环境的演变而变化，而从具体时间脉络上，海关特殊监管区域的发展历程大致可分为起步探索、扩容深化和优化创新三个阶段。

1. 起步探索阶段（1979—2013 年）

1979 年 4 月 6 日，全国海关工作会议在北京召开，该会议聚焦于如何深入贯彻中共十一届三中全会精神，配合全党工作重点转移等问题进行讨论，确立了海关的工作重点应当服务于新时期社会主义现代化建设的海关工作方针，并决定建立我国经济特区，我国海关特殊监管区由此萌芽。

1990 年 6 月，随着我国第一个保税区——上海外高桥保税区成立，我

第 11 章 统筹发展与安全视角下海关特殊监管区域发展与治理现代化

国首次有了真正意义上的海关特殊监管区域。随后，为了适应经济发展要求并推动现代化物流行业的发展，以上海外高桥保税区的建设经验为延伸，2003 年，我国国务院首次批设立区港联动试点，随后上海外高桥保税物流园区以及珠澳跨境工业园区在此背景下设立。2004 年，国务院批准第二批区港联动试点，大批量保税物流园区和跨境工业区应运而生。2005 年 6 月，国务院批准设立上海洋山保税港区。2006 年，国务院批准设立苏州工业园综合保税区。此后短短 5 年时间，保税港区和综合保税区逐渐兴起且不断扩大规模，几乎遍布了我国经济发达的区域和地段。

海关特殊监管区的内容和形式不断随着开放需求的变化而完善丰富，在促进对外贸易发展、推动并承接国际产业转移及加工贸易转型升级方面不断发挥作用的同时，海关特殊监管区也存在管理体制不完善、政策不健全、发展不平衡等问题。因此，2012 年，《国务院关于促进海关特殊监管区域科学发展的指导意见》出台，旨在对海关特殊监管区域进行宏观调控，使其中的保税区与国际接轨并向自由贸易区转型，为我国的国际贸易和综合经济发展赋能。2013 年，上海首个自由贸易试验区获批成立，该自由贸易试验区是在综合保税区的基础之上建立的，其致力于对接国际经济贸易规则。随后，广东、天津、福建也设立了自由贸易试验区，这些区域不同于综合保税区，它们以发展服务贸易为主，而综合保税区既发展货物贸易又发展服务贸易。自由贸易试验区的建立代表我国加大服务贸易的投入力度，着力挖掘服务业发展和扩大对外开放带来的机遇，改善对外服务贸易营商环境，使其不断与国际接轨，力求扩大海关特殊监管区的辐射范围。

2. 扩容深化阶段（2014—2018 年）

2015 年，国务院办公厅印发了《加快海关特殊监管区域整合优化方案》，该文件正式提出"逐步将现有出口加工区、保税物流园区、跨境工业区、保税港区及符合条件的保税区整合为综合保税区。"根据海关特殊监管区的不同功能区域的功能定位、发展目标和建设要求，建立联动工作机制，创新区域发展模式，通过对各区域功能、政策、监管模式、管理资源进行整合优化，增强综合比较优势，以求形成海关特殊监管区统一领导、分工负责、协调推进的工作格局。

2016 年，国务院进一步严格海关特殊监管区域的新设审批，加快存量整合，落实退出机制，推进国际贸易"单一窗口"建设。撤销没有达到既定目标、发展迟缓、发展功能严重偏离原有性质和功能的区域，从而实现资源的优化组合和效益的最大化，实现有效监管和高效运作相结合的目标，推动海关特殊监管区域健康有序地发展。

2018年，海关总署发布《关于海关特殊监管区域和保税物流中心（B型）保税货物流转管理的公告》《关于升级金关二期海关特殊监管区域管理系统有关事宜的公告》等，进一步推进海关特殊监管区统筹发展和安全，确保海关特殊监管区扩容增效。

3. 引领创新阶段（2019年至今）

2019年8月20日，中国（上海）自由贸易试验区临港新片区挂牌成立，其不仅展现我国坚持全方位开放的鲜明态度，以高水平开放引领高质量发展的决心，同时也代表我国经济高质量发展进入新时期。中国（上海）自由贸易试验区临港新片区的挂牌成立也代表着我国致力于锚定打造特殊经济功能区，充分发挥中国（上海）自由贸易试验区临港新片区与浦东新区在改革开放联动、创新发展协同方面的作用，以此基础更好发挥两大国家战略"1+1>2"的组合优势。2020年，国务院要求在制定综合保税区管理条例的基础上，将海关特殊监管区域打造为自由贸易试验区的重要载体，建立与"一带一路"共建国家（地区）海关的常态化、务实性合作机制。这不仅有利于我国充分利用制度红利效应，推动自由贸易试验区战略实现区域经济增长，还可以推动进口企业良性竞争促进产业结构优化，进而推动中国相关产业体系更新换代。该策略结合"一带一路"倡议，提升内陆地区的区位优势及区域开放水平，放大了自由贸易试验区战略实施地原有的资源禀赋和特色产业的独有优势，发挥其外贸比较优势，增强其辐射带动能力和溢出效应，给这些地区的贸易开放提供了一个很好的发展平台，最终使这些地区在对外开放中明确各自的功能定位，提高资源配置效率，发展特色产业，充当好国内国际双循环的桥梁角色，走差异化道路，形成产业互补、错位发展的新格局，推动我国对外开放的发展。

海关特殊监管区域的发展历程详见图11–1。

第 11 章 统筹发展与安全视角下海关特殊监管区域发展与治理现代化

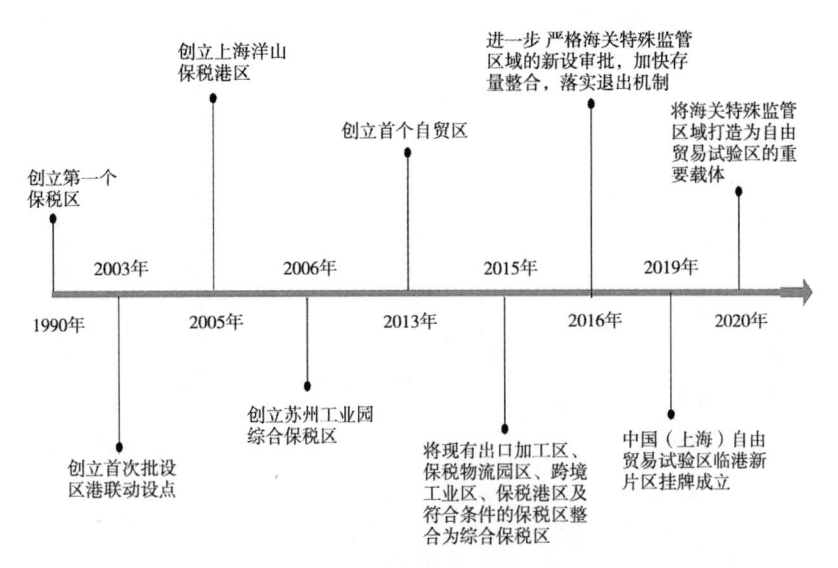

图 11-1 我国海关特殊监管区域的发展历程（1990—2020 年）

11.1.1.2 海关特殊监管区域进出口总额

根据海关总署数据，从图 11-2 中可以看出，2011—2021 年，我国进出口贸易总额由 23.5 万亿元增至到 39.1 万亿元，同比增长 66.38%，我国海关特殊监管区域进出口贸易总额由 2.9 万亿元增至到 7.8 万亿元，同比增长 168.97%。根据图 11-3，2011—2021 年来我国海关特殊监管区域进出口贸易总额总体上呈显著上升趋势，其占全国进出口贸易总额的比例总体上也在逐渐上升，由 2011 年的 12.51% 增至 2021 年的 19.95%。显然，海关特殊监管区域在我国进出口贸易进程中发挥着重要的意义，其对推动我国进出口贸易起着越来越重要的作用。

值得注意的是，我国近年来海关特殊监管区域的进出口贸易总额占我国进出口贸易总额的比重虽然在逐年增长，但是近些年来增长趋势有所放缓，因此应当注重海关特殊监管区域的现代化建设，立足于统筹发展与安全的视角，推动其现代化进程，充分发挥其推动我国对外贸易发展的战略性意义。

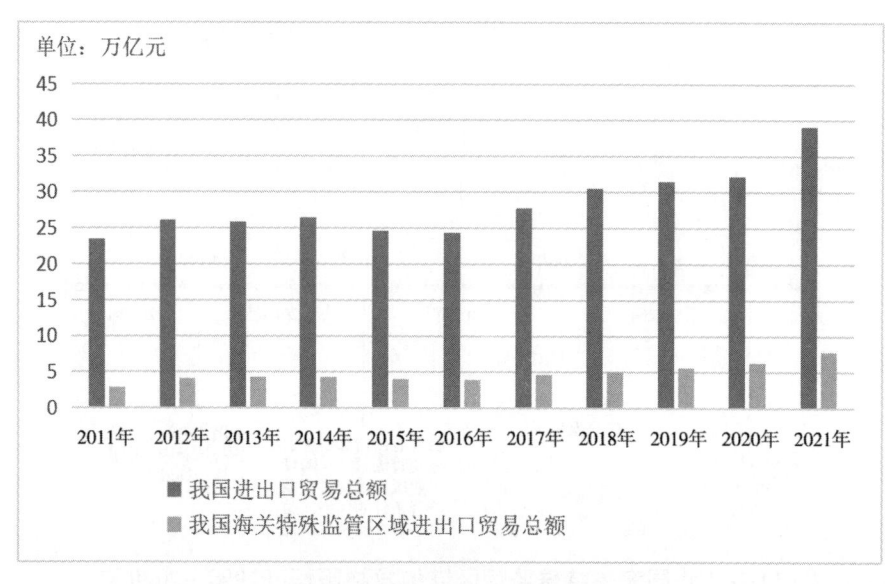

图 11-2 我国进出口总额与海关特殊监管区域

进出口总额（2011—2021 年）

图 11-3 我国海关特殊监管区域进出口贸易总额

占我国进出口贸易总额比重（2011—2021 年）

11.1.1.3 海关特殊监管区域六大类型进出口总额情况

根据海关总署统计，2011—2021 年，我国保税区进出口贸易总额由 1950.65 亿美元增至 2808.84 亿美元，同比增长 44%；我国综合保税区进

第11章　统筹发展与安全视角下海关特殊监管区域发展与治理现代化

出口贸易总额由933.77亿美元增至9138.02亿美元，同比增长878.62%。根据海关特殊监管区域细分类型数量占比结构图（见图11-4），2020—2021年我国综合保税区数量占比高达92%，而根据海关特殊监管区域六大类型近十年进出口贸易总额（见图11-5）可以看出，2020—2021年我国综合保税区进出口进入高速发展期，综合保税区进出口总额远超过其他年份增长幅度。

综合保税区于2020—2021年增长幅度远超同期其他类型的海关特殊监管区域，原因在于我国综合保税区注重于聚焦优势产业，发展垂直产业集群，同时强化区域外贸功能建设等方面。总体上来说，我国注重综合保税区现代化建设发展，将海关特殊监管区域建设资源集中投入到综合保税区的发展。我国应当在集中开发综合保税区对外贸易模块的发展潜力的同时，统筹兼顾其他区域的发展，在对外贸易的过程中完善自身外贸体制的建设，在统筹发展与安全的前提下进行海关特殊监管区域的现代化建设，以便能在未来积极面对对外贸易机遇与挑战，从而推动我国经济发展。

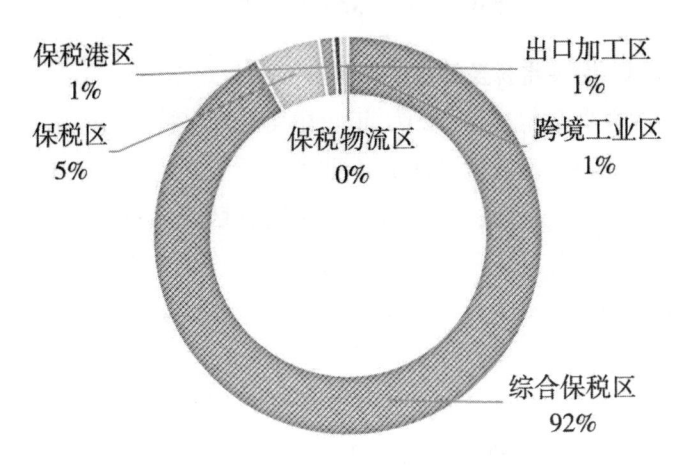

图11-4　海关特殊监管区域细分类型数量占比结构图

统筹发展与安全视角下海关治理现代化研究

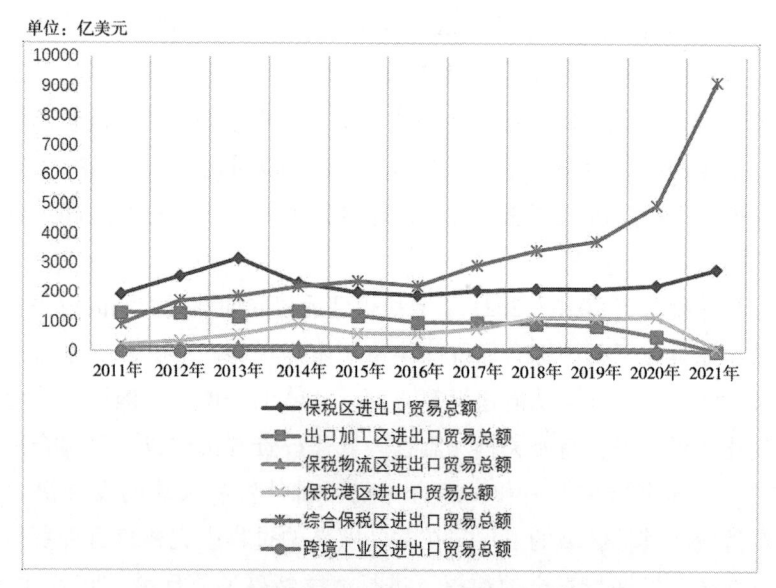

图 11-5 我国海关特殊监管区域细分类型
进出口贸易总额（2011—2021 年）

11.1.1.4 海关特殊监管区域数量分布

根据海关总署数据显示，2021 年底在我国海关特殊监管区域主要分布的省份中，设立海关特殊监管区域数量排名前五的省（市）依次为江苏、广东、山东、浙江、上海，江苏海关特殊监管区域数量高达 21 个（见图 11-6）。2021 年我国具体海关特殊监管区域中进出口总值位居前五位的，均濒临外海，地处"海上丝绸之路"、江海交汇之地的江浙沪地区和广东省。由于它们经济体量大，外资利用率高，开放型经济发达，在我国现代化发展进程及全方位开放格局中具有至关重要的战略地位。

江浙沪地区和广东省设立的海关特殊监管区域能依托当地水文、历史、政策优势，因地制宜地打造能充分发挥海关特殊监管区域制度优势的发展模式，将当地地区优势、政策红利转化为推动当地对外经济发展的新动能，最终促进当地经济发展。江浙沪地区和广东省也可以点带面，将海关特殊监管区域制度优势的普遍性经验总结推广，促使海关特殊监管区域数量较少、开放程度不足的中西部地区学习先进经验，结合当地相对优势打造属于自身的对外经济发展模式，将地貌水土、历史文化、政策红利与海关特殊监管区域的发展有机结合，最终推动当地开放型经济发展。

第11章 统筹发展与安全视角下海关特殊监管区域发展与治理现代化

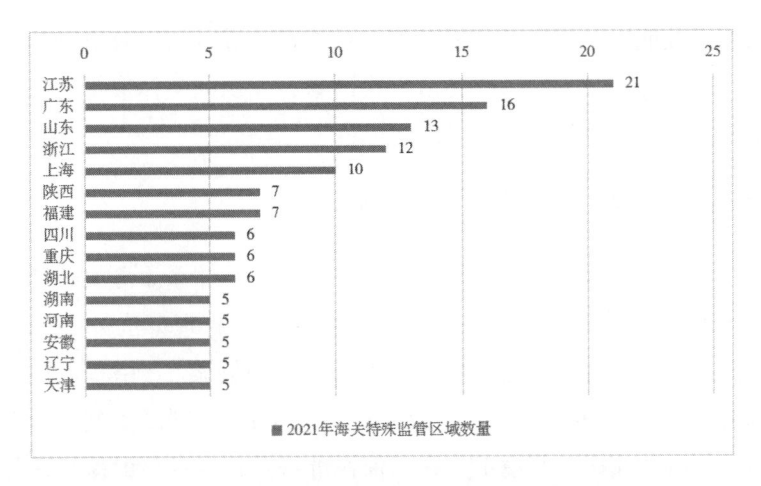

图 11-6　2021年主要省份海关特殊监管区域数量

11.1.1.5　海关特殊监管区域数量发展

根据海关总署数据显示，2018年至2022年上半年，我国海关特殊监管区域数量持续增长，增长幅度平稳。海关特殊监管区的数量由2018年的140个增长至2021年上半年的168个（见图11-7）。从增加的海关特殊监管区域类型来看，2021年的海关特殊监管区域同比增长8个，皆为综合保税区。

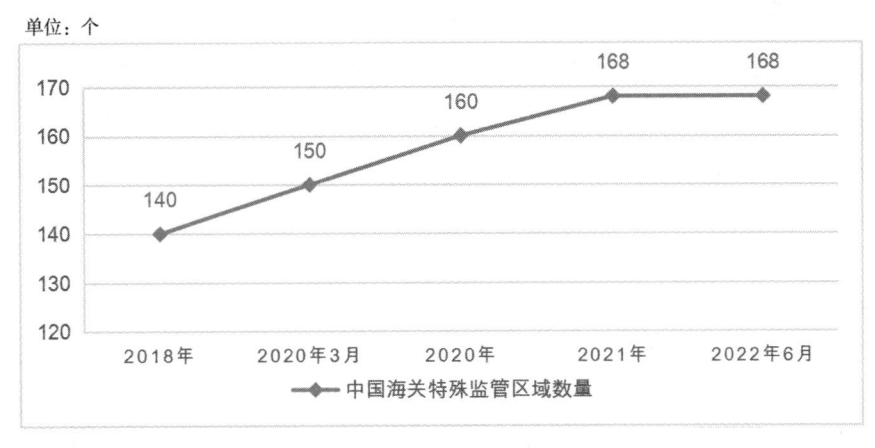

图 11-7　我国海关特殊监管区域数量（2018年至2022年上半年）

造成这种现象主要的原因是综合保税区整体级别高于保税区，能够发挥区域比较优势和符合其发展需求的贸易制度安排，充分利用好优惠政策和发挥局部制度安排优势。综合保税区整体进出口促进能力高于保税区，

221

在释放政策效能、发展加工贸易、扩大对外开放等方面有着更为积极的推动作用，预计随着政策的持续助力，我国综合保税区整体数量将保持持续增长势头，其数量占比将持续提高。

11.1.2 海关特殊监管区域的发展特点

第一，建立层级分明的海关特殊监管区域法律体系。海关特殊监管区域法律体系以《中华人民共和国海关综合保税区管理办法》等为主要依据，由相关行政法规和主管部门的规章构成实施框架。《中华人民共和国海关综合保税区管理办法》于2022年4月1日正式实施，其将已有的出口加工区、保税物流区、跨境工业区、保税港区及符合条件的保税区等海关特殊监管区域整合优化，将上述部分区域转型升级为综合保税区，并且积极推动综合保税区业务的开展，充分发挥其进出口功能。《中华人民共和国海关综合保税区管理办法》及《保税区相关规定》等相关法律法规的实施有力地推动我国海关治理现代化的进程，使海关特殊监管区域在法律的支撑下实现自身高效发展与安全保障。

第二，逐步参与到全球经济贸易规则制定进程。首先，近年来我国海关推出了更多有影响力的海关国际合作成果，例如"智慧海关、智能边境、智享联通"的"三智"倡议等国际公共产品[1]；其次，我国海关特殊监管区域深度参与到技术性贸易措施等国际规则和国际标准的修订中，这不仅增强了我国在WTO、WCO和APEC等多边框架下海关与检验检疫议题的谈判磋商能力，而且提升了我国在数字领域、贸易便利领域与贸易安全领域的国际海关规则和标准的制定能力。

第三，扩大我国与多边贸易组织机构的交流合作。在2021年中国—中东欧国家领导人峰会上，中国海关总署与捷克、保加利亚、罗马尼亚等国家相关部门签署了动植物卫生检验检疫领域的合作协议。峰会结束后，为增强中国与中东欧国家的经贸互联互通，中国海关与中东欧国家之间建立起六项常态化的合作机制，即中欧陆海快线通关便利化合作机制、中国—中东欧国家海关信息交流中心、中国—中东欧国家海关检验检疫合作对话

---

[1] 李清华. 以"三智"建设提升边境海关国门安全防控治理能力的路径探索[J]. 海关与经贸研究，2022（01）：45-56.

第 11 章　统筹发展与安全视角下海关特殊监管区域发展与治理现代化

机制、中国—中东欧国家卫生和植物卫生工作组机制、中东欧国家输华农产品贸易品种潜力分析机制以及中国—中东欧国家海关贸易安全与便利化合作机制。[①] 我国海关特殊监管区域在主场外交中发挥着重要的作用，不仅统筹了我国对外合作交流安全与发展，而且，一方面在我国对外交流进程中的定期进出口、过境和转运货物风险等环节也发挥着重要作用，另一方面充当搭建合作平台、传递治理信号的媒介。

11.1.3　海关特殊监管区域发展面临的挑战

海关特殊监管区域在中国的发展历程中已经具备了重要的地位和作用，但是在发展过程中也面临一些问题和挑战。

11.1.3.1　区域发展不平衡，南北差异明显

由于西部大开发战略和中部崛起战略等政策的实施，中西部地区近年来取得了一定程度的发展，但受地理位置、产业结构、市场发育、创新能力和制度惯性等综合因素影响，中西部地区与东部地区的发展差距仍然明显。东北地区经济结构单一，能源资源消耗大，产业转型困难；而中西部地区的发展则面临着区域差异较大、市场体系不成熟和创新能力欠缺等诸多问题，使得区域差距日益加大，这也增加了人才引进的难度，中西部以及东北三省都面临不同程度的人才流失。相反，以长三角和粤港澳大湾区为核心增长极的南方地区发展势头强劲，与世界其他地区的贸易交流颇多。其产业结构成熟，制造业发达，产业链配套完善，市场发育程度高，创新能力相对较强，拥有更多的消费者和更加完善的物流体系，为海关特殊监管区域的发展提供了良好的基础。

11.1.3.2　政策法规与管理欠完善，机制障碍有待破除

在实践中，一些区域出现了政策空白和重复冲突等问题，给企业和投资者带来了很大的不便。另外，海关特殊监管区域在治理上也存在不少问题，一些特殊监管区域存在违规违法行为和安全风险。这些问题不仅增加了企业的经营成本，也使得海关特殊监管区域的投资环境不够稳定，对其发展产生了不利影响。例如，一些特殊监管区域存在偷逃税费和侵犯知识

---

① 毛艳华，邱雪情，王龙. "一带一路"贸易便利化与共建国家全球价值链参与[J]. 国际贸易，2023（1）：11-20.

产权等违法行为，给企业和社会带来了不良影响。这些问题不仅损害了海关特殊监管区域的形象，也使得投资者对其信心不足。进一步完善相关法律法规，提高法律法规的透明度和可操作性，是支持海关特殊监管区域发展、保证其管理得到规范和有效实施的必由之路。其次，当前以行政壁垒为典型代表的各种区域壁垒和市场壁垒仍然存在，制约生产要素跨区域流动的体制机制障碍仍然存在，难以真正实现跨区域无障碍办事，以区域市场一体化为方向的区域合作制度难以有效落地。

11.1.3.3 产业结构不合理，单一化与同质化明显

一些区域主要依赖单一产业的发展，以低端制造业或加工贸易业为主，缺乏高新技术和高端服务等高附加值产业，这种发展模式存在一定风险，容易被市场风险所冲击，也容易造成经济发展的不平衡；劳动力成本较低，也将导致违规操作和不合理竞争情况的出现，对企业的合法利益和整个市场的公平性产生了严重的影响。同时，受区域竞争等多重因素影响，部分地区仍存在重复投资和恶性竞争行为，缺乏主动性、创新性和独特性，一定程度导致产业结构的同质化，稀缺的市场资源被扭曲配置，从而导致资源浪费和生产能力过剩，不利于国民经济整体效益的提高。在实际发展中特殊监管区域还面临着产业结构不合理的问题。这些区域大多数依赖单一产业的发展，主要以低端制造业或加工贸易业为主导，这种产业结构的单一性和同质化导致了市场风险的增加，限制了海关特殊监管区域的发展潜力和竞争力。另外，海关特殊监管区域在产业结构上还存在技术创新和自主研发能力不足的问题。虽然一些区域正在积极引进和培育高端人才和技术，但总体来说，海关特殊监管区域在技术研发上还有很大的提升空间。缺乏自主研发和核心技术的支撑，不利于其产业的持续创新和升级，也难以实现经济的可持续发展。

11.1.3.4 市场开放程度不足，国际合作仍需加强

随着全球化的深入发展，市场开放程度的高低直接影响到一个国家或地区的经济发展水平。一些海关特殊监管区域缺乏足够的国际竞争力，无法吸引更多的国际企业进入自己的市场，或害怕国际市场对自身本土企业造成冲击，使得一些海关特殊监管区域的市场开放程度相对较低，阻碍了区域内企业的发展和经济的增长。在经济发展和国际合作方面，由于一些海关特殊监管区域缺乏与国际企业和组织的良好合作关系，使得它们无法

第11章 统筹发展与安全视角下海关特殊监管区域发展与治理现代化

获得国际市场和技术资源。例如，这些区域可能缺乏与国际市场上的买家和供应商的联系，导致他们无法获得更好的贸易机会和更先进的技术。其次，由于部分海关特殊监管区域在国际合作中缺乏主动性，无法有效地利用国际合作资源，例如国际贸易协定或投资项目。这些问题使得一些海关特殊监管区域在面对国际市场竞争时处于不利地位，限制了区域内企业的发展和经济的增长。海关特殊监管区域亟须进一步提升和改进，推进贸易自由化、促进跨境投资和服务自由化等措施，吸引更多的企业进入海关特殊监管区域，以适应国际化和全球化的趋势，增强海关特殊监管区域的市场竞争力和吸引力。

11.2 统筹发展与安全视角下我国海关特殊区域发展治理现代化的目标定位

海关作为我国对外贸易链、物流链上的关键环节，连接国内国外两个市场，也影响着国内各区域之间的生产要素的流通和配置，其现代化对我国发展开放型经济有着重要的积极意义。当海关治理现代化目标定位准确，并且合理规划其发展蓝图，基于以上条件去遵循客观规律打造其权力运行机制，便会释放整体效能，促进国家经济发展，推动我国对外开放发展的进程；反之，若目标定位不符合实际，则有可能降低对外贸易效率并且引起人力、物力和财力的浪费。纵观我国海关特殊监管区域的历史演变和发展进程，其治理现代化的过程及其中的贸易效率，同具体目标定位乃至总体发展大方向密切相关。宏观层面的目标定位取决于前瞻性的战略思考，海关立法的健全及实施，以及对国际国内贸易发展方向的把握；微观层面的目标定位则更侧重于海关无可替代的专业性和技术性。

11.2.1 海关特殊监管区域治理现代化总体目标：加强宏观调控的指导与协调

我国对内不断进行经济体制改革，对外积极参与全球经贸规则重塑[①]，其间国家为市场经济和对外经贸体制的运行提供了正向引导的宏观环境，

---

① 东艳．国际经贸规则重塑与中国参与路径研究［J］．中国特色社会主义研究，2021（03）：27-40．

使其得到良性运行和均衡发展，而宏观调控在这一过程中发挥着重要的指导和协调作用。海关作为国家对外经贸发展的重要核心部门，从宏观调控层面统筹海关发展与安全，并实现自身现代化。

我国通过对海关特殊监管区域实行宏观调控，改革创新当下的关税优惠政策和自由财政政策，不但在完善区域内产业链、联动区域内外产业、调整国内市场结构、优化进出口贸易结构、促进国际收支平衡、减少经贸摩擦等方面发挥重要作用，而且在当下"逆全球化"的思潮冲击现有国际贸易体系的严峻形势下，对刺激我国进出口、刺激国内外两个市场经济发展潜力方面有着积极的意义。

海关特殊监管区域的治理现代化必须全面贯彻党的十九大和二十大精神，站在宏观的角度、全局的高度和科学发展的广度，加快革新经济发展模式，主动响应国家发展战略，积极遵循国家宏观调控的指导与协调，赋能其产业结构，推动区域协调发展、管理规范、产业联动、辐射带动周围企业发展，服务于我国进出口经济的发展，形成海关特殊监管区域发展新格局。

加强对海关特殊监管区域的宏观调控，有利于促进我国加工产业、对外经贸产业转型升级，并承接产业转移的重要载体，成为带动区域经济协调发展和联动国际国内两个市场的重要纽带，发挥其作为我国对外进行自由贸易试验及实践的重要平台的作用，并且最终扩大了我国与国际各国及多边贸易组织机构的交流合作，建立符合时代潮流、国际惯例的自由贸易制度。

11.2.2 海关特殊监管区域治理现代化具体目标

11.2.2.1 改进体制机制，形成推动现代化建设的合力

党的十九届四中全会通过的《中共中央关于坚持和完善中国特色社会主义制度推进国家治理体系和治理能力现代化若干重大问题的决定》提出"建设更高水平开放型经济新体制"，"实施更大范围、更宽领域、更深层次的全面开放"立足现代化建设战略格局，明确开放需求。在当下，我国海关应该以习近平新时代中国特色社会主义思想为指导，全面履行边关卫士的职责，认真贯彻落实党的十九届四中全会的要求，改进海关特殊监管区域体制机制，在统筹安全与发展的基础上形成现代化建设的合力，促进

第11章 统筹发展与安全视角下海关特殊监管区域发展与治理现代化

我国外贸经济高质量发展。

体制与权力配置相关，机制与权力运行相关，党的十九届四中全会提出应当完善权力配置和运行制约机制。改进海关特殊监管区域体制机制，一方面要准确把握海关工作的基本矛盾以及当下海关的主要矛盾，找准矛盾切入点；另一方面更要把握机制体制与权力的关系，通过机制体制的改革真正协调好海关的人、财、物、行政和刑事执法权力，以及充分配置好海关的信息资源，发挥海关特殊监管区域政策功能优势和自由贸易试验区改革创新、扩大开放、先行先试的体制机制优势，推动海关特殊监管区域与自由贸易试验区统筹发展、现代化发展。

11.2.2.2 以技术为纲，推动海关特殊监管区域现代化发展

党的十九大以来，我国海关管理技术创新更加活跃，管理科技领域有新的进展。海关特殊监管区域基于大数据分析、5G网络、AI算法、物联网、云计算等先进管理技术，针对海关不同场景、不同业务对通关的要求，我国海关结合多年海关管理经验和先进技术，打造智慧海关网络场景化方案。2018年，国务院决定对海关进行改革，将出入境检验检疫职能和检验检疫队伍整合到海关。经过整合后我国海关的履职领域全方位拓宽，把关责任进一步增强，对管理技术的革新要求也越发强烈。[①]

近年来，海关总署立足全方位对外开放新格局，遵循中央经济工作会议战略作出的一系列工作部署，提出要加深新技术在海关管理过程中的应用程度，使这些新技术综合服务于物流、监管等各个业务领域，向科技要人力、向科技要效率、向科技要管理，自主研发和建立海运智能值守卡口系统，形成一套独创的"判图六法"审像技术，运用通关无纸化技术，种种举措有效提高通关效能。我国海关特殊监管区域坚持目标导向和需求导向，立足地方外贸经济与特色产业发展需求，坚持"靠技术执法，凭数据说话""业务科技一体化"，以科技为核心不断革新管理技术，赋能我国海关现代化进程，为打造国际先进的海关特殊监管体制机制提供了有力的技术支撑。我国海关持续强化检验检测技术，并辅以大数据分析、5G网络、AI算法、物联网、云计算等先进管理技术，在加强通关监管的前提下有效

[①] 沈立，曹爱玲，吴婵婵. 实现海关"智慧后勤"管理现代化路径研究 [J]. 经济师，2022（02）：284-286.

提高通关效能，在促进我国进出口贸易发展中收集先进管理技术的使用数据并加以分析利弊，不断进行技术革新，在此基础上合理规划技术运用领域，从而形成良性循环，实现在统筹发展与安全的前提下我国海关特殊监管区域的现代化。

11.3 统筹发展与安全视角下我国海关特殊区域发展与治理现代化的路径

随着中国经济的快速崛起和全球化进程的加速，海关特殊监管区域作为一种新型的经济开发区域，逐渐受到了各界的关注和重视。作为中国特色的经济开发模式之一，海关特殊监管区域不仅为中国经济的转型升级提供了特殊的政策和法律环境，还为外商投资和技术创新提供了开放的平台和便利的服务。同时，海关特殊监管区域也成为中国深化改革、扩大开放和推进现代化建设的重要抓手和突破口。

11.3.1 以优化支持型政策释放政策红利

海关治理的有效性在于促进资源集中、要素集中和政策整合。通过改革改善和创新当下的关税优惠政策、金融支持政策，推动政策决策示范化和高效化，其不仅有利于完善区域内产业链、联动区域内外产业、调整国内市场结构，更能够在优化当下进出口贸易结构、促进国际收支平衡、减少经贸摩擦等方面发挥重要作用。实现税收优惠政策既能为特殊海关监管领域注入动力，也是促进其快速发展的关键。国外自由贸易园区的发展经验表明，在固有优势的基础上，支持区域发展的政策越多越好，发展越顺利，效果越显著。因此，必须在实施有利于海关特殊监管区域发展且优于国内其他区域的政策的基础上，构建起"政策高地"和"制度创新"的地位。因此，需要在政策支持方面给予海关特殊监管区域更灵活、更自由和更便利的功能性政策。

11.3.1.1 加大税收优惠政策力度

适当扩大海关特殊监管区内外税收差距，给予区内企业更多税收优惠，引导企业向海关特殊监管区转移和集中。

第一，实行集中纳税。顾名思义，这是海关向监管企业集中征收关税的一种模式。这适用于企业向海关特殊监管区域内缴纳保税货物国内销售

第 11 章　统筹发展与安全视角下海关特殊监管区域发展与治理现代化

税的情况。经许可后，海关可直接免除货物相关税。在一定时期内，企业将缴纳汇总税费，这大大减轻了企业的负担。当然，出于防范风险的目的，海关可能会要求企业提供现金存款或银行保函作为担保。由于海关特殊监管区内企业相对固定，针对经营情况正常、信誉良好的企业，厂房设备等固定资产或股份、证券、期权等金融资产也可作为试点担保，能有效缓解企业的经营压力。

第二，实行国内销售税收优惠政策，例如对国内商品实行选择性税收政策。鼓励区内企业采购国产材料和零部件的税收政策。对于区内企业在区外生产、加工、销售的保税货物，如果企业申请按材料和零部件选择征税，其购买的国内材料和零部件免征进口关税，以鼓励区内企业选择购买更多的国内材料和零部件，促进特殊监管区域企业更多融入国内产业链，从而充分发挥其政策功能和辐射带动优势。鼓励各地区制定高新技术和尖端产业的税收政策，形成加工贸易鼓励内销的商品目录，对目录中涉及的制成品给予优惠税率或零关税的支持，以吸引区外高附加值、高技术含量的大型加工制造企业，国家鼓励新兴战略性产业向特殊监管领域转移和集中。探索区外居民个人消费品免税优惠政策。境内居民可享受在海关特殊监管区域内购买商品、出境后在规定金额内免税的优惠政策，有效刺激内需。

第三，落实优惠退税政策，例如对进境国内商品实行选择性退税政策。参考国外自由贸易试验区的一些做法，企业根据实际情况和自身考虑，自主选择进入自由贸易试验区的退税方式。在加工贸易过程中，货物从境内运输到特殊管制区域，将办理"入区退税"，也可以选择不进入自由贸易试验区[1]，成品退税将在成品加工组装实际出境后退还。此外，实施始发港无条件退税，特殊监管区被赋予"准海外港口地位"，即运至中国特殊监管区域的货物在离开始发地后，可凭相关证件退还。

11.3.1.2　改善融资环境和金融政策

推行国际公认的金融政策，扩大金融自由，包括资本进出、转移和运营自由的各个方面。全面放开海关特殊监管地区企业经常项目外汇收付，

---

[1]　佘建明. 海关特殊监管区域管理模式述评 [J]. 海关与经贸研究，2019 (2)：25-35.

必要时可自由兑换外汇和人民币，有条件时可将货物物流和资金流动分开。同时，没有国民和非国民待遇。一方面给予区内企业有限的离岸地位，放宽区内外汇管理；另一方面取消区内企业开立离岸账户的限制，为企业从事离岸贸易、离岸金融等业务创造更加便利的环境，从而促进中国企业对外投资，开拓国际市场。此外，我国海关也可以鼓励金融机构、企业等相关利益主体在海关特殊监管区域开展利率市场化试点等一系列金融体制创新。

11.3.1.3 推动政策决策示范化和高效化

海关特殊监管区域改善政策执行立足于以"多元治理"为核心理念的大数据治理理念，其致力于使政策执行者和政策被执行者等利益相关方能够充分发挥其参与政策的积极性，加深对政策背景信息、政策实行过程、机制及目的的了解，更有利于政策的实施。从决策者的角度来看，要及时得知政策执行的动态演变，才能更好地评估政策执行的效果，从而发现政策执行中存在的问题，及时纠正政策执行中的偏差，全面采取各种方式纠正和补救政策本身带来的实际问题，从而增强政策的实际驱动力。海关治理现代化可以围绕具体领域，积极推进试点示范，以基本实现海关特殊监管区域现代化为重点。

11.3.2 以完善管理体制机制提升监管效能

11.3.2.1 进一步优化和改革组织架构

海关现行的组织体系遵循传统的组织模式，需要通过建立层级组织来划分各级权力和管理范围，促进其组织结构向"高度垂直型"发展。这种模式具有以下特点：信息通过多个级别传输，传输速度慢，容易出现信息过滤和失真；权力下放，各级部门的积极性相对更高，同时具有更大自主权，部门决策执行力度更强。因此，海关可以通过改革组织结构，进一步简化流程，调整业务处理差异程度，以更好地提升组织效能。在大数据治理时代，海关组织信息化管理通过快速准确的信息传输解决了以往信息落后的问题，增强其组织管理能力，拓宽管理范围。组织系统的扁平化和集成化是信息社会的必然要求，而网络化和信息化的技术创新推动了组织体系的改革。一方面，海关特殊监管区域现代化建设，要借助现代化的信息系统技术对组织结构进行合理调整，促成精益高效的组织体系。另一方

第11章 统筹发展与安全视角下海关特殊监管区域发展与治理现代化

面,可通过精简合并机构和业务方式,精简直属海关的管理职能,减少人力配置,使海关管理资源更合理地分流到西部及东部海关,增强两端力量,加强海关特殊监管区域现代化治理水平。

11.3.2.2 加强和完善出口监管体制

第一,加强出口监管相关法律法规的建设。出口监管的实践案例显示,无论是欧美等发达国家或是中国、印度等新兴经济体,其对外出口监管的交涉及政策实施都有法律基础的支持。纵观美国出口监管发展历史,其出口监管政策得到响应,主要归功于出口监管相关法律法规的不断完善。从1949年颁布的《出口管制法》,到1969年和1979年《出口管制法》的修订,以及1988年根据对外关系所制定的《出口管理法修正案》,每一次美国对管制政策的变动均立足于相关法律法规。法律可以赋予政策权威性与强制性,基于法律所完善的出口监管体制具有积极的规范作用和社会效应。因此,出口监管体制及相关政策的有效性必须以立法为前提,以法律为基础不断随着国际和国内形势的变化做出及时的调整和变革。

第二,加强出口管制专家咨询体系建设。我国出口管制对象包括战略物资、军事用品及其他与维护国家安全和利益、履行国际义务相关的商品和技术。我国出口监管覆盖领域广,其监管相关技术要求高,识别方法较为复杂且难度大。与此同时,出口监管在管制过程中关联方众多,管制商品品类多且成分复杂,评估难度大。由此,出口监管亟须相关监管领域技术专家和政策专家组成的专家组提供专业性、针对性的评估意见和管制决定。如今,我国对外出口监管部门已经成立包括核、生物、化学、导弹以及其他领域的出口管制专家组,为出口监管的相关商品鉴定和管制咨询提供了专业的参考意见,提出了针对性较强、容错率较低的管制决定。但是其专家咨询流程和监管制度仍需进一步规范。《中华人民共和国出口管制法》明确规定,出口经营者无法确定拟出口的货物、技术和服务是否属于本法规定的管制物项,向国家出口管制管理部门提出咨询的,国家出口管制管理部门应当及时答复。因此,我国提高出口管制专家组人员配置,规范咨询和评估流程,加强出口管制专家咨询体系建设,是保障出口管制,统筹发展与安全的前提下实现海关监管特别是海关特殊监管区域治理现代化的重要路径。[1]

11.3.2.3 完善二次开发和合作共建机制

对于发展充分的海关特殊监管区来说，持续开发建设的用地空间不大。实现空间有限、发展无限的"二次开发"，是区域转型的基础性工作。[2] 实现区域可持续发展，关键是优化区域产业和企业布局。在产业方面，重点是通过资源倾斜和合理配置，淘汰劣质、保优、升级换代，放弃高耗能产业，支持高端、特色、有潜力的产业发展，形成产业优势；在企业布局上，重点是腾笼换鸟、转型升级，形成淘汰机制，推动优质企业进一步转型升级，实现龙头企业高效集聚。

一方面，在"二次开发"过程中即将被放弃的产业或企业，可以考虑与适合其发展并愿意提供生存空间的地区合作，实现异地园区的成长，这不仅促进了企业的二次开发，同时也实现了区域间的合作共赢，因为它们仍然具有一定的发展带动作用，并依赖于区域功能性政策。另一方面，加强与周边开发区等地区的协调发展和产业相互促进，既可以通过吸引配套企业和产业入驻开发区，实现海关特殊监管区的良性发展，又可以进一步强化和拓展自身功能，形成资源合理利用。具体来说，要按照资源整合、功能互补、一体化发展的理念，积极促进区域内外产业和企业的联动互补，协调发展，从而形成"高端进入区域、周边配套、辐射带动、集中发展"的格局，最终形成以海关特殊监管区域为节点的区域经济产业集群。

11.3.2.4 实行合理的运行和退出机制

一是促进区域布局合理。虽然沿海重要港口城市目前仍是我国优惠政策的集中地和海关特殊监管区域集中地，但是从国外发达国家成功建设自由贸易园区的角度来看，也可选择航空枢纽和重要内陆地区。因此，我国应统筹考虑当前海关特殊监管区的布局，整合沿海港区，在区域枢纽港、机场和重要内陆地区开展海关特殊监管区的布局和建设。综合功能性政策也要适当倾斜，特别是要紧跟国民经济发展大局，突出向中西部地区的转移和集中。

二是考虑区域发展和差异性。不同区域具有不同的经济和产业特征，

---

[1] 齐欣原. 政府决策专家咨询制度中信息不对称问题研究 [J]. 科学发展·生态文明——天津市社会科学界第九届学术年会优秀论文集（中），2013：416-422.
[2] 宋小栋. 中国海关特殊监管区域发展对策研究 [D]. 湖南师范大学，2015.

第 11 章 统筹发展与安全视角下海关特殊监管区域发展与治理现代化

以及港口和区位特征，要利用这些特征来定位海关特殊监管区域的发展。例如，具有港口区位优势的企业可以重点发展成为港口物流配送中心；对于劳动力众多的地区，可以重点发展加工制造业，有条件地突出高附加值；对于那些产业资源丰富的企业，我们可以重点发展能源产业。形成优势互补、共同发展的局面。

三是科学化准入和退出机制。综合考虑区域差距和区域现实，合理设置外部环境、内部环境和政策实施情况等各项指标，从多方面考虑海关特殊监管区域的发展，落实末位淘汰机制，科学评价其发展前景，为海关特殊监管区域高质量发展与治理现代化提供有力支撑。

11.3.3 以综合配套服务提供有力保障

11.3.3.1 建立统一协调综合管理部门

随着中国自由贸易试验区相关制度的创新与发展，很多的区域功能和业务范围已拓展了海关特殊监管区域的定位。这些区域一方面保留着传统的保税加工和保税物流的功能，另一方面区域功能扩展到保税服务，随着区域内的创新发展，其业务内容更是扩展到产品研发、商品展览展示、金融创新等业务类型，这涉及多个业务监管部门。因此，在当前海关特殊监管区域多重条线管理框架下，各部门更加有效地合作协调，通过管理体制创新确保区域转型升级的顺利实现，显得尤为重要。首先，可以考虑建立统一协调的综合管理部门，统筹协调全国海关特殊监管领域，实行统一管理；其次，应当实行区域宏观决策和协调，形成统一高效的专项监管区域综合管理体系。另外，该综合管理部门可通过制定综合性特殊监管区相关管理办法、实施细则等国家政策法规，为海关特殊监管区域的现代化建设和经济发展提供宏观政策支持。

11.3.3.2 搭建多元化交流与合作平台

在日新月异的信息化时代，数据治理不再是依靠数据管理专家和相关方面技术精英，而是网络中的每一个终端。治理重心持续向下扩散，基层治理组织和公众已成为治理共同体关系中的重要主体。海关大数据可以实现跨组织边界和层级关系的数据流动和共享，为海关决策主体对象提供开放的决策环境，为利益表达和意见表达提供平台、渠道和机会，有利于调动多方力量，实现跨组织、跨层级、跨领域利益相关者在更完整的数据支持下获得更充分的信息,增加各方之间的沟通、交流与合作机会,在决策过程中,有助于营造良好的决策氛围,大大提高决策的民主化,实现多方参与和多重治理[①]。

11.3.3.3 设置港口联动部门

我国较多海关特殊监管区是围绕海港、机场、铁路和陆路港口建设的,因此需要深化海关特殊监管区与港口的合作与发展。区港联动不是简单意义上的合作,而是统筹规划,在具体的区位、功能、网络、运输、监管、管理等方面进行深入合作,以实现货物的顺利流通和海关监管的便捷高效,全面促进区域和港口物流业的发展。在此过程中,丰富了海关特殊监管区的功能和作用,海关特殊监管区不再是简单的保税仓储业务,而是发展现代物流业务的配送中心,为港口加工制造业与国际市场接轨开辟了"黄金通道",大力推动港口产业快速发展,是加快向自由贸易试验区转型的重要战略举措。

11.3.3.4 建立综合评价体系并监管落实

科学评价海关特殊监管区域发展需要以统筹发展与安全视角和治理现代化理论为指导依据,确立评价指标为了体现海关治理现代化发展需求。因此,各海关部门需要探索和落实海关特殊监管区现代化评价指标体系研究,以定量和定性分析相结合的方法对海关特殊监管区开展综合性评价。与此同时,海关可设置相关指标考核部门,积极探索年度目标任务和精准考核新路径,不定期开展多元化和多层次的绩效考核任务,充分发挥指标考核的激励作用,以激发各地区海关现代化的效能,加快海关特殊监管区发展与治理现代化。

11.3.4 以创新技术提高监管水平

11.3.4.1 创新数据追查技术

为了提高报关数据的准确性,加快通关速度,避免因错误引起的变更,海关可以通过海关历史数据库的数据或价值信息之间的逻辑验证,开发企业报关数据录入错误风险提示系统,嵌入海关报关自动化系统

---

① 宋刚,董小英,刘志等.基于开放知识管理的政务维基系统设计及应用[J].办公自动化,2015(1):10.

第11章　统筹发展与安全视角下海关特殊监管区域发展与治理现代化

（H2000系统）的预录入环节，实时提示错误风险信息的出现，以引起报关人员的注意，从而及时纠正报关错误。

11.3.4.2　创新风险管理技术

由于海关管理资源与海关业务量之间的矛盾，我国海关管理应履行检查职能，实施风险管理，改革现行海关业务经营管理体制，即各主管海关成立风险管理业务决策中心，指挥辖区内所有海关业务，通过分析风险线索，安排海关稽查、税务、企业管理等环节的任务和优先事项，明确工作要求，控制工作进度，收集反馈等。换言之，该中心负责履行规划、组织、协调、控制和反馈的管理职能，实施集约化管理，改变以往海关内部各部门管理力量分散、难以确定管理重点的现象。风险管理的结果是通过科学的方法生产出有价值的"产品"——风险线索，从大量进出口货物和企业信息中快速确定风险，组织实施管理，提高效率。做好这项工作，应从以下几个方面入手。

一是做好风险管理的基础工作，包括选择重点行业，确定贸易优先事项，聚焦大型进口企业，实施企业账户管理，加强与企业的合作伙伴关系等。其中，重点行业包括对国家利益至关重要的行业，直接受《中华人民共和国对外贸易法》影响的行业，生产关键产品的行业和受到普遍关注的行业。主要贸易问题包括归类、贸易统计、原产地标签、禁运和制裁、知识产权、公共卫生和安全、反倾销和反补贴税、转运、贸易协议、配额规避、税收和估价等。随着外部环境的变化，海关风险管理还应涉及与贸易有关的反恐、反洗钱和其他新领域。加强基础工作，首先需要海关总署、区域管理中心和主管海关之间可以更为密切地合作；其次，全国所有风险管理部门应通过网络渠道（风险管理平台）交流情报、信息和相关货物进口动态，同时应严格控制风险管理平台信息的进入，避免各方利益驱动造成过多的"信息垃圾"。

二是做好风险管理的具体实施。海关技术人员可以将往期海关监管作业中的各项风险点结合具体案例情况转化成数据，例如，某种商品进出口数量突增突减、某个通关环节时长突增突减、相同商品申报不同价格等情况，并将其进行集成、分类与整合，投放到海关内部的大数据池中，生成可供分析的大数据源。海关工作人员可以构建海关风险管理数据模型，将生成的大数据源进行自动化、智能化分配，通过数据挖掘算法、数据云端计算，以及数据分析可视化等技术与大数据分析反馈的结合，对进出口方的通关环节进行风险预测分析，一旦异常数据比值超过预警线，便触发智能预警。

综上，风险管理应分为四个步骤。第一步是收集数据和信息，数据来源包括综合贸易评估系统、各种标准和评估参数、企业账户管理和进口企业守法监测系统。第二步是分析和评估风险，应科学评估收集的数据和信息。当条件成熟时，应开发一系列自动分析和评估工具。分析和评价的内容包括风险可能造成的危害程度、企业内部控制机制的完善程度、需要采取的执法措施的力度、企业的守法情况和风险类型等。第三步是制定风险处置措施，可分为两类，如果风险的危害程度较小，则通过宣传教育促进企业合规；如果风险危害程度更大，应该警示企业遵守法律。强制遵守的主要工具是启动海关调查、检查或反走私侦查程序，并完善企业强制遵守的机制。第四步是跟踪反馈，主要体现在制定贸易守法执法计划、向上级部门报告贸易守法情况、企业账户管理、审核等方面。

11.3.4.3 利用区块链技术提升海关监管绩效

根据区块链技术在全球的实践情况，区块链技术是当下海关之间建立自动跨境数据交换的最优解。一方面，通过区块链共享相关数据可以帮助海关和其他边境管理机构实现港口到港口的"数据通道"。随着物流与数据的联系日益紧密，海关将融入贸易供应链，成为数据交换的平台，通过区块链技术或数据管道与各种经济运营商交换数据。基于区块链的应用，海关未来可能成为更强大的综合边境监管机构。另一方面，区块链及其背后的加密算法为隐私保护提供了一个很好的解决方案。因此，海关应利用区块链技术的去中心化，创造一个各方信任的环境，从而更好地保护企业和消费者的隐私。因此，海关可以通过升级三种单据（订单、付款单和运单）的比较模式，以根据节点在六个利益相关者（买家、进口代理、跨境电商平台、快递代理、快递公司和海关）之间共享信息，并利用区块链数据的分布式存储和原始数据的不可篡改性，确保传输数据的真实性和安全性。区块链技术用于进一步实践全系统协同操作方法，完善规范化、全过程、立体化的监管闭环①。

11.3.4.4 通过智能合约技术提高海关监管效率

首先,争取地方政府支持开展科研项目攻关,探索、创造区块链+跨境电商海关监管的智能合约技术应用的实践经验,结合这些经验,海关可创新现有跨境电商海关监管体系,利用智能合约的数据高透明度,通过数据整合建立跨境电商智能合约数据仓库,减少传统海关监管中的对账成本。海关相关部门亦可通过智能合约建立跨境电商区块链联盟,创新并倡导符合多方利益的区块链建设标准和规范,重新构建更符合当下跨境电商贸易情况的监管框架。其次,我国海关可以利用中国在跨境电商领域的市场影响力,加强与各国(地区)海关的合作,通过智能合约共享监管数据,从而提高双方对跨境电商的监管效率。

---

① 匡增杰,于倜. 区块链技术视角下我国跨境电商海关监管创新研究 [J]. 国际贸易,2021(11):51-59.

第 12 章　统筹发展与安全视角下海关口岸协同治理现代化

12.1　新时代我国海关口岸协同治理的现状与挑战

12.1.1　协同治理现代化的内涵

20世纪90年代以来，协同治理及其相关概念逐渐成为国内外理论与实践的研究热点，国外理论界称其为"Collaborative Governance"，国内理论界称"合作治理""协作治理"等①。目前，关于协同治理现代化内涵还缺乏清晰一致的认识，但是，随着国家治理体系和治理能力现代化工作的不断推进，协同治理现代化的内涵也渐渐丰富。深入理解协同治理现代化的内涵，需要结合第1章关于"治理"与"管理"的内涵辨析角度进行延伸思考。

通过对治理与管理在多个维度上的差别比较，对于协同治理现代化内涵的理解，可以从这几个方面进行深度分析。首先，在治理行为的施动者层面，协同治理强调从整体性视角涵盖全部利益相关者，每一个参与者都对最终治理结果产生影响，为了获得更优的治理结果，协同治理提倡充分尊重并维护各方利益；其次，在治理行为的受动者层面，协同治理突出客观存在的事件，相对比较抽象且不以人的意志为转移，需要围绕事件的全过程梳理出研究问题或现象；最后，在治理行为的实现路径层面，有别于行政强制命令，协同治理在尊重客观规律的基础上，通过现象看本质，采用合理设计制度，有效协调各利益相关者之间的契约关系。

12.1.2　海关口岸协同治理的现状

口岸是国家对外交往的门户，是开展对外经贸合作的重要窗口，同时

---

① 赖先进. 治理现代化场景下复合型协同治理及实现路径［J］. 理论视野，2021（2）：62-68.

第 12 章　统筹发展与安全视角下海关口岸协同治理现代化

也是国家安全的重要屏障。基于口岸的众多功能，口岸工作具有点多面广的特点，涉及多方利益主体，尤其表现为国家口岸办协调海关、边检、海事等口岸执法单位；管理服务包括地方口岸管理部门、口岸经营单位、口岸相关企业等对象。

"十三五"期间，我国口岸管理工作取得了较大进展，尤其表现在口岸安全防控、口岸国际合作、口岸营商环境、口岸开放审批等方面，成果显著[①]。按照世界银行发布的《2018 年营商环境报告》，2018 年以来，我国连续两年在跨境贸易便利化程度方面取得了明显成效，排名由世界第 97 位提升为第 56 位，突出体现在优化海关行政管理、取消行政事业性收费、增强政策透明度并鼓励竞争、减少进出口环节监管证件、简化进出口货物通关流程、升级港口基础设施、建设国际贸易"单一窗口"等方面。世界银行发布的《2020 年营商环境报告》中，中国营商环境在全球 190 个经济体中排名提升到第 31 位，较 2019 年的第 46 位大幅提升。

鉴于口岸工作具有明显的条块分明特点，有效实现口岸运行的协同治理是口岸领域制度完备程度和执法能力的集中体现。尽管促进海关口岸协同治理的途径有很多，但是结合当期数字化转型经济的发展，信息共享制度在实践中主要以国际贸易"单一窗口"为载体，其工作效果较为突出。

12.1.2.1　已搭建全国统一的一体化"单一窗口"平台环境

目前，我国已构建了中国国际贸易"单一窗口"（标准版）的统一用户管理，无论哪里注册，其他地方均可通用。对于参与外贸的企业而言，进入中国国际贸易单一窗口网站，均可以按照统一的界面、标识和域名进行规范操作。而对于政府部门而言，基于统一的工程实施规范及数据交换标准，达到数据信息的一次对接、全国均可使用的效果。此外，各地还开展了一大批体现地方特色需求的服务功能，如反映地方经济发展或体现国家区域发展战略的规划项目[②]。

12.1.2.2　基本实现口岸执法服务功能的全覆盖

对于政府部门而言，中国国际贸易"单一窗口"已完成近 30 个口岸

---

① 党英杰. 持续优化口岸营商环境推动"十四五"时期口岸高质量发展 [J]. 中国行政管理, 2022（1）: 147-149.

② 苗丰涛, 叶勇. 建构与对话: 由下而上的政策传导机制分析——以国际贸易"单一窗口"为例 [J]. 中国行政管理, 2021（2）.

管理部门对接，实现了近 20 种在线服务功能，提供了 700 多个服务事项，该服务辐射全国 313 个口岸。对于涉外企业而言，"单一窗口"基本能够满足外贸活动中企业所需要的"一站式"业务需求，尤其是该项线上服务均为免费，极大地惠及各类企业，其受益程度不断提升[1]。

截至 2021 年，中国国际贸易"单一窗口"（标准版）累计注册用户数 340 多万个，每天申报业务量达到 1000 万票。对于政府部门而言，部门间通过"单一窗口"累计交换业务数据超过 31 亿条，涉及 17 个成员单位的 71 类、3429 项数据内容。对于企业而言，主要应用领域涵盖了货物、船舶申报、舱单等，覆盖率达到 100%，其中有 40 种进出口环节监管证件完全实现了线上联网核查，加强了口岸信息共享和业务协同[2]。

12.1.2.3　不断创新中国国际贸易"单一窗口+"外贸模式

一般而言，跨境贸易将涉及较大资金的投入。中小微外贸企业作为中国跨境贸易的重要组成部分，在开展对外贸易的过程中，时常会因为资金不足等问题而导致贸易合同的履约失败。海关总署作为跨境贸易牵头部门，加强口岸执法部门间互助合作，依托国际贸易"单一窗口"建设平台，不断完善"单一窗口"平台业务功能，进一步实现一站式办理进出口业务服务功能。尤其是针对中小微外贸企业融资难、融资贵的问题，"单一窗口"通过对接金融保险机构，创新性构建了"外贸+金融"模式。同时，进一步对接港口、民航、铁路等行业机构，汇总发布口岸收费名目、收费主体以及收费标准等信息，利用市场机制促进口岸降费提效，从而更好地帮扶中小微外贸企业顺利开展口岸业务，向金融、物流以及贸易服务拓展延伸，大力支持实体经济发展[3]。

12.1.3　海关口岸协同治理的挑战

通过开展海关口岸协同治理工作，口岸的整体通关已呈现良好状况，即进出口环节监管证件数量减少过半、整体通关时间大大减少、口岸收费更加规范，口岸管理所取得的成绩在"治标"阶段取得了显著成效。但

---

[1] 苗丰涛，叶勇. 建构与对话：由下而上的政策传导机制分析——以国际贸易"单一窗口"为例 [J]. 中国行政管理，2021（2）.

[2] 同上。

[3] 同上。

第 12 章　统筹发展与安全视角下海关口岸协同治理现代化

是，随着口岸各部门改革的空间越来越少，行政管理的边际效用逐渐减少，一方面长期制约跨境贸易便利化的深层次问题仍需要进一步化解，另一方面海关口岸协同治理改革的难度将变得越来越大。

近年来，随着新一轮技术革命的不断渗透，物联网、大数据、区块链、人工智能等深刻改变着口岸治理的各个方面。面对人类快速步入数字化时代，我国口岸治理正处于数字化转型浪潮中。如何推动口岸工作从管理向治理转型，形成良好的口岸营商环境，实现跨境贸易便利化的长效机制是当前亟待破解的难题。海关口岸协同治理主要存在以下几方面的挑战。

12.1.3.1　工作人员数字化能力要求提高

随着社会数字化进程的不断加快，对口岸工作人员的数字化能力要求也越来越高。但是，在实际工作中，口岸业务工作人员尚未形成必要的数字化思维，还不够重视从数字化角度探寻解决问题的方法；在组织结构方面，技术部门与业务部门分处不同科室，业务部门专门管理业务，技术部门专门管理技术，两部门之间具有明显的职责界限，进而缺乏横向联系，导致业务部门对数字化仍感觉陌生；在人员使用过程中，因为业务人员普遍不够重视数字化技能，仅仅停留在 Office 办公软件一般应用层面；在技术实现方面，由于技术和业务工作的截然分开，使得业务人员对技术知识存在欠缺，进而无法运用技术语言准确表达业务需求，造成后期工作质量的低下。[1]

12.1.3.2　工作条块分割加大业务统筹难度

对于口岸管理工作，无论是口岸运行管理还是口岸跨境流动监管，都具有典型的条块分割特点，导致不同业务的整合、统筹难度加大。首先，在业务纵向层面，鉴于服务事项仍然存在规范化、标准化水平不高的问题，导致服务流程事项繁多，有些事项甚至还需要登入本地线上服务网站才能完成，一定程度上导致信息的重复录入；其次，在业务横向层面，无论是中央业务条线还是地方政府业务条线均存在整合有效性问题，使得实际工作运行过程中出现大量系统并行现象，产生"跨地区办理""异地代

---

[1] 党英杰，朱振，掌孝恩，耿丽，唐红军. RCEP 框架下成员国通关便利化比较及对我国的启示 [J]. 国际贸易，2023（1）.

办"等额外的服务，从而失去了线上办理及时性的意义；最后，各层级政府间仍未实现业务的有效互通，行政相对人在办理业务时时常要在不同系统间进行频繁切换，一方面导致数据采集的重复性，还易形成信息孤岛。①

12.1.3.3 技术协调及系统集成存在困难

为实现口岸管理工作的高效运转，各种新型信息化手段被引入日常工作。随着嵌入系统数量的增加，以及工作要求的提高，高效处理好不同技术及系统间的协调关系显得尤为重要。口岸管理工作在系统应用方面仍存在以下困难：第一，不同业务部门仅根据自身岗位职位，开发建立各自系统，亟须对现有系统进行整合优化；第二，针对系统架构层面，集中式与分布式部署的差异使得整合工作难度较大；第三，不同业务部门在数据管理模式方面的不同，不同数据的汇集与共享是难点；第四，系统的使用效果有待提升；第五，在系统运维模式方面，存在因运维模式的差异引起系统整体运维保障的困难。此外，在数字化经济转型发展的今天，每天都有海量的数据产生，有效管理和使用这些数据成为口岸管理工作的重点与难点。但是，目前技术部门仅仅是数据的保管者，并没有对数据的处理权，同时，多数技术人员也缺乏对数据应用场景的了解，这些都将影响通过人工智能、数据挖掘、机器学习等技术对口岸管理系统进行优化。②

12.1.3.4 数据职责不清造成数据共享困难

随着数字经济的到来，数据作为重要的投入要素在各行业发挥着重要作用。口岸部门同样非常重视数据的使用。但是，在实际口岸管理过程中仍存在一定困难，具体包括以下三个方面。首先，数据实际生产过程涉及多个环节，包括采集、保存、管理、使用、维护等。由于存在数据职责不清问题，导致各部门义务不明。在现实工作中，有的是由各业务部门自行负责，有的是由技术部门统一负责，更多的情况是并未对数据的各环节给予明确责任划分，造成数据使用不畅。尤其是，目前越发重视数据安全，强化社会责任，使得口岸管理过程中数据的有效共享需要进行风险把控。其次，数据有效共享配套的程序保障、激励措施以及监督问责机制有待完善。最后，为确保数据的正确使用，具体规范的规章制度必不可少。虽然

---

① 党英杰，朱振，掌孝恩，耿丽，唐红军. RCEP框架下成员国通关便利化比较及对我国的启示 [J]. 国际贸易，2023（1）.

② 同上。

第 12 章　统筹发展与安全视角下海关口岸协同治理现代化

一般的数据使用规范已经出台，但是在具体操作上还并未统一。①

12.1.3.5　平台建设主体参与度不够

随着我国改革开放程度不断提升，对外开放的要求也逐步提升，口岸营商环境作为对外开放的重要土壤，越来越受到国家重视。各地政府纷纷将口岸信息平台建设作为行政工作的重要抓手。口岸信息化平台建设是促进口岸通关管理能力提升的有效手段。由于口岸管理过程涉及众多参与者，在实际使用信息化平台过程中经常因主体参与度不够，反映出平台建设不充分。具体表现为：第一，在信息平台的设计流程和系统建设过程中，由于初期没有很好地搜集用户需求，中期也没有让用户充分参与，导致在平台建设后期，部分功能并未满足用户的意愿；第二，信息化平台的建设不充分不仅反映在系统本身的研发方面，而且还存在于一些辅助条件。受限于平台系统的更新速度，往往有些系统并不能达到"一站式""全流程"办理业务，甚至会有断电、延时等问题；第三，信息化平台的一些基本功能较易实现，但是由于系统的自动化、智能化程度不高，使得用户后续的信息使用上并不能做到全程可视；第四，信息化平台建设所采用的技术不够先进，同样也会影响到用户体验。②

12.2　我国海关口岸协同治理现代化的目标定位

12.2.1　理论框架分析

"十四五"时期是我国开启全面建设社会主义现代化国家新征程的第一个五年，推进全国海关口岸协同治理现代化是新时代口岸发展工作的内在逻辑。目前，世界范围内不确定性因素显著增加，如新贸易保护主义日渐抬头，导致全球经济贸易摩擦领域和范围不断扩大，尤其是受全球疫情影响，世界经济复苏乏力。我国同样也处于转型升级的攻关期，面对存在的结构性、体制性以及周期性问题的相互交织，亟须优化经济结构、转变发展方式以及转换增长动力。在这种"三期叠加"的形势下，通过加强口

---

① 党英杰，朱振，掌孝恩，耿丽，唐红军. RCEP 框架下成员国通关便利化比较及对我国的启示 [J]. 国际贸易，2023（1）.

② 同上。

统筹发展与安全视角下海关治理现代化研究

岸和海关的制度创新和治理能力建设,不仅为开放型经济发展注入新动能,促进我国经济率先恢复,而且彰显出我国特色社会主义制度的优越性。

为进一步明确我国海关口岸协同治理现代化的目标定位,有必要从协同治理的理论框架角度进行剖析。作为治理理论谱系的重要组成部分,协同治理的理论正呈现蓬勃发展态势。其中,2006年由约翰·芭芭拉教授提出了跨部门协同治理,较早给出了协同治理理论的分析框架,包括初始条件、过程、结构、结果和问责。但是该理论框架并未给出协同的影响因素[①]。2008年,克里斯·安塞尔等通过搜集来自不同国家的政策案例,推导出著名的SFIC协同治理框架,具体包括起始条件、催化领导、制度设计和协同过程。2012年罗斯玛丽·欧拉瑞等提出协同型公共管理理论,并认为协同的影响因素包括协同目标、协作结构、协作权利、信息技术等。虽然协同治理的SFIC框架以及协同型公共管理理论均提出了影响协同治理的关键要素,但是SFIC框架主要关注了政府和社会的协同治理,缺乏对政府内部协同治理的分析;协同型公共管理理论则侧重行为分析,忽略了制度因素的重要作用。[②]

通过上述协同治理理论框架分析,可以看出协同治理的理论框架还未形成统一的认识,且源于西方公共治理实践所提炼的理论仅针对政府和社会的狭义协同,并不能对我国的协同治理实践给出有效的解释。因此,有必要基于我国的公共治理实践,提炼出能够解释我国海关口岸协同治理现代化的理论框架。近年来,在国外协同治理理论研究的影响下,国内学者也从本土化视角进行了协同治理理论研究,提出了如整体性治理、跨部门协同、合作治理等概念。但是,所提出的协同治理理论或概念仍存在较大的异质性,并未形成统一的理论分析框架。尤其是现有理论框架没有放在海关口岸协同治理现代化的总体框架下进行。一方面,西方学者提出的协同治理理论在主体和结构上侧重于个体和公私机构管理的共同事务等,在我国本土化语境下,海关口岸协同治理具有较强的内在特点,反映在治国

---

① 秦长江. 协作性公共管理:理念、结构与过程 [D]. 上海:上海交通大学,2012:35.

② OLEARY R, VIJ N. Collaborative Public Management: Where Have We Been and Where Are We Going? [J]. Am Rev Public Adm, 2012 (5): 507-522.

第 12 章　统筹发展与安全视角下海关口岸协同治理现代化

理政的行为层面；另一方面，西方学者最早关注协同治理是因为西方政府出现了信任危机，为了化解危机所采取民主治理模式的修正与补充，在我国海关口岸协同治理现代化的提出背景方面，源于我国新时代改革开放的根本要求，是主动应对挑战的有力保障。[①]

12.2.2　具体定位

回顾历史，党的十八届三中全会首次明确指出，将推进国家治理现代化作为我国全面深化改革的总体目标。《中国共产党章程（修正案）》中又进一步强调注重改革的系统性、整体性、协同性，表明协同治理作为一个复合型概念，在全面深化改革过程中，不仅需要关注政府与社会之间的协同治理，还需要兼顾政府内部各层面的协同活动。海关口岸管理作为国家跨境管理的重要领域，显然也是国家整体治理现代化的重要组成部分。协同性理论认为，系统无处不在。因此，海关口岸协同治理作为国家治理体系的子系统，从国家整体治理的视角分析海关口岸协同治理的理论框架具有重要意义。通过对协同治理合理维度的划分，将海关口岸协同治理现代化的目标给予具体定位。

首先是价值目标维度，主要反映了开展协同治理活动的源头，决定了协同意愿及动力的形成过程。海关口岸协同治理是围绕口岸跨境活动中安全与便利原则进行展开。从口岸整体治理角度看，口岸协同的目的是保障口岸合规运营，这是口岸治理活动的出发点。所谓合规运营，是以广大群众的根本利益为中心，维护和实现公共价值。在推进海关口岸协同治理现代化的过程中，不仅强调使用工具的合理性，更需要在价值层面体现理性思维，做到价值判断和事实判断的结合体。从口岸协同治理匹配角度看，口岸活动利益相关主体在特定公共事务所持有的价值诉求及目标认知方面均存在差异，只有协同一致的价值目标才能使治理主体生成合作意愿和合作动力，因此，口岸协同治理主体与公共事务治理任务的匹配度决定了价值目标的一致性[②]。

其次是制度设计维度，主要反映了开展协同治理活动的渠道或工具，

---

① 赖先进.国家治理现代化场景下协同治理理论框架的构建［J］.党政研究，2020（3）：103-110.

② 同上。

统筹发展与安全视角下海关治理现代化研究

决定了协同动力供给的持续性。海关口岸协同治理现代化推进的根本在于有效制度的提出与实施。一般而言，一个组织的可持续发展，离不开组织制度的支撑。对一个国家而言，制度建设属于上层建筑。不良的制度不仅不能促进生产力发展，还会造成生产力的弱化。对于全球各国间的竞争而言，短期依靠经济和军事实力，中期在于人才和科技能力，长期则聚焦于制度体系。可见，良好的制度能够为国家或组织的繁荣发展提供有力保障。与构建治理体系类似，协同治理现代化同样需要良好的制度安排。海关口岸协同治理过程中，各口岸主体在治理活动中的协同性表现，根本上取决于设计制度之间的系统性、整体性。制度主要表现为行为规则，通过明确的规则规范社会行为，实现协同性、一致性。如果协同治理活动中，缺乏协调的制度，甚至出现冲突，将导致口岸各主体间很难达成协同治理行为。更进一步，实现治理过程中制度间的协同，需要对协同治理机制给予充分关注[1]。

再次是行为选择维度，主要反映了开展协同治理活动的微观途径，决定了协同治理能力的发挥效果。海关口岸协同治理现代化推进关键是人的现代化。除了设计良好的制度，协同治理过程还强调治理能力的培养。制度体系作为海关口岸协同治理的基础，如果缺乏治理能力的辅助，同样不能达到预期的治理效能。因此，如何实现治理效能提升成为协同治理理论需要探究的问题。聚焦治理活动实际，作为核心个体的领导干部是治理能力最为重要的部分。虽然治理制度是提前规定的，但是在具体执行过程中仍然存在随人事变动的可能。即使设计出非常良好的治理制度，在缺乏高素质人力资源的情况下，其治理效能也难以发挥作用。具体而言，协同治理在微观上取决于个体协同合作行为的实现，强调个体的积极行为。在公共治理实践中，个体不作为的因素也时常导致协同治理问题的产生[2]。

最后是条件环境维度，主要反映了协同治理活动的外部条件，决定了协同治理效能发挥的初始条件。海关口岸协同治理现代化推进还要依赖于外在条件和环境的匹配度。虽然协同治理过程强调良好制度及高素质人力资源，但是外部条件的适合与否也同样会影响到制度引发的具体行为。对

---

[1] 赖先进. 国家治理现代化场景下协同治理理论框架的构建 [J]. 党政研究，2020 (3)：103-110.

[2] 同上。

第12章　统筹发展与安全视角下海关口岸协同治理现代化

于外部条件，不仅要认识到它是影响协同治理现代化的背景因素，同时还要关注到它在某种程度还会影响到协同治理现代化的走向。

在海关口岸协同治理过程中，一方面要注重协同的初始条件，包括各治理主体以往开展的协同合作历史，以及当前为顺利开展合作所具备的合作基础资源等；另一方面，还应该注重协同的技术条件，可催生出新的合作机会。如今互联网、大数据、人工智能等新技术的推广，为传统治理活动提供了改进空间，为公共管理新增科技赋能。①

12.3　统筹发展与安全视角下我国海关口岸协同治理现代化的路径

海关口岸协同治理现代化的实现既需要内在价值目标的统一，也需要外在治理主体与规章制度的匹配，更需要外部环境的支撑。基于上述海关口岸协同治理现代化的目标定位，通过建立科学的口岸制度体系，形成具有国际领先水平的口岸管理体系，打造具有安全、开放、便利等特征的口岸营商环境是实现协同治理现代化的有效路径，具体措施如下。

12.3.1　建立跨境贸易各方共同参与的口岸联合治理机制

海关口岸协同治理的一个重要特征是涉及治理主体的多样性，且相互间并不存在严格的上下级隶属关系。早在2015年我国就建立了国务院口岸工作部际联席会议制度，并且制定出多个口岸重要文件和管理制度。随着改革的深入，对于政策制度的推出要求变得越来越专业和具有针对性，尤其是更加强调融入商界力量，实现政府与社会参与主体的有机结合，其中最具代表性的治理主体是所在行业中具有影响力的大型企业，该主体在口岸治理过程中发挥着越来越重要的作用。此外，除了中央直属机构、地方口岸办等政府部门，海港集团、机场集团等在口岸管理中发挥着重要作用。接下来将进一步发挥联席会议制度的优势，涵盖更多治理主体，如从事跨境贸易的生产型企业、贸易型企业等，弥补不能简单采取机构重组实现协同治理的不足。通过精准识别企业的现实需求，更好地制定有效的治

---

① 赖先进. 国家治理现代化场景下协同治理理论框架的构建［J］. 党政研究，2020（3）：103-110.

理措施，赋予联席会议制度更多活力。①

12.3.2　加快推进口岸经营服务重点领域的法治化建设

海关口岸管理主要围绕跨境运输工具、货物、物品监管展开，其中口岸通关作为口岸核心作业越发受到重视。鉴于我国地域辽阔，按照不同标准可将口岸分为不同类型，例如：按照地理位置，我国口岸可划分为沿海口岸、内陆口岸以及沿边口岸；按照运输方式，可以划分为海港口岸、机场口岸、公路口岸等。可见我国口岸通关存在较为显著的时空差异。虽然2017年之后我国各口岸实现了通关一体化管理，但是涉及口岸经营服务领域还会存在非完全竞争情况。尤其是部分中小型口岸因有限的航线或集装箱等资源造成天然垄断问题，单纯的市场调节作用也并不显著。根据现有的口岸管理规定，对于面向企业的口岸经营服务定价属于市场行为。国家发展和改革委员会和市场监督管理总局按照规定主要从价格是否违法、是否存在垄断经营等情况进行调查，并公示收费清单等。而结合口岸场地的公共服务属性，应重新认识到从事口岸经营服务的企业不同于一般的企业，对于服务的定价权不能简单视为企业自主经营行为，需要通过完善法律法规，对企业所属行业主管部门赋予服务定价的监督权及处罚权，实现口岸管理重点领域的法治化。②

12.3.3　明确数据共享义务，建立公共信息服务平台

随着跨境贸易量不断提升，海关口岸管理的信息化、数据化程度逐渐提高。目前，我国跨境数据主要由采集部门进行管理。在此情况下，采集部门将所收集的数据视为私有资源，导致数据需求方因不能获取相关数据而影响口岸管理工作。由于数据共享协调难度大，使得数据需求部门习惯性直接采集数据，出现企业多次重复提交数据信息的情况。为了减少企业重复提交数据的次数，同时，尽量满足数据需求方的要求，深化数据治理成为海关口岸协同治理的重要问题。借鉴韩国、德国等发达国家的经验，

---

① 朱京安，王海龙. 海南自贸港通关便利化制度创新初探［J］. 国际商务研究，2021（2）.

② 同上。

第12章　统筹发展与安全视角下海关口岸协同治理现代化

明确数据共享的义务，并用法律形式给予界定，在此基础上分离数据信息的采集权和所有权。在数据信息使用过程中，将各部门采集的数据统一汇总于公共信息服务平台，并成立专门的部门给予数据维护和安全管理，实现数据在相关部门间的有效流通，其中既包含相关政府机关、银行、贸易公司，又包含运输企业、代理商等跨境贸易方。①

12.3.4　引导口岸经营服务产业链加速整合，实现通关"扁平化"

为了提升海关口岸管理工作效能，口岸通关流程再造成为海关口岸协同治理现代化的有效途径。2018年国家机构重组，将进出境检验检疫职能整体划入海关，使得我国口岸通关的行政体制发生重大变革，中央垂管机构进一步精简，为口岸协同治理现代化提供了机会。然而，在具体通关流程优化过程中，出现了进出口环节通关成本高、政府降费红利难以有效传导等问题。其症结在于口岸经营服务产业链与当前口岸通关体系不相符，突出表现在船代、货代、运输企业、报关代理等层级繁多，手续烦琐。进一步简化口岸通关流程，优化口岸经营服务产业显得尤为重要。目前交通运输部、商务部等通过引导口岸经营服务产业加快数字化转型，淘汰过时行业，简化通关服务产业链，实现让数据多跑路。根据深圳代理报关行协会的测算，采用手机App提供报关服务，能够将原价200元的一票报关代理成本压缩到77元一票。因此，压缩口岸通关流程，减少口岸管理过程中的人工成本，对于实现通关"扁平化"具有重要作用。

12.3.5　提升信息技术赋能，推进智能口岸建设

随着海关口岸协同治理的不断开展，改革难度逐渐加强，具体表现为跨境业务量增加与口岸执法人力欠缺之间的矛盾，采用行政手段压缩通关时效的空间越发有限，以及加强监管和防止权力寻租的要求越来越高。因此，向科技要生产力，提升信息化水平成为海关口岸协同治理现代化的有效手段。近年来，我国通过加强口岸基础设施建设，构建港口电子信息平台，极大提升了港口作业效率，其中上海港搭建集卡预约平台，实现设备

---

① 朱京安，王海龙．海南自贸港通关便利化制度创新初探［J］．国际商务研究，2021（2）．

交接单的电子化,不仅结束了使用30多年的纸质单据,而且为企业减少直接成本约2.4亿元;天津港则推出集装箱网上受理,新建无人闸口自动扫描车辆信息等智能化操作,大幅度缓解港口高峰时段的拥堵问题。可见,上述改革措施对全国其他口岸协同治理现代化提供了借鉴。①

---

① 朱京安,王海龙.海南自贸港通关便利化制度创新初探[J].国际商务研究,2021(2).

第 13 章　统筹发展与安全视角下我国海关国际合作治理的现代化

海关是一个国家（地区）对进出境货物、物品、人员、交通工具进行监督管理并征收关税、查缉走私、统计货物贸易的行政机关。只要一个国家（地区）从事正常的对外经济往来、人员交流，海关便是国家（地区）对外交往交流活动的必经环节，因此海关具有天然的国际合作属性。国际合作实质是国家间内外政策的协作、协调过程，通过彼此政策的协调与协作，一方面减少各自政策中的冲突性内容，另一方面通过任务分配或共同行动，获取远超行为体单边行动的收益，国家对参与双边、多边合作的收益多大程度上大于单独行动或相互竞争收益的认知成为影响其是否选择国际合作的主要动力。①② 相应地，海关国际合作也被视为不同国家（地区）的海关部门之间就海关事务进行的合作，以期实现国家（地区）间便捷、安全、合法的货物往来和人员交流，③ 如 WCO 框架下全球性的海关合作、东盟与中日韩（10+3）区域性海关合作以及双边海关合作。由于海关事务的综合性与海关事务边界宽泛性④，海关国际合作治理可相对宽泛地理解为海关合作与海关治理的叠加，即不同国家海关部门之间、本国（地区）海关与他国（地区）非海关部门之间的双边治理或多边治理，至于合作治理的具体内容则决定于本国（地区）海关的功能定位。

海关现代化是一个边界相对开放的概念。相应地，我国海关国际合作治理现代化亦是一个过程性的概念，即通过海关国际合作治理体系和治理

---

① Robert O. Keohane. After Hegemony Cooperation and Discord in the World Political Economy [M]. Princeton：Princeton University Press，1984，51-52.

② ［美］詹姆斯·多尔蒂等. 争论中的国际关系理论（第五版）[M]. 阎学通等，译. 北京：世界知识出版社，2013：535-537.

③ 何力. 世界海关组织及法律制度研究 [M]. 北京：法律出版社，2012：2-5.

④ 边界的宽泛性，此处特指海关治理的具体对象或具体内容，各国的海关职能并非完全一致，除征收关税、统计贸易、查缉走私、管制（货物、物品、人员、交通工具）进出境等传统海关事务外，海关在不同历史时期、不同发展阶段、不同国家地区亦承担着其他"非海关"职能。

能力的现代化，提升我国海关服务国家发展战略、海关中心工作的综合能力，进而形成既与国际经济贸易规则相衔接又与社会主义现代化海关职能相匹配的海关外事工作格局。

13.1 新时代我国海关推进国际合作治理的现状与挑战

至2018年关检融合之前，中国的海关国际合作治理可概述双边层面的"查验信息互换、监管结果互认、海关执法互助"与多边层面的全球经贸海关议题治理，如在WTO分享中国海关实施《贸易便利化协定》的最佳实践，引领WCO《跨境电商标准框架》制定等。2018年出入境检验检疫职能并入海关，技术性贸易措施磋商与技术性贸易壁垒的交涉应对成为新时期海关国际合作治理的又一项内容。

百年未有之大变局在大国竞争加剧、新冠疫情冲击等重大危机的冲击下加剧演化，维护国家政治、经济、社会、环境安全，统筹发展与安全，统筹中国发展与全球发展的任务愈加复杂，更需要海关国际合作在理论层面和实践层面新的突破和创新。这一背景下，中国的海关国际合作治理显现出较强的目标导向性，从海关国际合作治理实践中可清晰梳理出促进"一带一路"互联互通、服务新型国际关系、服务国家高水平对外开放和外贸高质量发展大局三条主线。

13.1.1 新时代我国海关推进国际合作治理的现状

13.1.1.1 主场外交视域下以互联互通为主旨的海关国际合作治理

服务国家总体外交战略一直是海关国际合作治理的一项重要内容。自2010年跻身全球第二大经济体以来，日益增长的综合国力与不断涌现的各类全球性问题促使中国开始在国际舞台承担起更多的国际责任，向国际社会主动分享中国发展的"最佳实践"，积极推动诸多跨国性问题的解决和塑造有利于中国发展的外部环境，这一时期最为瞩目的莫过于以主场外交为载体的中国全球治理实践。主场外交特指在东道国境内召开的，东道国发挥引领作用且东道国多部门参与的多边外交活动，涉及政治、经济、军

第 13 章 统筹发展与安全视角下我国海关国际合作治理的现代化

事、文化等多个领域，意在维护和拓展国家利益、向国际社会提供公共产品。①②③ 在全球互联互通的时代背景下，主场外交通过搭建合作平台、传递治理信号、推进国内协同治理与国际协作治理，不仅更好地统筹了国内治理与全球治理，也让国内多部门共同参与到大外事工作格局构建中来。④ 自中国提出"一带一路"倡议、中国—东盟自由贸易区升级、设立亚洲基础设施投资银行、中巴和孟中印缅经济走廊等系列重大国际合作倡议起，中国先后举办、承办了亚洲相互协作与信任措施会议第四次峰会、APEC北京峰会、G20 杭州峰会、金砖国家领导人第九次会晤（厦门）、上海合作组织青岛峰会、"一带一路"国际合作高峰论坛、中国—中东欧国家领导人峰会等多场次、多领域、多主题的主场外交活动。

在以主场外交为代表的新时期大外交、大外事格局中，海关扮演着落实峰会成果的重要角色。2021 年中国—中东欧领导人峰会上，中国海关总署即与捷克、保加利亚、罗马尼亚等国家相关部门签署了动植物卫生检验检疫领域的合作协议。⑤ 峰会结束后，为增强中国与中东欧国家经贸互联互通，中国海关与中东欧国家之间建立起六项常态化的合作机制，并在上海海关、深圳海关官方网站主页开设"中欧陆海快线沿线国家通关协调咨询点"模块。⑥ 常态化合作机制的建立促使中国海关与中东欧国家海关、检验检疫部门可以定期就出口、过境和转运货物风险、监管数据、海关手续协调、农食产品市场准入评估等技术性适宜及时沟通交流，双方之间经济社会互联互通超越纸面。

---

① 凌胜利. 主场外交、战略能力和全球治理 [J]. 外交学评论，2019（4）：4-8.
② 陈东晓. 中国的"主场外交"：机遇、挑战和任务 [J]. 国际问题研究，2014（5）：4-5.
③ 陈拯. 国家治理、外交能力与中国主场外交的兴起 [J]. 世界经济与政治，2021（5）：30-33.
④ 陈拯. 国家治理、外交能力与中国主场外交的兴起 [J]. 世界经济与政治，2021（5）：34-40.
⑤ 中华人民共和国政府网. 中国—中东欧国家领导人峰会成果清单 [EB/OL]. (2021-2-10). http://www.gov.cn/xinwen/2021-02/10/content_5586445.html.
⑥ 海关总署. 海关总署全面落实中国—中东欧国家领导人峰会共识取得显著进展 [EB/OL]. (2022-2-10). http://www.customs.gov.cn/customs/xwfb34/302425/4167913/index.html.

13.1.1.2　技术性贸易壁垒破解中的海关国际合作治理

广义上的技术性贸易措施主要涵盖针对工业品、农产品等制成品的技术性贸易壁垒与针对农食产品等非制成品的卫生与植物卫生措施，具体包括技术法规、标准、合格评定程序、卫生与植物卫生法规等。①②③ 技术性贸易措施的出现有着深刻的政治、经济、社会和文化背景，WTO赋予成员方出于保障产品质量以及保护人类、动植物、环境健康与安全，进而在不给国际贸易造成不必要的障碍或不合理的歧视的前提下实施一系列规范进出口贸易技术规定的权力。④ 尽管WTO反复重申技术性贸易措施的必要风险且规定了透明度条款、事先通报义务，然而却事与愿违，我国出口产品在美国、欧盟、韩国等主要出口伙伴市场上频频遭遇各种技术壁垒。

针对近年来国外技术性贸易措施监管链条延长、规定内容精细化、标准体系化、技术性贸易措施应用单边主义等倾向，不少学者从海关推进对外贸易高质量发展为目标提出了相应的治理建议，主要包括完善国内技术性贸易措施信息收集平台，鼓励企业借鉴国际标准升级产品质量和产业结构，增强企业规则意识和风险意识，积极参与国际标准制定，推进国家间标准、检疫认证结果的互信互认等。⑤ 事实上，中国海关应对国外技术性贸易壁垒，维护国家外贸发展的做法可概述五种，即WTO通报义务机制下的评议交涉、WTO/TBT-SPS机制下的特别贸易关注（STCs）、WTO贸易政策审议、技术性贸易措施标准协调和检测检验结果互认（见表13-1）。

---

① 朱信凯等. 技术性贸易措施对中国企业出口决策的影响：基于出口强度与市场范围视角的考察 [J]. 国际贸易问题. 2020（3）：57-58.

② 杨勇. 技术性贸易措施的要素禀赋升级效应研究 [M]. 北京：经济科学出版社，2020年.

③ 陈洪俊等. 技术性贸易措施方略 [M]. 北京：中国标准出版社，2018年.

④ 参见：WTO *Agreement on Technical Barriers to Trade* and WTO *Agreement on the Application of Sanitary and Phytosanitary Measures.*

⑤ 关于应对国外技术性贸易壁垒的新进研究，参见：崔景华等. 技术性贸易措施对高新技术产业出口及创新的影响研究：基于跨国面板数据的实证分析 [J]. 海关与经贸研究. 2021（1）：14-16；张朋越等. 浙江出口企业技术性贸易措施应对：以鞋类及LED产品为例 [J]. 质量探索. 2020（1）：30；朱信凯等. 技术性贸易措施对中国企业出口决策的影响：基于出口强度与市场范围视角的考察 [J]. 国际贸易问题. 2020（3）：57-58.

第 13 章　统筹发展与安全视角下我国海关国际合作治理的现代化

表 13-1　中国海关应对技术性贸易壁垒的国际合作治理措施

技术性贸易壁垒应对方式	国际合作方式
WTO 通报义务机制下的评议交涉	双边合作，最为常用
WTO/TBT-SPS 机制下的特别贸易关注	多边合作，最为常用
WTO 贸易政策审议	双多边合作，较为常用
技术性贸易措施标准协调	双边合作，现阶段体现为技术贸易措施的磋商机制
检测检验结果互认	

根据 WTO/TBT—SPS 协定，当成员方出台可能影响贸易伙伴的技术性贸易措施时，需至少提前 6 个月公布或通过 WTO 告知相关成员，接受其他成员评议。"评议—交涉"也成为中国海关最为常用的应对技术性贸易壁垒挑战的手段，如 2019 年印度标准局（BIS）出台了针对空调及零部件强制性认证规定，要求出口印度空调整机及空调部件均需进行 BIS 认证，该措施对中国出口印度的空调企业带来诸多不便，之后在中国海关与印度相关部门的多轮磋商下，印度推迟执行强制性认证要求。"评议—交涉"更多适用于双边层面的技术性贸易壁垒治理，多边层面则适用于 TBT/SPS 每年例会上的特别贸易关注和 WTO 每数年一轮的贸易政策审议①，在 TBT/SPS 例会上和贸易政策审议期间，中国海关将"评议—交涉"双边层面未能有效解决的技术性贸易壁垒再次提出，指出其违反 WTO 规则的内容，要求相关贸易伙伴给予回应，如 2020—2021 年，中国海关先后在 WTO/TBT-SPS 例会上提出特别贸易关注 145 项。无论在双边层面的"评议—交涉"还是多边层面的特别贸易关注或贸易政策审议，WTO 多边贸易规则、国际社会的通行惯例通常成为中国海关服务外贸高质量发展的有力参考——基于现行国际规则维护中国外贸正当利益。

技术性贸易法规标准协调与检测检验结果互认是技术性贸易壁垒治理的高阶手段，前者意味着贸易双方采用统一的技术标准生产产品，包括完全协调、部分协调、摊牌协调和第三方权威机构协调；后者则是承认各国

---

①　按照 WTO 贸易政策审议机制，贸易额排名前 4 位的成员每 2 年审议一次，排名其后的 16 个成员每 4 年审议一次，其他成员每 6 年审议一次。

自行制定标准的权利，但通过达成某种信任性的协议相互认可对方的合格评定程序及检测检验结果，不在进口环节重复检验。[1] 我国已同俄罗斯、东盟、中亚国家等就少数几类产品已达成检测检验结果（监管结果）互认[2][3]，但由于标准协调与结果互认不仅涉及复杂的工业农业技术法规问题，而且涉及国家（地区）间、国内的政治文化社会因素，因此这两类举措在中国海关应对国外技术性贸易壁垒中较少使用，反而更多体现为通过构建技术贸易壁垒的磋商机制及时交流各自技术性贸易法规的新动向。

13.1.1.3　平衡贸易安全与贸易便利实践中的海关国际合作治理

提高通关效率、降低贸易成本一直是WTO《贸易便利化协定》实践的初衷。自WTO《贸易便利化协定》2017年签署生效以来，中国作为首批批准的成员，积极参与到《贸易便利化协定》的实施中。通过吸收、借鉴国际规则与国际社会通关程序最佳实践，中国海关一方面持续深化"放管服"改革，出台各项贸易便利化措施，另一方面积极参与多边贸易规则制订，实现国内改革与国际合作的联动。[4] 从透明度与咨询点、进出口手续简化、风险管理、后续稽查、AEO、"单一窗口"、电子单证、海关收费等多个方面大幅优化了通关流程和口岸营商环境。到2021年底，中国进口、出口货物整体通关时间分别压缩至32.97小时、1.23小时，比2017年分别压缩66.14%和89.98%，[5] 进出口环节需要验核的监管证件已从2018年的86种精简至41种，41种监管证件中除特殊情况外的38种可通过国际贸易"单一窗口"实现"一口受理"。[6]

---

① 关于技贸法规标准协调、检测检验结果互认的内容分析，参见蔺庆校. 区域贸易协定内技术性贸易壁垒问题研究[D]. 南开大学，2010：74-90.

② 中俄海关以监管互认推动贸易便利化[EB/OL]. (2014-08-18). http://www.gov.cn/xinwen/2014-08/08/content_ 2732264.htm.

③ 《国家卫生健康委办公厅关于加快推进检查检验结果互认工作的通知》[EB/OL]. (2021-07-13). http://www.gov.cn/zhengce/zhengceku/2021-07/16/content_ 5625480.html.

④ 海关总署国际合作司. WTO《贸易便利化协定》解读[M]. 北京：中国海关出版社，2017：69-70.

⑤ 出口整体通关时间减至1.23小时[EB/OL]. (2022-01-26) http://www.gov.cn/xinwen/2022-01/26/content_ 5670491.html.

⑥ 38种进出口监管证件可通过"单一窗口"一站式办理[EB/OL]. (2021-12-10). http://www.customs.gov.cn/gkb/2691150/2691155/4086535/index.html.

第13章　统筹发展与安全视角下我国海关国际合作治理的现代化

2020年新冠疫情全球暴发后,"外防风险输入"日益成为海关监管的一项重要任务。海关国际合作在促进继续推进全球贸易便利的同时,也开始探索在贸易安全与贸易便利之间寻求平衡,在有效防范各类风险的前提下最大限度实现货物、人员的顺畅通关。WTO、WCO、OECD等国际组织多次重申《贸易便利化协定》实施可有效缓解新冠疫情对口岸通关环境的负面冲击,中国海关也在多边国际舞台上与各国(地区)海关就无纸化通关、无接触通关、监管信息的交换、风险信息的共享、查验措施的协调、口岸机构的协同、跨境海关的协作等议题交换意见和分享经验做法。[①][②] 不过就中国海关的国际合作治理而言,平衡贸易安全与贸易便利的主要做法体现在三个方面:一是增信释疑,回应国际社会对中国海关因疫情而强化的国门安全防护措施的质疑;二是将海关智能化与贸易便利化融合,通过"三智"倡议寻求贸易便利与贸易安全的"最大公约数";三是扩大AEO互认,增加关企合作的社会资本。

自2005年WCO《标准框架》达成起,国际社会更多国家(地区)将贸易安全视为贸易便利的前提——尽管此处涉及的安全有绝对安全与相对安全、高中低风险的区别应对等讨论。外来生物入侵等非传统安全风险的严峻考验与新冠疫情的叠加,促使中国海关于2021年先后修订出台了《中华人民共和国进出口食品安全管理办法》《中华人民共和国进口食品境外生产企业注册管理规定》以及针对进口冷链食品的监管措施、口岸疫情防控措施等,上述政策法规的出台使得出口中国的外国食品企业需做出一定调整以适应监管环境的新变化。针对部分国家地区对中国海关基于疫情风险防范、国门安全强化而调整的政策法规措施的疑虑,在2021年WTO对中国进行第八次贸易政策审议期间及之后,中国海关在双边磋商、政策宣介、SPS例会上均予以了充分释疑,从而化解新政策出台而出现的不利于中国外贸的非故意风险隐患。一项新政策的出台不可避免地会产生某些外溢效应,这里的外溢效应可按故意与否和预料与否两项指标划分为四类

---

① OECD. TRADE FACILITATION REFORMS WORLDWIDE [J], OECD Trade Policy Working Papers, 2022 (263), 4-5.
② WTO. CROSS-BORDER MOBILITY, COVID-19 AND GLOBAL TRADE [EB/OL]. (2020-08-25). https：//www.wto.org/english/tratop_e/covid19_e/mobility_report_e.pdf.

统筹发展与安全视角下海关治理现代化研究

影响,即有意且预料到的外溢影响,故意但未预料到的外溢影响、非故意但预料到的外溢影响、非故意且未预料的外溢影响①。针对不同类型的外溢影响,海关国际合作治理的路径亦有所区别,因追求贸易安全而对贸易便利产生的某些不便,多属于"非故意且未预料的外溢影响",海关通过遵循叙事型治理路径寻求贸易伙伴的理解和支持。

非传统安全风险对海关程序最大的影响莫过于增加了货物、物品、人员、交通工具的通关成本——交易成本,这里的交易成本特指进出口企业在通关环节为满足"非海关业务类"监管需求所耗费的精力。② 在减少因贸易安全而增加的交易成本方面,中国海关充分利用了大数据、人工智能、物联网、云计算等智能科技,将以"智慧海关、智能边境、智享联通"为内容的"三智"理念融入《贸易便利化协定》的实施中,利用智能科技等技术手段优化通关作业流程和海关监管理念,最大限度减少新冠疫情等风险挑战对于通关便利的干扰。自 2021 年习近平主席在中国—中东欧国家领导人峰会上首次提出了深化海关贸易安全和通关便利化合作,开展"智慧海关、智能边境、智享联通"合作试点的倡议后,中国海关在 WCO、WTO 等平台向国际社会分享中国海关智能化与贸易便利化的探索实践,"三智"理念于 2021 年年底被 WCO 纳入 2022—2025 战略规划,2022 年 WTO《贸易便利化协定》实施五周年会议上就智能科技应用下的"无接触全景式"查验、"中国—新加坡"智享联通监管数据交换、陆路口岸通关"无接触通关"等内容向与会成员分享,提升中国海关在贸易便利化、海关智能化领域的国际话语权。

平衡贸易安全与贸易便利的直接获益主体无疑是进出口企业,交易成本增加而来的通关低效率亦常为进出口企业所"诟病"。作为全球第一大出口国,中国几乎与全世界所有的国家(地区)存在贸易往来,尤其在全球价值链时代,通关的效率更关系着供应链的稳定。鉴于此,WTO《贸易便利化协定》、WCO《标准框架》均鼓励成员方实施 AEO 制度,并积极开展 AEO 互认,给予认证企业与进口、出口或过境手续相关的额外便利化措

---

① [美]彼得·卡赞斯坦等编. 秦亚青、苏长和等译. 世界政治理论的探索与争鸣[C]. 上海:上海人民出版社,2018:127-129.
② [美]奥利弗·威廉姆森著. 陈耿宣译. 交易成本经济学:契约关系治理的理论与实践[M]. 北京:中国人民大学出版社,2022:400-401.

第 13 章　统筹发展与安全视角下我国海关国际合作治理的现代化

施，如优先通关、快速通关、较低的查验率和单证审核率。欧盟 AEO 企业可获得减少文件和查控检验、启运前申报、简化海关程序、减少担保和单证审核等便利；加入美国海关与边境保护局（CBP）C-TPAT 的进口商不仅享受显著低于正常水平的查验率，而且可享受"自由与安全贸易"通道内的通关、分层查验等便利；[1] 中国 AEO 企业可获得优先办理通关手续和相关业务收、免除担保等便利措施。AEO 互认则是指建立起 AEO 制度的海关之间，相互认可各自认证的 AEO 企业并给予本国（地区）AEO 制度中相应的通关便利化措施。[2]

AEO 及 AEO 国际互认制度的出台是各国（地区）海关在意识到全球化时代国家相对安全、国门安全局势复杂和海关资源有限的前提下，通过引入社会资本与风险分类管理理念而平衡贸易安全与便利的创新举措。社会资本是一种通过社会关系而获得的资本，借助于行为体在社会关系网络或所在群体中的联系和资源而发挥作用，[3] 那些有着较高社会资本的行为主体往往能享有更多的行动自由和支付较少的交易成本，特别在制度规范效力较弱的不确定情境中。风险分类管理则指的是在无法完全杜绝各类风险时，海关将面临的风险按高、中、低分类，将监管重心聚焦于高风险范畴。从海关风险管理视角看，那些获得 AEO 资质的企业往往是具有良好社会信誉的企业，相应风险隐患较低，给予这类企业较少的通关查验，意味着海关可以将更多的资源聚焦到高风险领域。通过 AEO 制度及 AEO 国际互认，不仅给予中国企业国内、国际的通关便利，营造友好的外贸环境，而且客观上起到了保障企业全球供应链安全与便利的效果。因此，自 2008 年中国海关实施 AEO 制度起，中国海关一直在国际层面推动 AEO 国际互认合作的开展，截至 2022 年 8 月底，中国海关已经与新加坡、韩国、欧盟等 20 个经济体 46 个国家或地区签署了 AEO 互认安排（协定），互认国家或地区数量居世界首位。其中，包括 19 个"一带一路"共建国家（地

---

[1] 卢醇子，顾洁妍. 国外 AEO 制度介绍［J］. 中华人民共和国海关总署文告. 2021（12）：55-56.

[2] 王新元，陈驰. 中国海关不断扩大 AEO 互认范围［J］. 中华人民共和国海关总署文告. 2021（12）：22.

[3] ［美］林南. 社会资本［M］. 张磊，译. 张闫龙，校. 北京：中国社会科学出版社，2020：19-25.

区），5个RCEP成员国和13个中东欧国家。中国AEO企业对AEO互认国家或地区进出口额占到其进出口总额的约60%。[①]

13.1.2 新时代我国海关推进国际合作治理面临的挑战

中国海关国际合作治理属于国家外交、外事、外贸格局中一个重要环节，在大国竞争加剧、新冠疫情等传统安全危机与非传统安全风险复合交织的背景下，在数字经济、人工智能等新型经济形态与智能科技的驱动下，海关对外合作治理不得不正视国际政治经济格局的悄然演变以及全球价值链时代贸易形态的多样演进。上述变局带给中国海关以统筹发展与安全为主旨的国际合作治理的最大挑战莫过于不确定性的增加，中国海关需在复杂且不确定的外部情境中进行国际事务的公共抉择，主要的挑战集中在如下几个方面。

13.1.2.1 大国间政治经济竞争制约海关国际合作的有效治理

海关国际合作治理归属于全球经贸治理的范畴，但也受到大国政治经济关系形态等的影响。供应链受政治因素干扰中断的风险可能促使各国优先基于政治考虑来重组或调整，进而将贸易便利、通关便利等效益考量置于次要地位，此举不免将殃及2017年以来贸易便利化理念驱动下的海关国际合作效能治理。"9·11"事件使得进出境人员、车辆、货物、物品安全成为海关国际合作治理的焦点，由于各国特别是大国之间在打击恐怖主义方面的共识，其"安全泛化"之于通关便利的负面效应在国际制度框架内消解，2005年WCO《标准框架》较好地平衡了通关安全与通关便利之间的内在张力。然而，倘若大国竞争局面加剧，势必波及海关事务的有效合作，增加海关国际合作治理的交易成本，如在数字经济、绿色经济领域海关监管互助的开展。

13.1.2.2 智能科技之于海关智能化国际合作共识建构的挑战

当前国家安全愈加趋向于相对安全、全域安全和共同安全，第四次工业革命的兴起，促使各国（地区）海关在寻求货物、物品、车辆、人员的进出境监管时，开始更多诉诸人工智能、大数据等先进科技，以期通过引

---

① 海关总署. 中国AEO互认国家（或地区）数量居世界首位［EB/OL］. (2022-09-26). http：//asean.mofcom.gov.cn/article/jmxw/202109/20210903202266.shtml.

第 13 章 统筹发展与安全视角下我国海关国际合作治理的现代化

入技术手段实现安全与便利的帕累托最优解。[①] 中国、美国、欧盟、日本、新加坡等相继提出了海关智能建设的倡议，不过在将智能科技应用于海关监管的实践中却不得不正视海关智能化共识建构的难题。数字技术、智能科技在提升海关监管效能的同时，也可能因为技术标准的不统一、不协调而形成新的通关壁垒。加之与海关智能化相关的网络安全、数字科技领域权力消长等外溢效应，也可能干扰海关智能化国际合作的有序开展。各国围绕海关智能化延伸的标准协调、规则共识建构无疑是智能科技之于海关监管合作的一大挑战。

13.1.2.3 建立与数字贸易、低碳经济相适应的海关国际合作协同监管的挑战

数字经济、数字贸易规模的扩大带来了海关监管的难题，传统意义上的海关监管是针对实体、实物，而数字贸易中的跨境数据流动却是非实体形式。尽管有学者提出基于数据流量作为海关监管的国际共识，不过当前尚未形成数字贸易海关监管的全球共识或一致性规则。加之主要经济体就跨境数据自由流动、数据本地化存储、数字产品征税、个人隐私保护、网络安全等国际数字贸易规则的基础内容尚存在分歧，短期内就数字贸易的海关监管更多处于探索阶段。

相比于数字贸易海关监管的未定局势，将绿色贸易、低碳经济列入海关监管范畴已然涌现先例。2021 年，欧盟碳边境调节机制（CBAM）的出台可谓"一石激起千层浪"，促使各方不得不考虑如何建立与绿色贸易相匹配的海关监管模式。2021 年欧盟单方面宣布对欧盟外输欧产品征收碳边境税后，国际社会尽管有质疑其违反 WTO "国民待遇"和联合国气候治理"共同但有区别责任"的原则，但整体上处于一种观望态度，不排除其他国家的相继效仿或以绿色贸易为名行贸易保护主义之实。WCO《2022—2025 年战略规划》已明确将环境保护纳入未来的海关发展战略，如何统筹探索绿色贸易的海关监管模式和有效回应可能的绿色壁垒，便成为中国海关参与全球环境治理的一大挑战。

[①] 关于技术创新之于海关监管的挑战分析，参见：WCO. Strategic Plan 2022-2025 [EB/OL]．（2022-06-30）. https://www.wcoomd.org/-/media/wco/public/global/pdf/about-us/administrative-documents/strategic-plan-2022_ 2025.pdf? db=web.

13.1.2.4　海关能力建设与参与全球治理任务的差距

2013 年,"一带一路"倡议的提出标志着中国开始全方位深度参与到全球治理实践中。尽管海关有着天然的国际合作属性,但由于我国仍是发展中国家的国情,一直以来相比国际合作、全球治理,海关更聚焦于国门安全的守卫和通关贸易便利的优化,国际合作治理较多停留于总署层面,直属海关、隶属海关层面的参与或联动较少。2018 年关检融合,检验检疫管理职责纳入中国海关后,海关国际合作治理的内容和复杂性较关检融合之前显著增加,不仅需在防范和应对国外安全风险输入中开展关际或关务协同治理,而且需在应对各种技术性贸易措施中开展磋商沟通,凡此种种均对海关深度参与国际合作治理提出了更高的能力要求。如 WCO《2022—2025 年战略规划》中明确将着力促进海关数字转型,我国海关在数据专业人才、数字基础设施以及通过数据处理分析服务决策的能力等方面仍有提升空间。

13.1.2.5　国外技术性贸易措施对于我国的挑战

全球价值链时代,国际贸易的主要形式开始由成品贸易转换为中间品贸易,以产品卫生、安全、环保、质量为目标而出台的技术法规、标准、认证资质等技术性贸易措施,日益成为阻碍跨境贸易便利或国家间正常贸易往来的主要障碍,形成较难对付且较为隐蔽的技术性贸易壁垒。根据商务部应对贸易摩擦工作站公布的 2022 年上半年统计数据表明,1—5 月我国(含港澳台)出口非食品类消费品被欧盟和美国实施召回共计 583 次,相比 2021 年同期增长了 37%,约占欧美非食品类消费品实施召回总数的 52%,儿童玩具、电子电器设备、纺织服装受国外技术性贸易壁垒的影响较大,其中儿童玩具类产品集中在婴儿秋千、儿童汽车座椅、儿童洗澡温度计、斜躺式摇篮和婴儿学步车,被召回理由是存在受伤、勒颈和窒息风险;电子电器设备集中在照明设备、USB 充电器、电热水袋、电热水壶、耳机、吹风,被召回的理由为存在触电、火灾、烧伤、化学危害、环境污染等风险隐患;纺织服装类产品集中在儿童运动服、儿童睡衣、儿童外套、儿童长袍等,被召回的理由为存在勒颈、受伤、烧伤、化学危害、窒

第13章 统筹发展与安全视角下我国海关国际合作治理的现代化

息等风险隐患。① 关检融合后，有效应对国外技术性贸易措施之于我国对外贸易的挑战，成为海关国际合作治理的一项重要内容，海关维护外经贸安全的任务更加凸显。

13.2 我国海关国际合作治理现代化的目标定位

海关国际合作治理现代化的目标定位根植于我国海关现代化的目标定位以及我国海关五年一度的发展规划中。海关现代化是一个常说常新的话题，不同时期、不同发展阶段往往会赋予海关治理现代化不同的主旨内容，WCO以往的战略规划中，海关现代化更多为海关程序的简化、协调化、标准化，而最新一版（2022—2025年）的战略规划中，海关现代化主旨内容已尝试涵盖智能化、低碳经济等。梳理《"十四五"海关发展规划》关于海关国际合作治理的内容，可清晰发现我国海关国际合作治理目标定位服务于海关"十四五"发展目标和国家外交外贸大局的两条主线。

《"十四五"海关发展规划》提出到2035年基本建成与社会主义现代化国家相适应的海关监管体制机制，其映射到海关国际合作治理现代化的目标定位为实现海关检验检疫合作的全方位、常态化、机制化，参与且引领全球"涉关涉检"议题治理，构建海关大外事工作格局，其内涵体现为海关国际合作治理体系和治理能力的现代化，海关国际合作治理体系包括海关双边和多边合作（工作）机制，海关国际合作治理能力包括构建国际海关制度的话语权和应对技术性贸易措施的能力。

一是形成更多有影响力的海关国际合作成果，海关畅通国际国内双循环的枢纽作用更加凸显。"定类"指标如下。（1）智慧海关、智能边境、智享联通"三智"倡议成为WTO、WCO多数成员认可的国际公共产品。（2）促进与"一带一路"共建国家（地区）政策、规则、标准联通。（3）扩大AEO国际互认的国家（地区），实现与共建国家（地区）的国际贸易"单一窗口"对接。（4）建设欧亚货物大通道，优化中欧班列和多式联运监管，实现中欧班列国内外集结中心从"点到点"向"枢纽到枢纽"升级。（5）推进与"一带一路"共建国家（地区）的技术法规、标准和合

---

① 统计数据信息详见：商务部应对贸易摩擦工作站（浙江省技术性贸易壁垒对外预警点）.2022上半年我国遭遇技术性贸易壁垒的特点及下半年形势分析.PP：12-14.

格评定互认，与"一带一路"共建国家（地区）的货物贸易评估常态化、机制化。优化中东欧农产品输华准入评估程序，扩大食品农产品等重点商品"绿色通道"的应用范围。（6）与主要贸易国家（地区）实现数据交换、案件信息共享、立法及执法实践交流、检验结果互认等合作。（7）国际陆海贸易新通道、边境口岸磋商互联互通合作机制化。[①]

二是我国海关研究和应对技术性贸易措施的能力得到提升。（1）深度参与到技术性贸易措施国际规则和国际标准制修订中，提升运用规则维护国家安全和发展利益的能力。（2）打造国家级技术性贸易措施信息服务平台，建立涵盖WTO成员技术性贸易措施通报以及主要贸易伙伴、重点敏感产业、关键准入要求的技术性贸易措施数据库。（3）建立面向政府和企业的技术性贸易措施精准服务体系，提高技术性贸易措施影响调查评估精准度。

三是我国海关参与全球海关规则制定的话语权得到提升。（1）增强WTO、WCO、APEC等多边框架下海关与检验检疫议题的谈判磋商能力，以及数字领域、贸易便利与安全领域的国际海关规则和标准制定能力。（2）在重要的海关、检验检疫国际组织或委员会中担任高级职务，将更多中国籍人才输送到国际组织中。（3）提升自由贸易协定规则运用能力和自由贸易协定项下涉关涉检章节的谈判能力。

我国海关构建海关大外事工作格局的国际合作治理现代化目标定位与十八大以来我国总体外交方针一致。十八大以来，我国外交逐渐形成了元首外交引领，"一带一路"倡议，参与引领全球治理改革的多领域、多层次全方位外交格局，[②] 中国外交的广度和深度较2012年前均有了质的飞跃。我国外交外事工作的强纪律属性决定了海关国际合作治理现代化目标定位，系统思维、全局理念在海关国际合作治理实践中得到了充分体现，把握国家外交外事工作重心与社会主义现代化海关建设内涵成为理解中国海关国际合作治理现代化目标定位、具体内涵、构成要素及发展演变模式的前提。

---

① 海关总署."十四五"海关发展规划［EB/OL］.（2021-07-29）. https：//www.gov.cn/xinwen/2021-07-29/content_ 5628110.htm.

② 杨洁篪.中国共产党建党百年来外事工作的光辉历程和远大前景［J］.求是.2021（10）.

第 13 章 统筹发展与安全视角下我国海关国际合作治理的现代化

13.3 统筹发展与安全视角下我国海关国际合作治理现代化的路径

回顾改革开放以来我国海关融入国际社会、参与国际合作治理的实践，从起初的学习、利用现有规则维护自身利益，到后来选择性参与国际海关制度并在其中发挥建设性作用，再到当今深度参与甚至引领国际海关规则或与海关相关的其他国际规则的改革、创建，中国海关的国际角色已然从简单的参与者向深度参与或担负更多国际责任的引领角色转变。[①][②] 需要指出的是，我国海关参与国际合作治理角色的转变是一动态的渐进过程，当前尚处于转型期，所以梳理近年来中国海关国际合作治理实践，既有主动引领国际海关规则制定的角色，如 WCO《跨境电商标准框架》的拟定、"三智"倡议的提出，也积极参与国际经贸/海关规则制定，如参与 WTO 电子商务、环境议题的谈判，WCO《商品名称及编码协调制度》的修订，更有维护国家安全、企业正当权益的角色，如 WTO-SPS/TBT 例会上的交涉磋商，2021 年 WTO 第八次对华贸易政策审议期间的增信释疑。

中国海关在国际舞台上在不同议题领域内担任多种对外角色，引起各方就未来中国海关参与国际合作所应遵循路径的讨论，特别是当不同议题领域内的对外角色存在张力或出现矛盾时。不过关于中国海关国际合作治理现代化的路径讨论，更多停留于技术层面策略分析，缺少从学理层面的系统讨论，而上升到国家层面相关研究成果便丰富许多。中国社科院大学东艳认为，国际经贸不同议题领域内规则属性的差异以及崛起国（中国）在不同经贸议题领域内相对主导国的规则制定实力、经济实力，意味着中国今后参与国际经贸规则重塑时，对结构性问题相关规则应选择与高标准规则对标，对有着竞争优势的规则应积极引领新规则谈判，对发展、合作

---

① 东艳. 国际经贸规则重塑与中国参与路径研究［J］. 中国特色社会主义研究. 2021（3）：33.

② 徐秀军. 规则内化与规则外溢——中美参与全球治理的内在逻辑［J］. 世界经济与政治. 2017（9）：80-81.

和能力建设等领域规则应通过合作项目倡议参与规则构建。①② 复旦大学朱杰进则认为，中国参与全球经济治理时应该根据不同议题领域内既有国际制度的弹性大小和主导国的否决能力强弱来选择不同的治理路径，在制度弹性强与主导国否决能力强的国际货币体系中，应选择引入新制度但不取代旧制度的叠加型治理路径；在制度弹性强与主导国否决能力弱的多边开发银行领域，应选择对既有国际制度重塑、改革的转换型治理路径；在制度弹性弱与主导国否决能力强的主权信用评级领域，应选择缩小既有国际制度实施范围的规避型治理路径；在制度弹性弱与主导国否决能力弱的区域贸易协定领域，应选择引入新制度取代旧制度的替代型治理路径。③④

不少学者眼中，未来中国参与国际合作治理应依据不同情境选择多样化的参与路径，不过基于国际制度或规则特性、主导国能力强弱以及中国制度能力、经济实力大小而提出中国参与国际经济议题治理路径选项，忽视了国家发展利益对于中国选择何种治理路径的决定性影响，全球第二大经济体、第一大贸易国和最大发展中国家的客观事实，决定了中国国家发展利益需统筹国内发展和国际贡献二者间的平衡，因而若不考虑国家利益主导下的中国国际合作治理路径终究无法完整诠释中国国际合作治理实践，这一点对于中国海关的国际合作治理路径选择尤为关键。改革开放以来，中国用不到半个世纪的时间跻身全球第二大经济体和第一大贸易国，但尚未彻底改变最大的发展中国家的事实。全球第二大经济体的客观事实既激活了国际体系固有的主导国与崛起国之间的结构性矛盾，也带来了国际社会对中国承担更多国际责任的期望，该视域下中国的对外角色为负责任大国。中国作为第一大贸易国，与国际市场的相互依存度较高，相应的，中国在全球经贸领域的国际领导角色——塑造和营造稳定、有利、开

---

① 东艳．国际经贸规则重塑与中国参与路径研究［J］．中国特色社会主义研究．2021（3）：33.

② 徐秀军．规则内化与规则外溢——中美参与全球治理的内在逻辑［J］．世界经济与政治．2017（9）：80-81.

③ 朱杰进．中国与全球经济治理机制变革［M］．上海：上海人民出版社．2020：250—254.

④ James Mahoney, Kathleen Thelan, Explaining Institutional Change: Ambiguity, Agency and Power, Cambridge [M]. Cambridge: Cambridge University Press, 2010, 18-20.

第 13 章　统筹发展与安全视角下我国海关国际合作治理的现代化

放的外贸环境和国内市场准入环境，成为国内外市场主体之于中国对外角色的一项共识。不过，最大发展中国家的事实却决定了中国仍应继续优先国内发展而非国际贡献，在对外交往中扮演更接近发展中国家身份定位的角色。①② 存在内在张力的三类角色更加凸显了探索中国海关国际合作治理现代化路径的实际和理论意义。统筹发展和安全要义下的中国国际合作治理现代化路径，应当是既能在实际业务层面统筹外部风险防范与促进外贸发展，兼顾扩大合作伙伴阵营、捍卫中国正当权益，以及理顺国际贡献与国内发展次序，也能在理论层面实现不同议题内海关外事行为整体上的叙事逻辑自洽，提升中国海关在全球治理中的话语权和认同感。

统筹发展和安全视角下中国海关国际合作治理路径的现代化，首先应承认参与国际合作路径的多样而非单一，其次是依据所处主客观情境选择适宜的国际合作路径。一般意义上来讲，中国海关参与国际合作治理大体遵循着三种路径：其一，国际规则国内化的"学习型"路径，即根据国际先进规则、先进经验对中国海关自身的规则、行为、做法进行调整，对标国际先进水平，提升中国海关参与国际合作的能力，如国际贸易"单一窗口"建设；其二，国内规则（经验）国际化的"引领型"路径，即依托中国第二大经济体和第一大贸易国的综合国力，将中国海关相对成功的经验做法或国内规则，上升为通行的国际行为准则，如 WCO《跨境电商标准框架》和《2022—2025 年战略规划》中的海关智能化；③ 其三，全球问题/事务的"参与型"路径，即出于履行大国责任或维护正当合法权益，中国海关以参与者的姿态参与到海关检验检疫等传统议题以及环境保护、绿色经济等新兴议题的谈判磋商或规则制定中。至于选择哪种路径则，则取决于国家利益主导下合作议题的政治敏感性和既有规制情况、中国海关自身实力、竞争主体及其实力的不同组合情况。

---

① Julia Gurol, Anna Starkmann. New Partners for the Planet? The European Union and China in International Climate Governance from a Role - Theoretical Perspective [J], Journal of Common Market Studies, Vol. 59, No. 3, 2021, 4.

② 孙志强，张蕴岭. 地位寻求、角色构建与英国脱欧后的对外政策调整 [J]. 欧洲研究. 2022（4）：109-116.

③ 国际规则国内化、国内规则国际化的相关分析，参见：徐秀军. 规则内化和规则外溢：中美参与全球治理的内在逻辑 [J]. 世界经济与政治. 2017 年（9）：69-72.

13.3.1 国家利益主导下的中国海关国际合作治理参与路径的选择

尽管有学者可能会指出国际合作中更应首先基于情境、议题来选择合作路径，不过对于国家政策、方略执行主体之一的中国海关而言，其参与国际合作的第一考量则是为国家利益服务，这一点从中国海关"十三五"时期海关发展规划和"十四五"海关发展规划中关于国际合作部分的表述也能得到充分印证。海关国际合作议题、国际合作事项是否属于或被纳入国家重大发展战略，是否属于海关中心工作或"十四五"规划内容，很大程度上决定着中国海关的参与程度，通常而言，那些被纳入国家重大战略的海关国际合作事项，如"一带一路"共建国家（地区）海关合作、中国海关与RCEP缔约方海关之间的合作，中国海关更倾向于选择深度参与型合作路径，甚至发挥引领作用，而对于一般性合作议题，鉴于发展中国家的国情和崛起国的地位，中国海关更应以履行恰当国际责任的姿态进行一般性参与（见表13-2）。

表13-2 国家利益主导下中国海关国际合作治理路径的选择

国家利益	评价指标	国际合作治理路径
重大利益	国家重大发展战略、外交外贸中心工作内容	深度参与
重要利益	海关总署年度工作计划、"十四五"海关发展规划内容	深度参与
一般利益	其余海关国际合作事项	一般参与

13.3.2 国际合作参与治理下的引领型或学习型路径的选择

当前，全球经济政治秩序中的不确定因素增强，全球治理的碎片化趋势不断凸显，一方面是经济、社会、政治、文化等多领域的风险、挑战增多，另一方面是全球经贸领域的供应链、产业链本土化、区域化、安全化趋势凸显，西方国家动辄以地缘政治、意识形态考量来搅动全球产业链的

第13章 统筹发展与安全视角下我国海关国际合作治理的现代化

重构。[①] 这一背景下,中国海关参与国际合作治理的系统性或战略性要求亦相应增加。避免担负远超中国海关能力储备的全球治理任务,实现目标和资源、手段的平衡,定期评估中国海关国际合作治理效果应当成为中国海关未来参与国际合作治理的考虑因素。尽管不同类型的国家利益决定了国际合作治理的参与程度差异,但海关国际合作议题和中国海关自身实力的不同组合则决定了中国海关是以引领、学习,或是以介于二者之间的参与姿态展现国际形象。

就中国海关国际合作议题而言,可划分为传统议题和新兴议题。传统议题根据内容事项可划分为海关议题和检验检疫议题,前者对应关税优惠、原产地规则、商品协调制度、海关估价、通关程序和海关监管等,后者对应WTO框架下TBT和SPS章节的内容——技术性贸易措施;新兴议题主要指伴随全球气候治理、全球价值链、数字经济而来的海关国际合作议题,如贸易便利化、海关智能化、绿色经济与海关监管、数字贸易与海关监管等。海关检验检疫的传统国际合作议题/事项下,权力政治的敏感性较弱,既有的国际制度、规则建设相对完备,海关国际合作多集中于实际操作层面,凝聚国际最佳实践、国际行动共识和针对发展中国家的能力建设是海关国际合作的主要内容。鉴于中国海关前期的丰富经验积累,可依据国家利益和可投入资源情况,选择支持WTO、WCO国际组织发挥引领作用的参与路径或主动向国际社会介绍中国海关现代化的成功经验。不过,对于贸易便利化与海关智能化,绿色经济、数字贸易与海关监管(检验检疫)国际规则或国际标准等海关国际合作新兴议题而言,由于其相对较强的权力政治或国家安全敏感性和既有国际规制较少,海关国际合作多集中于规则、标准建设层面,提出一套为各方认可的国际规则或指导指南,针对发展中国家的能力建设是新兴议题领域内海关国际合作的重心。中国海关应在自己实力较强的领域,如海关智能化、数字贸易等领域,主动发挥国际引领作用——与国家发展战略、海关中心工作相向,则应投入更多资源,从理论和实践两个层面系统总结中国海关探索贸易便利化与海关智能化、数字贸易海关监管等领域的阶段性成果,并在WTO、WCO、

[①] 徐秀军.后疫情时代全球治理的思维变革和路径重塑[J].外交评论.2022(5) 4-10.

APEC 等多边国际舞台上分享中国经验，牵头助推权威性国际组织出台反映中国理念的新兴议题国际海关规则，选择智识贡献和组织协调型引领参与路径。相反，对于如绿色经济与国际海关规则，中国海关则应主动学习国际社会其他国家的先进经验做法，以学习型姿态参与国际合作治理，同时防止国际组织通过一些限制中国经济发展空间的国际海关规则（见表13-3）。

表13-3 国际合作议题与中国海关实力共同作用下国际合作治理的路径

海关国际合作议题	国家利益类型	具体参与路径
传统议题	重大或重要利益	支持国际组织发挥引领作用的参与路径
	一般利益	介绍中国经验的榜样型参与路径
新兴议题	重大或重要利益	主动引领型参与路径
	重大或重要利益	学习型参与路径
	一般利益	国际组织框架下的引领型参与路径
	一般利益	学习型参与路径

13.3.3 中国海关国际合作治理引领型路径的不同侧重

党的十九大以来，中国在全球多边治理实践中的国际引领角色日益凸显。"十四五"期间，中国海关在国际合作治理中的引领作用必然也相应增强，构建海关大外事工作格局中中国国际引领角色的定位、参与国际合作引领方式的选择，无疑也是海关国际合作现代化新时期应有的课题。中国海关参与国际合作治理不得不正视两大事实，一是西方价值观长期影响甚至主导着国际合作实践；二是美国及其盟友主导国际合作议事日程。上述两点在国际经贸规则高标准升级的进程也能窥其大概，高标准国际经贸规则反映的是欧美发达国家及其跨国公司的利益偏好，而反映发展中国家诉求的发展问题条款、包容性发展条款却鲜见于承载高标准经贸规则的自贸协定中。所以中国海关遵循引领型国际合作治理路径时，必须正视有无主导国竞争或干扰这一因素。在无或较少与欧美竞争的国际合作议题领域，如贸易便利化与海关智能化，中国海关引领国际合作治理重心在于方

第 13 章　统筹发展与安全视角下我国海关国际合作治理的现代化

案的吸引和方案的制度化，中国海关应遵循协进型国际集体领导的参与路径，与 WTO、WCO 基本价值理念相符但不拘泥于国际组织框架下的引领型参与，通过协作、共进、赋权、吸引等领导方式，担负起与全球第二大经济体相匹配的中国海关国际引领作用，中国海关在缺少竞争主体的国际引领参与路径下，领导方式应依托于中国市场的吸引力、中国海关外事队伍的协调技巧和中国海关方案的共识度。此外，当面临其他国家蓄意竞争或干扰时，中国海关引领型国际合作的治理路径应关注方案的吸引和方案的竞逐，海关领域的国际组织多属于成员驱动型，因此吸引更多国家支持或认同中国主张便成为国际合作的重点。面对西方国家提出的将针对数字贸易的合理监管混同于跨境数据贸易壁垒等事项，中国海关应通过与其他国家联合倡议，在多边或诸边指出其背后的不合理逻辑，进而将包容性发展、特殊与差别待遇、能力建设与发展援助等理念真正贯穿于国际海关传统规则的更新和新兴规则的制定中。相比一般意义上的国际合作，海关国际合作有着明显的技术功能属性，无论是传统海关国际合作范畴下的信息互换、执法互助、监管互认，还是检验检疫领域内围绕技术性贸易措施交涉应对、磋商协调、等效互认的国际合作。由此决定了中国海关参与国际合作话语权的提升离不开中国海关倡议主张的科学依据和运用国际规则的能力。

参考文献

中文文献

一、专著

[1][美]林南.社会资本[M].张磊,译.张闫龙,校.北京:中国社会科学出版社,2020.

[2]俞可平.治理与善治[M].北京:社会科学文献出版社,2000.

[3]朱杰进.中国与全球经济治理机制变革[M].上海:上海人民出版社,2020.

二、杂志论文

[1]毕海军,惠亮.大数据时代海关统计分析面临的挑战与对策[J].海关与经贸研究,2016(1).

[2]陈雷等.海运口岸24小时进出境通关监管智能化研究——以黄埔港为例[J].中国标准化,2021(23).

[3]崔婷婷.进出口商品检验鉴定机构监督管理工作中存在的问题及对策[J].企业改革与管理,2020(6).

[4]党英杰.持续优化口岸营商环境推动"十四五"时期口岸高质量发展[J].中国行政管理,2022(1).

[5]丁伟.上海自贸区立法经验及启示[J].人民政坛,2015(9).

[6]东艳.国际经贸规则重塑与中国参与路径研究[J].中国特色社会主义研究,2021(3).

[7]范金文.食品安全追溯监管的理论依据、现实困境与优化路径[J].法制与经济,2022(11).

[8]弗朗索瓦-格扎维尔·梅理安.治理问题与现代福利国家[J].国际社会科学志(中文版),1999(2).

[9]傅佳,黄喻勃,李重欣,雷俊娥.经济全球化下中国货物贸易统

计应对研究［J］．中国经贸导刊（中），2020（9）．

［10］高扬．科技兴关打造"便捷通关立体监管"改革强关力促稳外贸稳外资提质增效——访广州海关关长谢松［J］．中国海关，2020（10）．

［11］龚震．海关保税物流监管场所准入退出机制研究［J］．国际贸易，2007（6）．

［12］郭永泉．海关治理的阶段性困境和现代化目标［J］．海关与经贸研究，2016（2）．

［13］郭永泉．海关监管与通关管理的定位及趋势［J］，港口经济，2016（12）．

［14］郝益山．中国特色的海关治理体系的主要内涵与实现路径[J]．海关与经贸研究，2015（2）．

［15］贺小勇．上海自贸试验区法治深化亟需解决的法律问题［J］．东方法学，2017（1）．

［16］侯博，刘强，王志威．我国食品安全风险治理研究的时空分布与热点研判［J］．食品科学，2021（11）．

［17］黄丙志．贸易安全与便利：海关管理目标及阶段性推进的逻辑思辨［J］．上海经济研究，2015（11）．

［18］季剑军，李大伟．自贸试验区与海关特殊监管区域统筹发展思路研究［J］．国际经济合作，2022（2）．

［19］贾果玲，王慧珍．西安国际陆港通关效率评价及优化［J］．供应链管理，2022（5）．

［20］江育春．治理思想：全面深化海关改革的逻辑起点与实践理性［J］．海关与经贸研究，2015（2）．

［21］匡增杰，于偂．区块链技术视角下我国跨境电商海关监管创新研究［J］．国际贸易，2021（11）．

［22］赖先进．治理现代化场景下复合型协同治理及实现路径［J］．理论视野，2021（2）．

［23］赖先进．国家治理现代化场景下协同治理理论框架的构建[J]．党政研究，2020（3）．

［24］劳深，刘昱良．基于陆海新通道海关贸易通关监管监测预警体

系的构建［J］．大众科技，2020（7）．

［25］郎帅．传染病治理国际合作：历史理路、现实审思与未来走向［J］．北京科技大学学报（社会科学版），2020（5）．

［26］李海莲．论我国海关税收征管效率的现状及其应对措施［J］．求实，2011（2）．

［27］李秋正等．我国跨境电商通关监管生态系统演化创新的动力机制［J］．中国流通经济，2020（5）．

［28］李清华．以"三智"建设提升边境海关国门安全防控治理能力的路径探索［J］．海关与经贸研究，2022（1）．

［29］李永．总体国家安全观视阈下提升海关风险防控能力研究［J］．海关与经贸研究，2022（3）．

［30］刘航颖，曹丽娟．总体国家安全观视阈下全面提升内陆海关反走私工作质量研究——以四川藏区反走私防控为切入点［J］．北京警察学院学报，2019（6）．

［31］刘俊梅．我国口岸动植物检疫制度实施困境及其破解——基于实现通关便利化目标的视角［J］．北方经贸，2023（4）．

［32］刘天竹．海南自由贸易港海关通关监管模式研究［J］．中国口岸科学技术，2020（1）．

［33］卢醇子，顾洁妍．国外AEO制度介绍［J］．中华人民共和国海关总署文告，2021（12）．

［34］马建生．关于拱北口岸"水客"走私情况的调研报告［J］．广东经济，2005（3）．

［35］毛艳华，邱雪情，王龙．"一带一路"贸易便利化与共建国家全球价值链参与［J］．国际贸易，2023.

［36］毛有丰，余芳东，李一辰．新时代统计监督的概念内涵和特征研究［J］．统计研究，2022（7）．

［37］潘楚雄．"大数据"时代背景下海关廉政治理能力现代化初探［J］．海关与经贸研究，2014（2）．

［38］钱锦，练永瑜．论我国海关统计大数据的构建［J］．管理观察，2017（7）．

［39］青岛海关区块链技术应用研究项目组．区块链技术在海关统计

工作中的应用［J］．中国经贸导刊（中），2021（10）．

［40］邱海滢，杨琍，杨黎．以自贸试验区建设为契机构建新型海关——企业伙伴关系研究［J］．海关与经贸研究，2016（4）．

［41］冉辉．论全球化视野下海关治理能力的现代化［J］．海关与经贸研究，2015（5）．

［42］上海浦东海关课题组．商检法修订后采信在进出口商品检验执法活动中的运用及制度完善［J］．海关与经贸研究，2022（3）．

［43］佘建明．海关特殊监管区域管理模式述评［J］．海关与经贸研究，2019（2）．

［44］沈立，曹爱玲，吴婵婵．实现海关"智慧后勤"管理现代化路径研究［J］．经济师，2022（2）．

［45］施建军，夏传信，赵青霞，等．中国开放型经济面临的挑战与创新［J］．管理世界，2018（12）．

［46］盛斌，黎峰．逆全球化：思潮，原因与反思［J］．中国经济问题，2020（2）．

［47］宋刚，董小英，刘志等．基于开放知识管理的政务维基系统设计及应用［J］．办公自动化，2015（1）．

［48］孙宝根．论近代中国海关缉私制度的确立［J］．广西民族学院学报：哲学社会科学版，2004（2）．

［49］孙雅雯，孙彦虹．"俄乌冲突背景下的欧洲经济形势与前景"研讨会综述［J］．欧洲研究．2022（4）．

［50］孙志强，张蕴岭．地位寻求、角色构建与英国脱欧后的对外政策调整［J］．欧洲研究．2022（4）．

［51］谭均泉，刘洋．总体国家安全观视角下对珠江流域非设关地冻品走私综合治理的思考［J］．口岸卫生控制，2020（3）．

［52］唐冰．关于大监管体系下通关作业改革的思考［J］．上海海关学院学报，2010（3）．

［53］唐芳，张奇．自贸试验区背景下海关特殊监管区域发展模式的思考［J］．国际贸易，2017（11）．

［54］唐祺．海关治理体系和治理能力现代化的评价方法［J］．海关与经贸研究，2014（6）．

［55］唐欣．中德海关通关监管模式之比较［J］．海关与经贸研究，2015（2）．

［56］王春红．基于大数据环境下食品安全管理的创新路径［J］．食品安全导刊，2023（1）．

［57］王东东．习近平法治思想指导下海关治理法治化理论与对策研究［J］．海关与经贸研究，2022（4）．

［58］王菲易，黄胜强．整体性视野下的口岸管理现代化：理论逻辑、兴起动因与实践路径［J］．海关与经贸研究，2022（2）．

［59］王菲易，黄胜强．海关、口岸安全与国家安全——关检融合后海关安全准入职能的内涵与趋势研究［J］．海关与经贸研究，2019（3）．

［60］王菲易．海关治理体系的构建与优化：国际海关最佳实践及对中国的启示［J］．海关与经贸研究，2015（4）．

［61］王宏亮．海关治理体系机制创新研究［J］．海关与经贸研究，2015（4）．

［62］王继锋，丛士翔，何佳蔓，王雨辰．国家生物安全体系下的海关卫生检疫特征研究［J］．口岸卫生控制，2022（12）．

［63］王少川．落实智慧监管优化通关环境［J］．中国检验检疫，2019（3）．

［64］王益平，徐坤．RCEP对我国食品进出口的影响［J］．中国海关，2022（3）．

［65］武剑．试论推进海关治理体系和治理能力现代化的策略及其途径［J］．海关与经贸研究，2015（1）．

［66］夏新海，田方．加工贸易领域海关治理体系与治理能力现代化的实现路径［J］．海关与经贸研究，2015（6）．

［67］谢晶，李迪．"粘性"视角下口岸通关监管运行机理及评价模型构建［J］．海关与经贸研究，2018（5）．

［68］徐秀军．规则内化和规则外溢：中美参与全球治理的内在逻辑［J］．世界经济与政治．2017（9）．

［69］徐秀军．后疫情时代全球治理的思维变革和路径重塑［J］．外交评论．2022（5）．

［70］薛晓星．中国海关现代化改革的回顾与反思［J］．海关与经贸

研究，2015（3）.

［71］严飞，宋菁，张总泽，毛凝，张晓燕．新海关进出境动植物检疫综合评价指标体系探讨［J］．检验检疫学刊，2019（10）.

［72］杨洁篪．中国共产党建党百年来外事工作的光辉历程和远大前景［J］．求是．2021（10）.

［73］杨奕群．论中国海关治理现代化的实践途径［J］．海关与经贸研究，2015（3）.

［74］杨奕群．试论新时期中国海关职能与定位——以"五环式改革"为实现路径［J］．海关与经贸研究，2014（3）.

［75］杨颖，黄秀东．试论进出口商品检验法律中生物安全监管制度的完善［J］．口岸卫生控制，2021（4）.

［76］尹建丽，于得水．贸易便利化背景下进出口商品安全监管及通关模式研究［J］．对外经贸，2017（2）.

［77］余大乐．改革开放以来我国海关管理目标与实现机制演进研究［J］．海关与经贸研究，2014（5）.

［78］于艳雪，李红卫，翟俊峰，李新实．我国出入境检验检疫安全管理信息现状分析与对策［J］．中国国境卫生检疫杂志，2020（6）.

［79］于一．口岸海关大宗散货监管通关模式对内陆海关的启示——以乌拉特海关和鄂尔多斯海关为例［J］．经营与管理，2015（5）.

［80］张建国．以制度建设为主线 推进海关治理现代化［J］．海关与经贸研究，2015（1）.

［81］张建国．新经济背景下海关税收治理转型的目标与途径：协同智税与数据赋能［J］．海关与经贸研究，2018（1）.

［82］张鹏．推进海关治理体系与治理能力现代化的思考［J］．海关与经贸研究，2014（4）.

［83］张树杰，黄丙志．海关战略管理：国际海关界的探索与共识［J］．海关与经贸研究，2014（1）.

［84］赵晓慧，魏优．海关特殊监管区域"分批集报"通关模式分析［J］．中国市场，2016（6）.

［85］张学诞，秦书辉，陆昌珍．RCEP背景下促进广西对外贸易发展的关税政策研究［J］．经济研究参考，2022（2）.

[86] 周卫前．中国海关改革与现代化的回顾与展望［J］．海关与经贸研究，2015（5）．

[87] 周阳．美国经验视角下我国海关贸易便利化制度的完善［J］．国际商务研究，2010（12）．

[88] 朱昱成．海关特殊监管区域一般纳税人资格试点政策评析［J］．海关与经贸研究，2017（5）．

三、学位论文

[1] 陈振龙．北海口岸进出口货物通关效率提升对策研究［D］．广西大学，2021．

[2] 程利利．我国旅邮检口岸动植物检疫执法依据的问题及完善对策［D］．山东大学，2019．

[3] 狄萌．石家庄海关进口货物通关监管流程再造研究——基于检验检疫职责划入背景［D］．河北经贸大学，2020．

[4] 丁伟．一体化通关格局下海关监管风险管理研究［D］．天津财经大学，2018．

·[5] 谷森．海关与企业间的伙伴关系研究［D］．复旦大学，2012．

[6] 何纯点．机构改革背景下货物通关流程优化研究——以深圳W海关为例［D］．深圳大学，2020．

[7] 华志虎．我国海关与企业合作伙伴关系构建问题研究［D］．华东政法大学，2013．

[8] 焦姣．中国海关与企业伙伴关系研究——以AEO制度的实施为背景［D］．天津财经大学，2019．

[9] 李芳蕊．基于风险管理视角下的海关通关监管研究——以济南海关为例［D］．山东师范大学，2021．

[10] 李谦祥．我国隶属海关缉私协同治理研究［D］．复旦大学，2016．

[11] 刘亮．成都高新综合保税区海关通关监管问题研究［D］．贵州大学，2022．

[12] 刘永明．兰州海关通关效率提升对策研究［D］．兰州大学，2021．

［13］林炎君．拱北海关通关便利化模式创新研究［D］．哈尔滨工业大学，2020．

［14］罗越．全国通关一体化背景下海关提升货运监管通关效率改革研究——以S海关为例［D］．深圳大学，2019．

［15］罗铮．区域通关一体化背景下的监管难问题及其改进对策——以宁波海关为例［D］．宁波大学，2017．

［16］秦长江．协作性公共管理：理念、结构与过程［D］．上海交通大学，2012．

［17］沈克垒．公共服务视角下转变海关统计职能研究［D］．南京农业大学，2013．

［18］时世东．广西中越边境非设关地走私状况及治理对策［D］．广西师范大学，2014．

［19］宋小栋．中国海关特殊监管区域发展对策研究［D］．湖南师范大学，2015．

［20］孙逊．我国进出口商品法定检验制度改革研究——以消费品安全为视角［D］．南京大学，2019．

［21］王万龙．基层政府社会治理存在的问题，原因及对策［D］．湘潭大学，2014．

［22］韦向宇．中国海关现场通关监管方式的创新研究——以H海关为例［D］．华南理工大学，2017．

［23］杨梦洁．风险管理视角下海关通关监管研究——以石家庄海关为例［D］．河北经贸大学，2019．

［24］杨源源．海关通关效率对企业出口强度的影响——基于世界银行中国制造业企业调查的研究［D］．西南财经大学，2019．

［25］赵伟超．厦门口岸进口货物通关流程再造研究［D］．上海海关学院，2022．

［26］张鑫．兰州海关进出口货物通关效率提升问题研究［D］．兰州大学，2022．

［27］周杨．我国海关货物通关监管政策研究——以上海D海关为例［D］．上海财经大学，2020．

英文文献

[1] James Mahoney, Kathleen Thelan. Explaining Institutional Change: Ambiguity, Agency and Power [M]. Cambridge: Cambridge University Press, 2010.

[2] Julia Gurol, Anna Starkmann. New Partners for the Planet? The European Union and China in International Climate Governance from a Role - Theoretical Perspective [J]. Journal of Common Market Studies, Vol. 59, No. 3, 2021.

[3] Gellert, G. A. Neumann, A. K. & Gordon, R. S. The obsolescence of distinct domestic and international health sectors [J]. Journal of Public Health Policy, 1989, 10 (4).

[4] Fildler, D. P. Globalization, international law, and emerging infectious diseases [J]. Emerging infectious diseases, 1996, 2 (2).

[5] OLEARY R, VIJ N. Collaborative Public Management: Where Have We Been and Where Are We Going? [J]. Am Rev Public Adm, 2012 (5).

后　记

本书是"海关管理现代化"系列蓝皮书之一，其主题确定为"统筹发展与安全视角下海关治理现代化"，旨在从统筹发展与安全的视角研究如何推动海关治理现代化的结构框架。统筹发展与安全是新时代总体国家安全观的核心内涵，从海关职责的意义上说，这正是海关治理现代化所要追求的进出境监督管理的目标，即实现进出境贸易安全与便利化发展的均衡。因此，本专著的成果将有助于人们了解统筹发展与安全视角下海关治理现代化的进程、面临的挑战以及发展方向，也便于人们了解海关在进出境领域对于国家统筹发展与安全的贡献及其重要意义。

本书大纲最早起于2013年国务院机构改革的关检融合之时，更多关注的是新时代我国经济社会发展面临的重大变革与转型，以及国际外部环境中日益增多的不确定性因素所带来的挑战。近十年来，我国在全面深化改革与高水平对外开放领域演绎了众多精彩纷呈的重大事件，海关作为处于对外开放前沿和国内国际双循环交汇枢纽的国家机关，一直是高水平对外开放忠诚的实践者、积极的推动者，全面深化全国通关一体化改革，进行国内服务并推动自由贸易试验区、自由贸易港建设、区域一体化发展等国家战略的实施，进行对外服务并推进"一带一路"倡议、加入APEC、申请加入CPTPP，对标最高标准的国际经贸规则，在双边、多边的国际海关合作中贡献中国海关智慧与方案。为此，我们紧紧跟随海关改革的步伐，不断调整优化本书的框架与内容，其中的艰辛与喜悦都体现在文字之中。

本书是由上海海关学院海关与公共管理学院的九位教师共同完成的。其中第一章由陈振海撰写，第二章由黄丙志撰写，第三章由陈振海、黄丙志撰写，第四章由黄丙志、周国荣撰写，第五章由陈振海、魏彬彬撰写，第六章由刘宗沅撰写，第七章由王静撰写，第八章由邓敏、刘宗沅撰写，第九章、第十章由王瑜撰写，第十一章由邓敏撰写，第十二章由谢晶撰写，第十三章由周国荣撰写。全书完成后，由黄丙志负责对全书进行整理与统稿，最后由陈振海对全书的格式进行了统一编排。

特别感谢丛玉豪校长、黄胜强主任在本书撰写过程中给予的指导，他们提供了大量观点和智慧，丛校长还专门为蓝皮书作序。没有他们的关心和支持，本书不可能顺利地完成。此外，还要感谢中国海关出版社的编辑傅晟同志为本书的顺利出版所做的大量工作。

  本书的目标读者主要是从事海关、国际经济与贸易研究的学者和负责宏观经济管理与决策的相关工作人员，以及对海关、国际经济与贸易有兴趣的读者。书中不当之处，敬请读者指正。

黄丙志

2023 年 5 月于上海海关学院